westermann

Chemie heute

8/9

Nordrhein-Westfalen · Lösungen

Chemie heute Klasse 8/9 Nordrhein-Westfalen

Lösungen zu
Chemie heute Klasse 8/9 Nordrhein-Westfalen
(ISBN 978-3-507-**88279**-9)

Herausgegeben von:
Wolfgang Asselborn
Dr. Bernd Dreßel
Dr. Karl T. Risch
Dr. Bernhard F. Sieve

Mitherausgegeben von:
Dr. Steffen Menze
Ralf van Nek
Dr. Rolf Schulte-Coerne

Bearbeitet von:
Wolfgang Asselborn
Prof. Dr. Hans-Dieter Barke
Panagiotis Chatzianastassiou
Dr. Gerald Dräger
Dr. Bernd Dreßel
Dr. Hermann Hammes-Therré
Lars Jahnke
Alexandra Krause
Dr. Steffen Menze
Dr. Sebastian Musli
Ralf van Nek
Hans Schriefer
Dr. Rolf Schulte-Coerne
Dr. Peter Seym-Born
Dr. Bernhard F. Sieve
Dr. Eberhard Thomas

Dieses Werk ist in Teilen eine Bearbeitung von
978-3-507-86223-4, 978-3-507-88010-8, 978-3-507-88043-6, 978-3-507-88056-6,
978-3-507-88092-4.

Bildquellen:
|fotolia.com, New York: Romolo Tavani Titel (Blasen); WoGi Titel (Pipette). |Thinkstock, Sandyford/Dublin: Fuse Titel (Junge); Jason Reed Titel (Molekülstruktur).
Wir arbeiten sehr sorgfältig daran, für alle verwendeten Abbildungen die Rechteinhaberinnen und Rechteinhaber zu ermitteln. Sollte uns dies im Einzelfall nicht vollständig gelungen sein, werden berechtigte Ansprüche selbstverständlich im Rahmen der üblichen Vereinbarungen abgegolten.

westermann GRUPPE

Druck A^2 / Jahr 2019

Redaktion: Dr. Sven Horst
Bildredaktion: Gabriele Popko
Umschlaggestaltung: GINGCO.net Werbeagentur GmbH, Braunschweig
Grafiken: Beltz Bad Langensalza GmbH, Birgitt Biermann-Schickling, Brigitte Karnath, Karin Mall
Druck und Bindung: Westermann Druck GmbH, Braunschweig

ISBN 978-3-507-**88281**-2

Inhaltsverzeichnis

1 Elementfamilien

A13.1

Steckbrief Magnesium
Vorkommen (Erdkruste): siebthäufigstes Element
Aussehen: silbrig glänzendes Metall
Dichte: 1,74 $\frac{g}{mol}$
Elektrische Leitfähigkeit: leitet den elektrischen Strom
Flammenfärbung: keine
Chemische Reaktionsfähigkeit:
- bildet an der Luft durch Reaktion mit Sauerstoff einen weißen Überzug aus Magnesiumoxid
- reagiert mit Wasser unter Bildung von Magnesiumhydroxid und Wasserstoff; eine alkalische Lösung entsteht

A13.2

Elementares Magnesium:
Magnesium wird in der Metallurgie zur Gewinnung reiner Metalle eingesetzt. Außerdem dient es als Korrosionsschutz für edlere Metalle. Es wird auch in Feuerwerkskörpern und Leuchtraketen verwendet.

Magnesiumlegierungen:
Magnesiumlegierungen werden im Flugzeugbau eingesetzt. Magnesium wird oft in Legierungen mit Aluminium, Mangan oder Silicium verwendet.

Magnesiumverbindungen:
Magnesiumoxid (Magnesia usta, MgO) wird bei der Zement-, Eisen- und Stahlherstellung verwendet. Magnesiumcarbonat (Magnesia alba) ist Bestandteil von Pflanzendünger und ein Bindemittel im Baustoff Mörtel. Es wird auch beim Geräteturnen und im Kraftsport verwendet. Dolomit ($MgCa(CO_3)_2$) ist ein gebirgsbildendes Mineral; technisch wird es im Baugewerbe als Mauer- und Pflasterstein und im Straßenbau eingesetzt.

A13.3

a) Magnesium + Sauerstoff → Magnesiumoxid
Magnesium + Wasser → Magnesiumhydroxid + Wasserstoff

b)

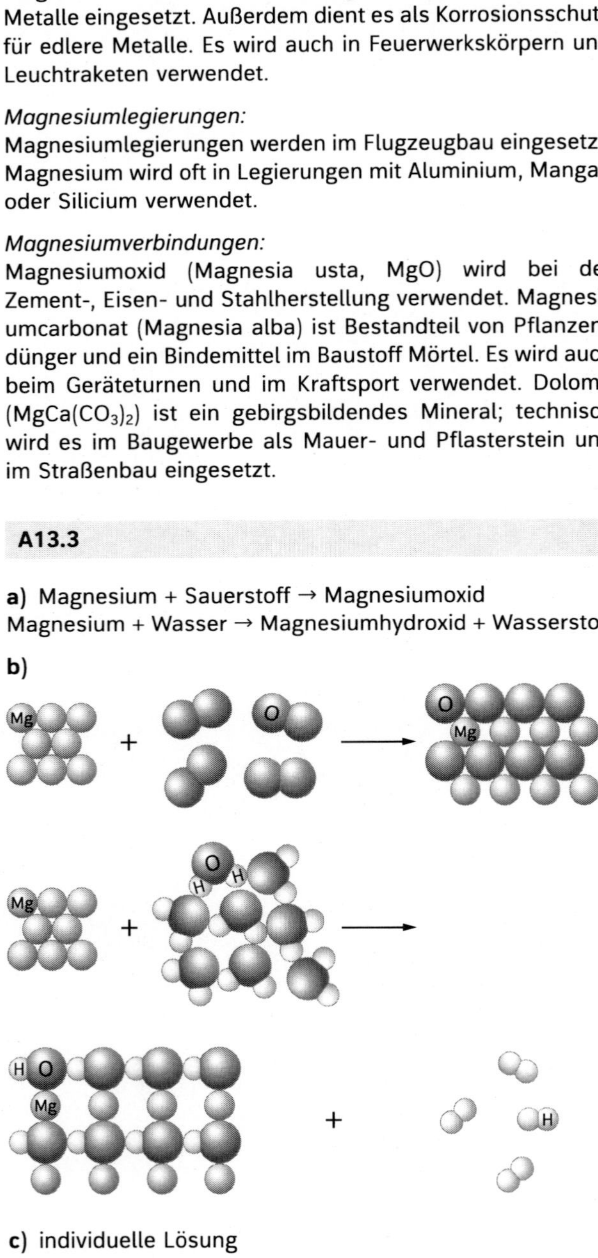

c) individuelle Lösung

A13.4

Zunächst wird das Mineral Dolomit stark erhitzt. Diesen Prozess nennt man Brennen. Dabei wird Kohlenstoffdioxid frei und man erhält Magnesiumoxid. Das Oxid wird mit Chlor zu Magnesiumchlorid umgesetzt, das bereits bei relativ niedriger Temperatur schmilzt. In der Schmelze wird es durch elektrischen Gleichstrom zersetzt: Am negativen Pol entsteht flüssiges Magnesium, am positiven Pol Chlorgas. Das flüssige Magnesium wird abgesaugt. Das Chlorgas wird bei der Herstellung von neuem Magnesiumchlorid wieder eingesetzt.

A13.5

Der grüne Blattfarbstoff Chlorophyll ermöglicht Pflanzen bei der Photosynthese, einem komplizierten, chemischen Prozess, aus Kohlenstoffdioxid der Luft und Wasser Kohlenhydrate (Zucker, Stärke, Cellulose) aufzubauen. Als Nebenprodukt entsteht dabei Sauerstoff. Im Zentrum des Chlorophyll-Moleküls steht ein Magnesium-Atom. Ohne Chlorophyll ist keine Photosynthese möglich. Da Pflanzen die Grundlage unserer Ernährung bilden, ist die Feststellung richtig, dass ohne Magnesium auf der Erde Leben wie wir es kennen, nicht möglich wäre.

A15.1

a) Man bestimmt das Massenverhältnis, indem man Calcium mit Schwefel reagieren lässt: Ein Gemisch aus einer genau abgewogenen Portion Calciumpulver wird mit einem Überschuss an Schwefelpulver in einem Reagenzglas erhitzt. Nachdem die Reaktion beendet ist, wird überschüssiger Schwefel durch weiteres Erhitzen verdampft. Nach Abkühlen ermittelt man die Masse des entstandenen Reaktionsprodukts. Von dieser Masse wird die Masse des eingesetzten Calciums subtrahiert. Die Differenz ergibt die Masse an Schwefel, die mit dem Metall reagiert hat und nun Bestandteil des Calciumsulfids ist. Der Versuch wird mehrmals wiederholt. Man erhält das Massenverhältnis m(Calcium) : m(Schwefel).
Dann bestimmt man das Atomzahlenverhältnis über die Anzahl der beteiligten Atome:

$$N(\text{Calcium-Atome}) = \frac{m(\text{Calcium})}{m(\text{Calcium-Atom})} = \frac{m(\text{Calcium})}{40\ \text{u}} = \frac{m \cdot 6 \cdot 10^{23}\ \text{u}}{40\ \text{u}}$$

Berechnung der Anzahl der Schwefel-Atome erfolgt in gleicher Weise.
Verhältnisformel:
Aus dem Atomzahlenverhältnis $\frac{N(\text{Calcium-Atome})}{N(\text{Schwefel-Atome})}$ ergibt sich die Verhältnisformel.

b) Eine Versuchsbeschreibung ist oben gegeben. Die Reaktion wird in einem Reagenzglas durchgeführt, das mit dem Gasbrenner erhitzt wird.

c) $$N(\text{Calcium}) = \frac{m(\text{Calcium})}{m(\text{Calcium-Atom})} = \frac{6{,}0\ \text{g}}{40\ \text{u}} = \frac{6{,}0 \cdot 6 \cdot 10^{23}\ \text{u}}{40\ \text{u}} = 0{,}9 \cdot 10^{23}$$

$$N(\text{Schwefel}) = \frac{m(\text{Schwefel})}{m(\text{Schwefel-Atom})} = \frac{4{,}8\ \text{g}}{32\ \text{u}} = \frac{4{,}8 \cdot 6 \cdot 10^{23}\ \text{u}}{32\ \text{u}} = 0{,}9 \cdot 10^{23}$$

$$\frac{N(\text{Calcium})}{N(\text{Schwefel})} = \frac{0{,}9 \cdot 10^{23}}{0{,}9 \cdot 10^{23}} = \frac{1}{1}$$

Die Verhältnisformel lautet damit CaS.

A15.2

a) Die Zeichnungen entsprechen dem ersten Modell in Abb. 3 in Chemie heute NRW 8/9, S. 15.

b) Individuelle Lösung. Beim vereinfachten Modell von $MgCl_2$ ist nur jede zweite Lücke mit einem Mg-Atom besetzt.

A15.3

a)

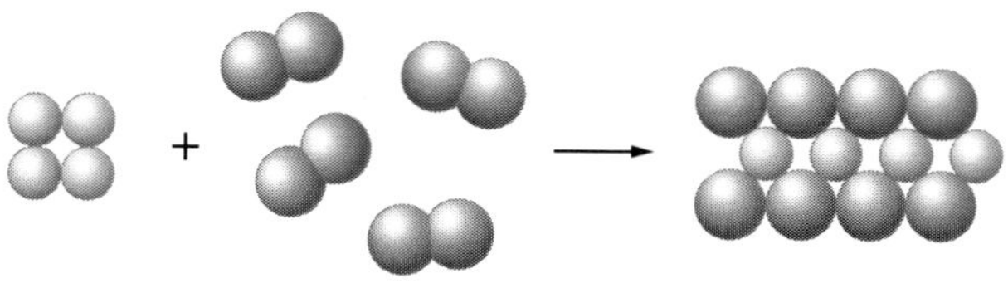

Die Masse der Reaktionsteilnehmer vor und nach der Reaktion ist konstant, da alle Atome bei der Reaktion erhalten bleiben. Die Atome werden lediglich umgruppiert. Bei der Reaktion werden weder Atome erzeugt noch vernichtet.

Calcium + Chlor → Calciumchlorid
Magnesium + Iod → Magnesiumiodid

b) Massenverhältnis:
$CaCl_2$: Calcium : Chlor $= \frac{40\ g}{71\ g} = \frac{0{,}56}{1}$

MgI_2: Magnesium : Iod $= \frac{24\ g}{254\ g} = \frac{0{,}09}{1}$

c) individuelle Lösung

A15.4

a) Eisen + Schwefel → Eisensulfid
Atomanzahlverhältnis (FeS): $\frac{1}{1}$

Massenverhältnis: $\frac{m(\text{Eisen})}{m(\text{Schwefel})} = \frac{56\ u}{32\ u} = \frac{7}{4}$

Masse Schwefel: $\frac{m(\text{Schwefel})}{14\ g} = \frac{4}{7}$

$m(\text{Schwefel}) = \frac{4 \cdot 14\ g}{7} = 8\ g$

b) Masse Eisensulfid:
$m(\text{Eisensulfid}) = m(\text{Eisen}) + m(\text{Schwefel}) = 14\ g + 8\ g = 22\ g$
14 g Eisen reagieren mit 8 g Schwefel zu 22 g Eisensulfid.

A15.5

a) Das Downs-Verfahren ist ein Schmelzelektrolyseverfahren. In Eisentrögen wird Magnesiumchlorid geschmolzen. Die positive Elektrode, die Anode, besteht aus Graphit. An der Spitze ist sie von einer ringförmigen Kathode, dem negativen Pol umgeben. Das bei der Elektrolyse entstehende flüssige Magnesium schwimmt wegen seiner geringen Dichte auf der Salzschmelze und wird abgesaugt. An der Anode steigt gasförmiges Chlor auf. Es wird zur weiteren Herstellung von Magnesiumchlorid eingesetzt.

b) Magnesiumgehalt von 20 g Magnesiumoxid (MgO):
$\frac{m(\text{Magnesium})}{m(\text{Sauerstoff})} = \frac{24{,}3\ u}{16\ u}$

24,3 g Magnesium sind in (24,3 u + 16 u =) 40,3 u Magnesiumoxid enthalten.

$\frac{m(\text{Magnesium})}{20\ g} = \frac{24{,}3\ g}{40{,}3\ g}$

$m(\text{Magnesium}) = \frac{20\ g \cdot 24{,}3\ g}{40{,}3\ g} = 12\ g$

20 g Magnesiumoxid enthalten 12 g Magnesium.
Erhältliche Masse an Magnesiumchlorid ($MgCl_2$):

$\frac{m(\text{Magnesium})}{m(\text{Chlor})} = \frac{24{,}3\ u}{2 \cdot 35{,}5\ u}$

Aus 24,3 u Magnesium erhält man (24,3 u + 71 u =) 95,3 u Magnesiumchlorid.

$\frac{m(\text{Magnesiumchlorid})}{12\ g} = \frac{95{,}3\ g}{24{,}3\ g}$

$m(\text{Magnesiumchlorid}) = 12\ g \cdot \frac{95{,}39\ g}{24{,}39\ g} = 47\ g$

Aus 20 g Magnesiumoxid erhält man 47 g Magnesiumchlorid. Daraus kann man wieder (die bereits errechneten) 12 g Magnesium gewinnen.

A17.1

Allgemein gilt für die Berechnung der Teilchenzahl:
$N(\text{Mg}) = n(\text{Mg}) \cdot 6 \cdot 10^{23} \frac{1}{\text{mol}}$
Die Magnesiumstäbe enthalten demnach:
0,05 mol = $3 \cdot 10^{22}$ Atome.
0,1 mol = $6 \cdot 10^{22}$ Atome
0,25 mol = $1{,}5 \cdot 10^{23}$ Atome
0,5 mol = $3 \cdot 10^{23}$ Atome
1 mol = $6 \cdot 10^{23}$ Atome

A17.2

Die Methode des *Zählens durch Wiegen* führt schnell zu recht guten Ergebnissen, wenn die Masse eines einzelnen Stückes bekannt ist. Die Genauigkeit hängt dabei von der Messgenauigkeit der Waage ab.

A17.3

a) $m(\text{Objekt}) = m(\text{Schraube}) + m(\text{Mutter}) = 1{,}6\ g$
$m_{\text{Gesamt}} = 100 \cdot m(\text{Objekt}) = 160\ g$

b) Beim Verschrauben bildet eine Schraube und eine Mutter eine neue Einheit. Diese hat die Masse 1,6 g. Bei einer chemischen Reaktion von Magnesium mit Sauerstoff werden ein Magnesium-Atom und ein Sauerstoff-Atom zu einer Formeleinheit Magnesiumoxid zusammengefasst. Die Masse einer Formeleinheit Magnesiumoxid beträgt:
$m(\text{MgO}) = m(\text{Mg}) + m(\text{O}) = 24{,}3\ u + 16\ u = 40{,}3\ u$
Verwendet man 12 g Magnesium (0,5 mol), entstehen 20 g Magnesiumoxid (0,5 mol).

c) Bei den Schrauben und Muttern bedeutet dies, dass einige Muttern nicht auf die Schraube gedreht werden können, da zu wenige Schrauben vorhanden sind. Es bleiben also Muttern übrig.

A17.4

a) $n(S) = \frac{m(S)}{M(S)} = \frac{8\ g}{32\ \frac{g}{mol}} = 0{,}25\ mol$

$N(S) = n(S) \cdot 6 \cdot 10^{23}\ \frac{1}{mol}$

$= 0{,}25\ mol \cdot 6 \cdot 10^{23}\ \frac{1}{mol} = 1{,}5 \cdot 10^{23}$

$m(2\ mol\ Zn) = n(Zn) \cdot M(Zn) = 2\ mol \cdot 65\ \frac{g}{mol} = 130\ g$

$M(Cu_2S) = (2 \cdot 63{,}5 + 32)\ \frac{g}{mol} = 159\ \frac{g}{mol}$

$m(0{,}25\ mol\ Cu_2S) = n(Cu_2S) \cdot M(Cu_2S)$

$= 0{,}25\ mol \cdot 159\ \frac{g}{mol} = 39{,}8\ g$

b) individuelle Lösungen

c) Stoffmenge: $n = \frac{m}{M}$

Masse: $m = n \cdot M$

molare Masse: $M = \frac{m}{n}$

$M = x \cdot M(\text{Element 1}) + y \cdot M(\text{Element 2})$

A19.1

Dolomit $MgCaCO_2$, Kalk $CaCO_3$, Gips $CaSO_4$, gebrannter Kalk CaO, Löschkalk $Ca(OH)_2$

A19.2

a) – c)

	Beryllium	**Magnesium**	**Calcium**
Aggregatzustand	fest	fest	fest
Farbe	silbrig glänzend	silbrig glänzend	silbrig glänzend
Schmelztemperatur	1287 °C	650 °C	842 °C
Reaktivität	nimmt mit wachsender Atommasse zu		
erstmalige Gewinnung	1828	1808	1808
Massenanteil (Erdkruste)	0,0005 %	1,94 %	3,39 %
Namensgebung	vom griechischen „Beryll“: ein berylliumhaltiger Schmuckstein	unterschiedliche Quellen, individuelle Lösung	von lateinisch „calx“: Kalkgestein

	Strontium	**Barium**
Aggregatzustand	fest	fest
Farbe	silbrig glänzend	silbrig glänzend
Schmelztemperatur	777 °C	727 °C
Reaktivität	nimmt mit wachsender Atommasse zu	
erstmalige Gewinnung	1808	1808
Massenanteil (Erdkruste)	0,01 %	0,03 %
Namensgebung	angelehnt an Strontian (schottische Stadt)	unklar

d), e) individuelle Lösung

A19.3

Mit einem Magnesiastäbchen werden kleine Kristalle der Verbindungen nacheinander in die Brennerflamme gehalten und die Flammenfärbung beobachtet. Calciumoxid zeigt eine orangerote Färbung, Bariumsulfat zeigt eine schwache Grünfärbung und Strontiumchlorid färbt die Flamme rot.

A19.4

a) Magnesiumchlorid: $MgCl_2$, Magnesiumoxid: MgO, Magnesiumhydroxid: $Mg(OH)_2$,
In gleicher Weise werden die folgenden Verbindungen benannt:
$CaCl_2$, CaO, $Ca(OH)_2$
$SrCl_2$, SrO, $Sr(OH)_2$
$BaCl_2$, BaO, $Ba(OH)_2$
$BeCl_2$, BeO, $Be(OH)_2$

b) Die molare Masse der Verbindungen entspricht der Summe der molaren Massen der beteiligten Atome.

Element / molare Masse (gerundet)	**Chlorid**	**Oxid**	**Hydroxid**
Be / 9 $\frac{g}{mol}$	79 $\frac{g}{mol}$	25 $\frac{g}{mol}$	43 $\frac{g}{mol}$
Mg / 24 $\frac{g}{mol}$	94 $\frac{g}{mol}$	40 $\frac{g}{mol}$	58 $\frac{g}{mol}$
Ca / 40 $\frac{g}{mol}$	110 $\frac{g}{mol}$	56 $\frac{g}{mol}$	74 $\frac{g}{mol}$
Sr / 88 $\frac{g}{mol}$	158 $\frac{g}{mol}$	104 $\frac{g}{mol}$	122 $\frac{g}{mol}$
Ba / 137 $\frac{g}{mol}$	207 $\frac{g}{mol}$	153 $\frac{g}{mol}$	171 $\frac{g}{mol}$

c) individuelle Lösung

A19.5

a) Brennen: $CaCO_3 \rightarrow CaO + CO_2$
Kalk → Branntkalk + Kohlenstoffdioxid
Löschen: $CaO + H_2O \rightarrow Ca(OH)_2$
Branntkalk + Wasser → Löschkalk
Abbinden: $Ca(OH)_2 + CO_2 \rightarrow CaCO_3$
Löschkalk + Kohlenstoffdioxid → Kalkstein

b) Der harte Kalkstein wird pulverisiert, gebrannt und mit Wasser zu Calciumhydroxid umgesetzt. Dann kann das teigige Gemisch bei Bedarf geformt werden. Da beim Abbinden wieder Kalkstein entsteht, ist die Aussage richtig: Harter Kalkstein wird über den technischen Kalkkreislauf formbar gemacht.

A21.1

a) Metallischer Glanz einer frischen Schnittfläche, gute elektrische Leitfähigkeit, gute Wärmeleitfähigkeit

b) Niedriger Schmelztemperatur (98 °C), geringe Dichte ($0{,}97\ \frac{g}{cm^3}$), geringe Härte

A21.2

a) Metallisches Natrium kommt in der Natur nicht vor und viele Menschen wissen daher nicht, dass es sich bei diesem Element um ein Metall handelt. Da metallisches Natrium auch nicht als Werkstoff verwendet werden kann, kommt man im Alltag nicht damit in Berührung. Natrium begegnet uns jedoch vielfach in Form von Natriumverbindungen wie Kochsalz oder Natron.

b) Natrium schmilzt bei der Reaktion mit Wasser und formt sich zu einer silbrigen Kugel, die über das Wasser flitzt. Die zum Schmelzen benötigte Energie stammt aus der stark exothermen Reaktion.

c) Bei der Reaktion von Natrium mit Wasser bildet sich neben Natriumhydroxid auch Wasserstoff. Dabei wird sehr viel Wärme frei. Schwimmt das Natrium auf dem Wasser, wird frei werdende Wärme vom Wasser aufgenommen und abgeführt. Liegt das Natrium jedoch auf einem Stück Filterpapier, so steht die frei werdende Wärme als Aktivierungsenergie für die Entzündung des gebildeten Wasserstoffs zur Verfügung.

d) Einen Natriumbrand kann man wie alle Metallbrände mit Löschsand bekämpfen. Dadurch wird die Sauerstoffzufuhr unterbrochen. Auf keinen Fall darf Wasser dazu benutzt werden, da Natrium heftig mit Wasser reagiert.

e) Natronlauge ist die wässrige Lösung von festem Natriumhydroxid.

f) *Eigenschaften von Natrium:* Aggregatzustand: fest; Farbe: silbrig glänzend; Schmelztemperatur: 98 °C; Härte: relativ weich (schneidbar); Reaktivität: sehr reaktionsfreudig.

Verwendung von Natrium: als Kühlmittel, in Natriumdampflampen, als Katalysator in der Kunststoffindustrie.

Eigenschaften von Natriumverbindungen: Salze mit hohen Schmelz- und Siedetemperaturen.

Verwendung von Natriumverbindungen im Haushalt: Natriumchlorid als Speisesalz; Natriumhydroxid als Abbeizmittel, als Abflussreiniger; Natron als Backpulver.

g) individuelle Lösungen

A21.3

Da salziges Wasser eine Natriumverbindung (Kochsalz, Natriumchlorid) enthält, leuchtet eine Flamme gelb auf, wenn man Salzwasser hinein spritzt.

A21.4

Die gelbe Flammenfärbung deutet auf eine Natriumverbindung hin, sodass man aufgrund der alkalischen Eigenschaften bei dem flüssigen Mittel zum Entfernen von Lackanstrichen von *Natronlauge* ausgehen kann. Natronlauge ist eine stark ätzende Lösung, die auch Haut und Haare zersetzen kann. Spritzer auf die Haut oder gar in die Augen wären also sehr gefährlich. Beim Umgang mit der Lösung sollte man daher Schutzhandschuhe und auf jedenfall eine Schutzbrille tragen.

Hinweise: Selbstverständlich müsste das Gefäß nach den aktuellen Vorschriften beschriftet und gekennzeichnet sein. Man sollte die Lösung nicht in ein Glasgefäß umfüllen, da Natronlauge Glas angreift.

A21.5

Natronlauge + Kohlenstoffdioxid → Soda + Wasser

A21.6

Konzentrierte Natronlauge greift Glas an. Die Reaktion verläuft zwar langsam, aber stetig. Der Effekt wird an der Trübung des Glases erkennbar.

A23.1

a) – **d)** individuelle Lösung; Hinweise zur Lösung:

	Lithium	**Natrium**	**Kalium**
Aggregatzustand	fest	fest	fest
Farbe	silbrig glänzend	silbrig glänzend	silbrig glänzend
Schmelztemperatur	181 °C	98 °C	63 °C
Reaktivität	reaktionsfreudig	reaktionsfreudig	sehr reaktionsfreudig
erstmalige Gewinnung	1818	1807	1807
Gewinnung	Schmelzflusselektrolyse von LiCl	Schmelzflusselektrolyse von NaCl	Reduktion von KCl mit Na
Massenanteil (Erdkruste)	0,006 %	2,64 %	2,4 %
Namensgebung	vom griechischen „lithos“: der Stein	von arabisch „ natrun“: Natron	von arabisch „alqalya“: Pflanzenasche
Reaktionsgleichung	$2\ Me(s) + 2\ H_2O(l) \rightarrow 2\ MeOH(aq) + H_2(g)$; Me = Li, Na, K		
Name der Reaktionsprodukte	Lithiumhydroxid	Natriumhydroxid	Kaliumhydroxid

	Rubidium	**Caesium**
Aggregatzustand	fest	fest
Farbe	silbrig glänzend	gold glänzend
Schmelztemperatur	39 °C	28 °C
Reaktivität	sehr reaktionsfreudig	extrem reaktionsfreudig
erstmalige Gewinnung	1861	1861
Gewinnung	Reduktion von Salzen mit Calcium	Reduktion von Salzen mit Calcium
Massenanteil (Erdkruste)	0,03 %	0,0006 %
Namensgebung	von lateinisch „rubidus“: tiefrot	von lateinisch „caesius“: himmelblau
Reaktionsgleichung	$2\ Me(s) + 2\ H_2O(l) \rightarrow 2\ MeOH(aq) + H_2(g)$; Me = Rb, Cs	
Name der Reaktionsprodukte	Rubidiumhydroxid	Caesiumhydroxid

e) – g) individuelle Lösung

A23.2

a) Lithium wird aufgrund seiner geringen Dichte oftmals zu Legierungen verarbeitet, die leicht und strapazierfähig sein müssen. Aluminium-Lithium-Legierungen werden beispielsweise im Raketen- und Flugzeugbau genutzt. Lithium kommt in Batterien und Akkumulatoren zum Einsatz. Lithium und seine Verbindungen werden daneben auch in der Glas- und Keramikproduktion, als Schmiermittel und in der Arzneimittelproduktion genutzt.

b) Durch den Einsatz von leichteren Metallen im Fahrzeug- und Flugzeugbau lassen sich erhebliche Einsparungen beim Treibstoffverbrauch und somit mehr Effizienz und Umweltfreundlichkeit erzielen.

c) Bei Beschädigung der Batterie könnte metallisches Lithium austreten. Das Metall reagiert mit Wasser unter Bildung von Wasserstoff und Lithiumhydroxid. Wasserstoff kann sich entzünden. Lithiumhydroxid ist stark alkalisch und daher ätzend.

A23.3

Da die Elemente Rubidium und Caesium sehr reaktiv sind und bereits mit Luftfeuchtigkeit und Sauerstoff reagieren, gibt es kaum technische Anwendungen für diese Elemente.

A23.4

a) – d)

Formel	**Name**	**M in $\frac{g}{mol}$**
LiCl	Lithiumchlorid	42,4
NaCl	Natriumchlorid	58,5
KCl	Kaliumchlorid	74,6
RbCl	Rubidiumchlorid	121
CsCl	Caesiumchlorid	168,5
LiOH	Lithiumhydroxid	24
NaOH	Natriumhydroxid	40
KOH	Kaliumhydroxid	56
RbOH	Rubidiumhydroxid	102,5
CsOH	Caesiumhydroxid	150

Die molaren Massen der Alkalimetallchloride und Alkalimetallhydroxide nehmen innerhalb der Hauptgruppe von oben nach unten zu.

Alkalimetall + Chlor → Alkalimetallchlorid

Alkalimetall + Wasser → Alkalimetallhydroxid

A23.5

Mineralwässer enthalten als Bestandteile aus den Elementfamilien der Alkali- und der Erdalkalimetalle vor allem Natrium, Kalium, Calcium und Magnesium. Magnsium lässt sich mit den hier besprochenen Methoden nicht nachweisen. Für Natrium, Kalium und Calcium kann man die Flammenfärbung zum Nachweis heranziehen. Dabei überdeckt die gelbe Farbe von Natrium die Flammenfärbung von Kalium und die von Calcium. Für den Nachweis von Kalium verwendet man daher ein Cobaltglas, das das gelbe Natriumlicht nicht durchlässt.

A23.6

Alkalimetalle	**Erdalkalimetalle**
reaktiver	weniger reaktiv
weicher	härter
Reaktion mit Wasser	
pro mol Alkalimetall entsteht $\frac{1}{2}$ mol Wasserstoff	pro mol Erdalkalimetall entsteht 1 mol Wasserstoff
Verhältnisformel Hydroxid	
MeOH	$Me(OH)_2$

A25.1

a), b) individuelle Lösung; Hinweise zur Lösung:

	Fluor	Chlor	Brom	Iod
Aggregatzustand	gasförmig	gasförmig	flüssig	fest
Farbe	blassgelb	gelbgrün	rotbraun	violett
Geruch	stechend	stechend	stechend	leicht stechend
Siedetemperatur	−188 °C	−34 °C	59 °C	185 °C
Reaktivität	extrem reaktionsfreudig	sehr reaktionsfreudig	sehr reaktionsfreudig	reaktionsfreudig
Entdeckung und Gewinnung	1530 Calciumfluorid; 1811 Vermutung der Existenz des Elements; 1886 Gewinnung des Elements	1774 unbewusste Synthese; 1808 Erkenntnis der Existenz von elementarem Chlor	1824 unbewusste Synthese; 1826 Erkenntnis der Existenz von elementarem Brom	1811 unbewusste Synthese; 1813 gezielte Erforschung der Eigenschaften des Elements Iod

c), d) individuelle Lösung

e) Fluor konnte erstmals 1886 als Element hergestellt werden. Die Herstellung gelang erst so spät, weil das Element äußerst reaktiv ist und nur durch Elektrolyse in einer speziellen Apparatur gewonnen werden kann.

f) individuelle Lösung

A25.2

Fluor hat eine Dichte von 0,00158 $\frac{g}{ml}$ und Chlor eine Dichte von 0,00295 $\frac{g}{ml}$. Bei beiden Elementen handelt es sich um Gase, die deutlich geringere Dichten als Flüssigkeiten (Brom) oder Feststoffe (Iod) aufweisen.

A25.3

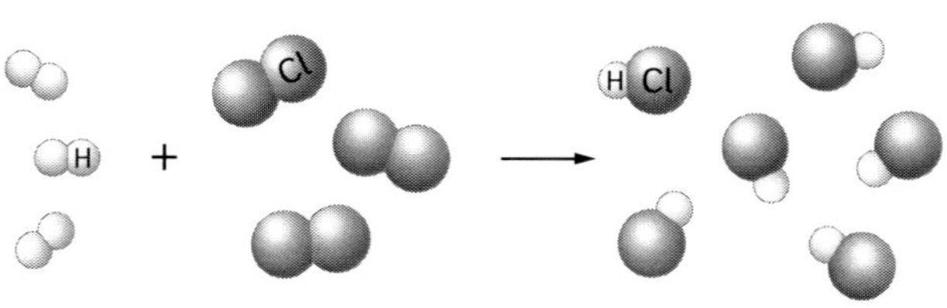

A25.4

Verhältnisformel: ZnI_2

Reaktionsschema: Zink + Iod → Zinkiodid
Reaktionsgleichung: $Zn(s) + I_2(s) \rightarrow ZnI_2(s)$

A25.5

Chlor ist ein wichtiges, industrielles Zwischenprodukt bei der Herstellung von beispielsweise Kunststoffen, Arzneimitteln, Farbstoffen und Pflanzenschutzmitteln.
Mit Hilfe von Chlor lassen sich wichtige Industrieprodukte leicht und preiswert herstellen. Bei der Zersetzung dieser Produkte können gefährliche Chlorverbindungen in die Luft oder ins Abwasser gelangen und zu Umweltschäden führen. Katastrophale Umweltschäden durch Chlorverbindungen ereigneten sich 1976 in Seveso/Italien und 1984 in Bhopal/Indien.

A25.6

a) Chlor hat eine bleichende Wirkung. Die Blütenfarbstoffe werden angegriffen und zersetzt, deshalb entfärbt sich die Blüte.

b) Chlor wirkt auf Mikroorganismen stark giftig. Werden chlorhaltige Reinigungsmittel auf Schimmel aufgebracht, so wird der Schimmelpilz abgetötet. Da Chlor auch bleichend wirkt, werden eventuell aufgetretene Verfärbungen entfernt.

A25.7

a) In der Kartoffel ist Stärke enthalten, die mit der Iodlösung reagiert; dabei bildet sich der tiefblaue Iod-Stärke-Komplex.

b) Eine Probe des zu untersuchenden Lebensmittels wird mit Iodlösung versetzt. Wenn eine tiefblaue Färbung eintritt hat sich der Iod-Stärke-Komplex gebildet: das Lebensmittel ist stärkehaltig.

V26.1

a) – c) Die fünf Proben können mittels der Flammenfärbung unterschieden werden. Hierzu werden geringe Mengen der einzelnen Substanzen auf einem Magesiastäbchen in die Brennerflamme gehalten. Die Proben färben dabei die Brennerflamme unterschiedlich: Lithiumchlorid: rot, Natriumchlorid: gelb, Kaliumchlorid: hellviolett, Strontiumchlorid: orangerot, Bariumchlorid: grün.

V26.2

a) – c) Aus den vorangegangenen Kapiteln ist bekannt, dass es sich bei dem Gas um Wasserstoff handelt. Das entstehende Gas kann pneumatisch aufgefallen und die Knallgaspobe durchgeführt werden.

d) Lithium + Wasser → Lithiumhydroxid + Wasserstoff
Calcium + Wasser → Calciumhydroxid + Wasserstoff

V26.3

a)

Eigenschaften	Lithium	Magnesium	Calcium
Härte	mäßig hart	hart	hart
elektrische Leitfähigkeit	vorhanden	vorhanden	vorhanden
Brennbarkeit	brennt mit roter Flamme	brennt mit grell weißer Flamme	brennt mit ziegelroter Flamme

Lithium schwimmt auf dem Wasser. Es entwickeln sich Gasbläschen. Das Metall verschwindet nach einiger Zeit. Das Wasser färbt sich rotviolett.
Blank geschmirgeltes Calcium geht unter. Erst zögerlich, dann immer deutlicher, entwickeln sich Gasbläschen. Das Wasser trübt sich und färbt sich rotviolett. Die Metallportion nimmt kaum merklich ab.
Blankes Magnesiumband geht ebenfalls unter und zeigt keine Reaktion. Beim Erwärmen tritt eine blasse rötlich-violette Färbung auf. Wenige kleine Gasbläschen entstehen und steigen auf. Die Metallportion erscheint unverändert.

b) Die Beobachtung, dass das Lithium auf dem Wasser schwimmt, die beiden anderen Metalle aber untergehen, zeigt: Lithium besitz eine geringere Dichte als Wasser, die von Calcium und Magnesium ist dagegen größer.
Die Trübung bei Calcium zeigt an, dass das entstehende Hydroxid schlechter wasserlöslich ist als Lithiumhydroxid.
Bei der Reaktion von Calcium mit Wasser entsteht doppelt so viel Wasserstoff wie bei Lithium.
Für die Zuordnung der Metalle in die Elementfamilien der Alkalimetalle oder der Erdalkalimetalle heißt das: Lithium gehört zu den Alkalimetallen, deren Dichten mit Ausnahme von Rubidium und Caesium kleiner als die des Wassers sind. Zudem sind die Hydroxide der Alkalimetalle gut wasserlöslich. Erdalkalimetalle besitzen höhere Dichten als Wasser. Ihre Hydroxide sind schwer wasserlöslich. Magnesium und Calcium gehören daher in die Gruppe der Erdalkalimtalle.

c) Lithium + Sauerstoff → Lithiumoxid
Magnesium + Sauerstoff → Magnesiumoxid
Calcium + Sauerstoff → Calciumoxid
Lithium + Wasser → Lithiumhydroxid + Wasserstoff
Magnesium + Wasser → Magnesiumhydroxid + Wasserstoff
Calcium + Wasser → Calciumhydroxid + Wasserstoff

d)

Eigenschaft	Natrium	Kalium
Härte	mäßig	mäßig
Elektrische Leitfähigkeit	vorhanden	vorhanden
Brennbarkeit	vorhanden	vorhanden
Flammenfärbung	gelb	hellviolett
Dichte	geringer als Wasser	geringer als Wasser
Reaktion mit Wasser	heftig, löst sich auf, Indikator färbt sich rot, starke Gasentwicklung, 0,5 mol H_2 pro 1 mol Na	heftig, löst sich auf, Indikator färbt sich rot, starke Gasentwicklung, 0,5 mol H_2 pro 1 mol K

Eigenschaft	Magnesium	Strontium
Härte	hart	hart
Elektrische Leitfähigkeit	vorhanden	vorhanden
Brennbarkeit	vorhanden	vorhanden
Flammenfärbung	grell weiß	rot
Dichte	größer als Wasser	größer als Wasser
Reaktion mit Wasser	schwach, löst sich langsam auf, Indikator färbt sich rot, schwache Gasentwicklung, 1 mol H_2 pro 1 mol Mg	munter, löst langsam auf, Indikator färbt sich rot, Gasentwicklung, 1 mol H_2 pro 1 mol Sr

e) Bei Calcium entsteht pro Mol Metall doppelt so viel Wasserstoff wie bei Lithium. Diese Beobachtung lässt sich mit der unterschiedlichen Formel des entstehenden Hydroxids begründen: Für die Bildung von 1 mol $Ca(OH)_2$ werden 2 mol Wasser-Moleküle verbraucht und damit 1 mol Wasserstoff (H_2) freigesetzt. Für die Bildung von 1 mol LiOH wird 1 mol Wasser-Moleküle verbraucht und damit 0,5 mol Wasserstoff (H_2) freigesetzt.

V27.4

a) individuelle Lösung

b) Die Reaktion der Halogene am heißen Kupferdraht ist mit Chlor am heftigsten. Iod reagiert deutlich langsamer und Brom zeigt eine mittlere Reaktivität.

c) Die Reaktionsfähigkeit nimmt von Iod über Brom zum Chlor zu.

d) Chlor + Kupfer → Kupferchlorid ($CuCl_2$)
Brom + Kupfer → Kupferbromid ($CuBr_2$)
Iod + Kupfer → Kupferiodid (CuI)

V27.5

a)

Natriumchloridlösung:	farbloser Niederschlag
Natriumbromidlösung:	gelblicher Niederschlag
Natriumiodidlösung:	gelber Niederschlag
Leitungswasser:	starke Trübung
Salzsäure:	farbloser Niederschlag

b) Die Reaktion kann im Labor verwendet werden, um Halogenide durch eine Fällungsreaktion nachzuweisen. Sofern die unterschiedlichen Halogenide nicht im Gemisch vorliegen, lassen sich Chloride, Bromide und Iodide durch die unterschiedlichen Farbe des Niederschlags unterscheiden.

c) Bei der Natriumchloridlösung entsteht viel mehr Niederschlag; sie enthält also mehr Chlorid als das Leitungswasser. Das Mineralwasser hat einen höheren Chloridgehalt als Leitungswasser, er ist aber wesentlich geringer als der Chloridgehalt in der Natriumchloridlösung.

A28.1

a) Kaliumbromid, Natriumchlorid, Zinkbromid, Magnesiumchlorid

b) KI

A28.2

a) Calcium + Chlor → Calciumchlorid
Kalium + Chlor → Kaliumchlorid
Magnesium + Iod → Magnesiumiodid
Lithium + Iod → Lithiumiodid

b)

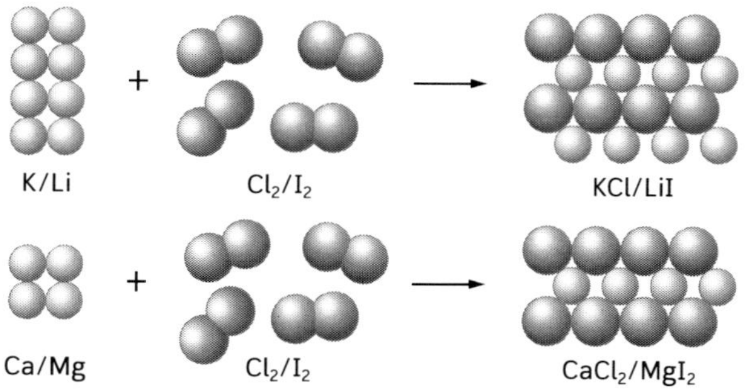

c) Benennung der Salze: siehe Reaktionsprodukte in a)

d) Die Reaktivität der Halogene steigt vom Iod zum Chlor an. Die Reaktivität der Alkalimetalle steigt vom Lithium zum Kalium an, die Reaktivität der Erdalkalimetalle steigt vom Magnesium zum Calcium an. Die Alkalimetalle sind reaktiver als die Erdalkalimetalle.
Somit sollte Kalium mit Chlor am heftigsten reagieren. Danach folgt die Reaktionen von Calcium mit Chlor, Lithium mit Iod und Magnesium mit Iod.

e) Fluor ist das reaktionsfähigste Halogen. Die Alkali- und Erdalkalemetalle reagieren mit Fluor schon bei Raumtemperatur heftig unter Flammenerscheinung. Kalium reagiert am heftigsten mit Fluor, danach folgen Calcium, Lithium und Magnesium.

A28.3

a) Aluminium + Brom → Aluminiumbromid

b) $AlBr_3$

A29.1

Helium
- Leuchtröhren (gelb)
- Kühlung in Kernreaktoren
- Atemgas für Taucher
- Ballongas
- Flüssiges Helium als Kältemittel

Neon
- Leuchtröhren (rot)
- Kühlmittel

Argon
- Leuchtröhren (violett)
- Schutzgas für Glühlampen
- Schutzgas beim Schweißen

Krypton
- Leuchtstofflampen, Schutzgas in Halogenlampen
- Schutzgas für Glühlampen

Xenon
- In Gasentladungsröhren (blau)

Ein Helium-Sauerstoff-Gemisch wird als Atemgas bei Operationen eingesetzt. In Kryostaten, das sind Geräte, in denen extrem tiefe Temperaturen erreicht und gehalten werden, dient es als Kühlmittel (Sdt. −269 °C). Kryostaten werden allgemein bei der Untersuchung von Tiefsttemperaturphänomen eingesetzt. In der Grundlagenforschung findet man sie etwa bei Fusionsreaktoren oder der NMR-Spektroskopie. Auch wichtige medizinische Diagnosegeräte, wie beispielsweise bei der Magnetresonanztomographie (MRT), enthalten Kryostaten.

A29.2

a)

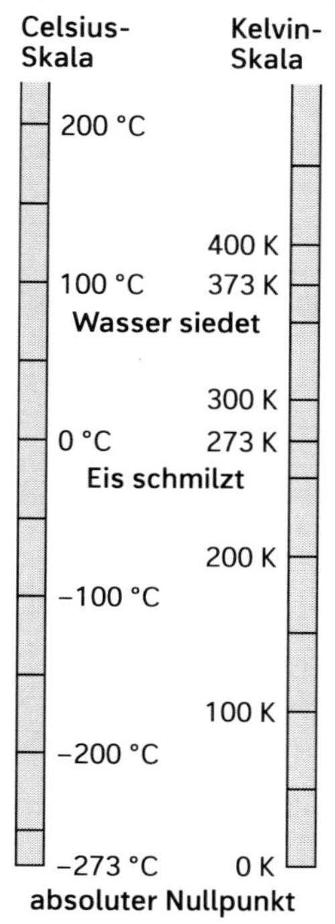

b) Siedetemperaturen in °C:

Sauerstoff:	−183
Stickstoff:	−196
Helium:	−269
Neon:	−246
Argon:	−186
Krypton:	−152
Xenon:	−108

c) Helium mit seiner extrem niedrigen Siedetemperatur blieb bei der Untersuchung von flüssiger Luft (Temperaturen um die Siedetemperatur von Stickstoff) gasförmig und damit unentdeckt.

A29.3

Nach dem Gesetz von Avogadro enthalten alle Gase im gleichen Volumen bei gleicher Temperatur und gleichem Druck gleich viele Teilchen. Daher ist die Dichte proportional zu der Teilchenmasse.

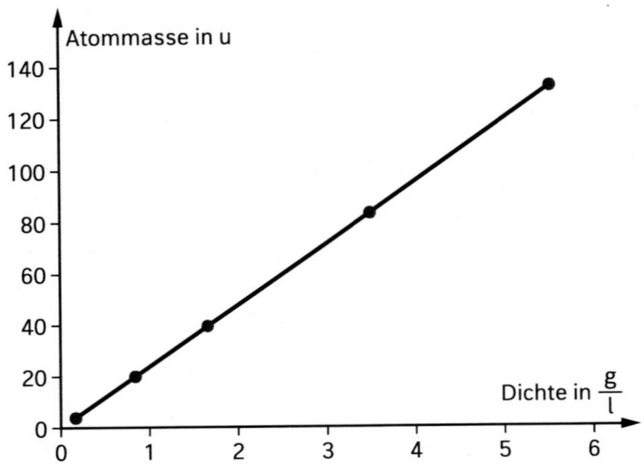

A31.1

Gleiche Volumina aller Gase enthalten bei gleichem Druck und gleicher Temperatur gleich viele Teilchen. Die Anzahl der Atome, aus der ein Gasteilchen besteht, kann unterschiedlich sein. In Abb. 2 wird verdeutlicht, wie sich in 24 l Gas 1 mol, also $6{,}02 \cdot 10^{23}$, Teilchen Helium oder Kohlenstoffdioxid oder Sauerstoff befinden, wobei ein Helium-Teilchen ein einzelnes Atom ist, ein Sauerstoff-Teilchen ein Molekül aus zwei Sauerstoff-Atomen und ein Kohlenstoffdioxid-Teilchen ein Molekül aus einem Kohlenstoff-Atom und zwei Sauerstoff-Atomen.

Bei einer Erhöhung der Temperatur bewegen sich die Teilchen des Gases schneller und beanspruchen so mehr Raum. Da die Anzahl der Teilchen unverändert ist, steigt das molare Volumen, also das Volumen, das ein Mol eines Gases einnimmt, mit der Temperatur.

Erhöht man den Druck auf ein Gas wird der Abstand der Teilchen im Gas verringert. Da die Anzahl der Teilchen im Gas gleich geblieben ist, sinkt das molare Volumen, also das Volumen, das ein Mol eines Gases einnimmt, mit steigendem Druck.

A31.2

24 l eines jeden Gases enthalten bei normalem Luftdruck und 20 °C $6 \cdot 10^{23}$ (600 Trilliarden) Moleküle, dies entspricht der Stoffmenge von 1 mol.

A31.3

$m = \varrho \cdot V_l(H_2O)$; $n = \frac{m}{M\,H_2O}$; $V_g(H_2O) = n \cdot V_m$; einsetzen ergibt:

$$V_g(H_2O) = \frac{\varrho \cdot V_l(H_2O)}{M(H_2O)} \cdot V_m$$

$$= \frac{1\,\frac{g}{ml} \cdot 36\text{ ml}}{18\,\frac{g}{mol}} \cdot 30{,}5\,\frac{l}{mol} = 61\text{ l}$$

Das Gasvolumen von 36 ml verdampften Wasser beträgt 61 l.

A31.4

a) $M(Ne) = 20{,}2\,\frac{g}{mol}$; $M(Ar) = 39{,}95\,\frac{g}{mol}$; $M(Kr) = 83{,}8\,\frac{g}{mol}$

b) $\varrho(Ne) = \frac{M(Ne)}{V_m} = \frac{20{,}2\,\frac{g}{mol}}{24\,\frac{l}{mol}} = 0{,}84\,\frac{g}{l}$

$$\varrho(Ar) = \frac{M(Ar)}{V_m} = \frac{39{,}95\,\frac{g}{mol}}{24\,\frac{l}{mol}} = 1{,}66\,\frac{g}{l}$$

$$\varrho(Kr) = \frac{M(Kr)}{V_m} = \frac{83{,}8\,\frac{g}{mol}}{24\,\frac{l}{mol}} = 3{,}49\,\frac{g}{l}$$

c) individuelle Lösung

A31.5

a) $M(\text{Chlor}) = \varrho \cdot V_m = 2{,}95\,\frac{g}{l} \cdot 24\,\frac{l}{mol} = 70{,}8\,\frac{g}{mol}$

Der berechnete Wert stimmt gut mit dem Literaturwert überein. Ein Chlor-Teilchen hat die Masse 70,9 u, Chlor-Atome haben die Masse 35,45 u. Somit ist ein Chlor-Teilchen ein Molekül aus 2 Chlor-Atomen. Molekülformel: Cl_2.

$M(\text{Stickstoff}) = \varrho \cdot V_m = 1{,}17\,\frac{g}{l} \cdot 24\,\frac{l}{mol} = 28{,}08\,\frac{g}{mol}$

Der berechnete Wert stimmt gut mit dem Literaturwert überein. Ein Stickstoff-Teilchen hat die Masse 28 u, Stickstoff-Atome haben die Masse 14 u. Somit ist ein Stickstoff-Teilchen ein Molekül aus 2 Stickstoff-Atomen. Molekülformel: N_2.

c) Luft hat bei 20 °C die Dichte $1{,}20\,\frac{g}{l}$. Luft ist ein Gasgemisch aus etwa $\frac{1}{5}$ Sauerstoff und $\frac{4}{5}$ Stickstoff. Wenn das Gesetz von Avogadro auch bei Gasgemischen gültig sein soll, müsste bei 20 °C in 24 l Luft etwa $\frac{1}{5}$ mol Sauerstoff und $\frac{4}{5}$ mol Stickstoff enthalten sein. Damit berechnet man die Dichte zu:

$$\varrho(Luft) = \frac{m(\frac{1}{5}\text{ mol }O_2) + m(\frac{4}{5}\text{ mol }N_2)}{V} = \frac{6{,}4\text{ g} + 22{,}4\text{ g}}{24\text{ l}} = 1{,}2\,\frac{g}{l}$$

Dies stimmt mit der recherchierten Angabe überein. Dieses Beispiel erhärtet die Annahme, dass das Gesetz von Avogadro auch für Gasgemische gilt.

A31.6

a) $M(\text{Schwefeloxid}) = \varrho \cdot V_m = 2{,}67\,\frac{g}{l} \cdot 24\,\frac{l}{mol} = 64\,\frac{g}{mol}$

Da ein Mol S-Atome die Masse 32 g haben, entfallen die restlichen 32 g auf 2 mol O-Atome. Die Molekülformel lautet also SO_2.

b) $S(s) + O_2(g) \rightarrow SO_2(g)$

A31.7

a) Die Molekülformeln lauten NH_3 (Ammoniak), N_2 (Stickstoff) und H_2 (Wasserstoff).

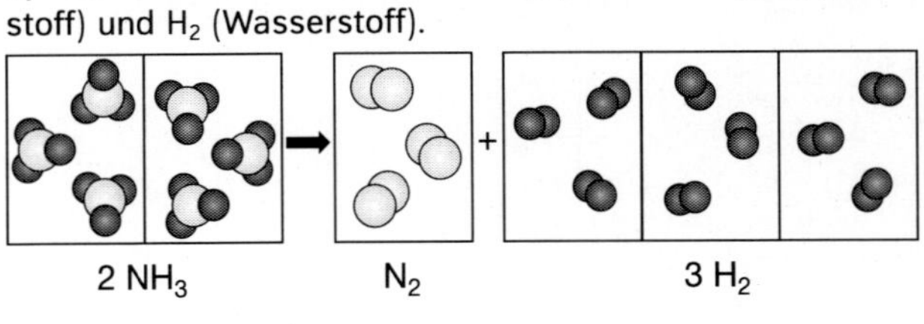

$2\,NH_3$ N_2 $3\,H_2$

Aus 20 ml Ammoniakgas entstehen 10 ml Stickstoff und 30 ml Wasserstoff.

Die Molekülformeln lauten N_2 (Stickstoff), O_2 (Sauerstoff) und N_2O (Distickstoffmonoxid).

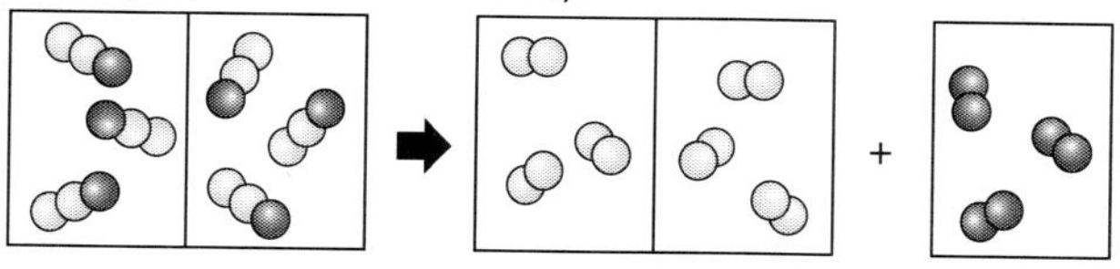

$2\ N_2O$ $\quad$ $2\ N_2$ $\quad$ O_2

Aus 100 ml Distickstoffmonoxidgas entstehen 100 ml Stickstoff und 50 ml Sauerstoff.

b) $2\ NH_3 \rightarrow N_2 + 3\ H_2$
$2\ N_2O \rightarrow 2\ N_2 + O_2$

c) individuelle Lösung

A31.8

Nach der Reaktionsgleichung für die Knallgasreaktion reagiert ein Volumenteil Sauerstoff mit zwei Volumenteilen Wasserstoff:
$O_2(g) + 2\ H_2(g) \rightarrow 2\ H_2O(g)$

Luft ist ein Gasgemisch aus etwa einem Volumenteil Sauerstoff und vier Volumenteilen Stickstoff. Damit muss man fünf Volumenteile Luft nehmen um eine vollständige Reaktion mit 2 Volumenteilen Wasserstoff zu erhalten.
Bei der Reaktion von einem Volumenteil Sauerstoff mit zwei Volumenteilen Wasserstoff bleiben vier Volumenteile Stickstoff aus der Luft übrig, die an der Reaktion nicht beteiligt sind.

A31.9

a) $\varrho(\mathrm{He}) = \frac{m}{V} = \frac{M(\mathrm{He})}{V_m} = \frac{4\ \frac{\mathrm{mol}}{\mathrm{l}}}{24\ \frac{\mathrm{l}}{\mathrm{mol}}} = 0{,}167\ \frac{\mathrm{g}}{\mathrm{l}}$

b) Ein Liter Helium ist etwa ein Gramm leichter als ein Liter Luft.

c) Man benötigt etwa 10 000 l Helium um 10 kg anzuheben.

A33.B1

a) – **c)** individuelle Lösung

A33.B2

a) Bei der Reaktion von Natrium mit Wasser bildet sich Wasserstoff. Dieses Gas verbrennt, nicht das Papier oder das Natriumstück selbst.

b) Die Reaktion von Natrium mit Wasser ist exotherm. Das zu einer Kugel geschmolzene Natriumstück bewegt sich auf dem Wasser. Wasser kann die Wärme gut abführen, wodurch die heiße Natriumkugel abgekühlt wird. Die Entzündungstemperatur des Wasserstoffgases wird daher unter diesen Bedingungen *nicht* erreicht. Auf dem Papier erfolgt diese Wasserkühlung nicht bzw. nicht in einem so hohen Maße. Die Temperatur reicht deshalb aus, um den Wasserstoff zu entzünden.

c) In dem Gefäß saust eine Kugel aus flüssigem Natrium auf Wasser, dem etwas Thymolphthaleinlösung als Indikator zugegeben wurde. Natrium reagiert mit Wasser zu Wasserstoff und Natronlauge. Der entstehende Wasserstoff treibt die Natriumkugel wie ein Luftkissenboot über die Wasseroberfläche. Das zugesetzte Thymolphthalein weist die alkalisch reagierende Natronlauge nach.
Natrium + Wasser →
Natriumhydroxid + Wasserstoff; exotherm

d) Calcium + Wasser →
Calciumhydroxid + Wasserstoff; exotherm

In beiden Fällen entsteht Wasserstoff. Calcium reagiert weniger heftig mit Wasser als Natrium. Zudem ist das entstehende Calciumhydroxid schwer löslich, sodass sich die Lösung trübt. Die Verhältnisformeln der Produkte sind unterschiedlich.

A33.B3

gelb: Natrium, rot: Lithium, Strontium, grün: Barium, violett: Kalium

A33.B4

Beim Schweißen wird ein Schweißdraht an der Naht zwischen zwei Werkstücken verflüssigt und damit die Kanten der Metallstücke miteinander verschmolzen. Die für das Schmelzen des Schweißdrahtes nötige Wärme wird meist durch einen elektrischen Lichtbogen erzeugt. Damit das flüssige Metall des Schweißdrahtes nicht mit dem Sauerstoff der Luft reagiert, wird die Schweißstelle beim Schutzgasschweißen mit Argon oder Helium begast.

A33.B5

Die Calciumspäne reagieren mit Wasser. Dabei entsteht Wasserstoffgas, das das Gemisch porös macht.

A34.B6

a) Das Halogen reagiert mit dem Metallbeschlag am Glaskolben und bildet Wolframhalogenid, das bei der hohen Temperatur gasförmig ist. Gelangt das entstandene Wolframhalogenid an die heiße Glühwendel, zersetzt es sich wieder zu Wolfram und Halogen. Dadurch wird verhindert, dass der Wolframdraht immer dünner wird und schließlich zerreißt.

b) Wolframhalogenid → Wolfram + Halogen
Wolfram + Brom/Iod → Wolframbromid/Wolframiodid

A34.B7

a) Für kleine Organismen wie Bakterien reichen schon sehr geringe Mengen an Chlor aus, um diese abzutöten. Die für den Menschen giftige Dosis an Chlor ist sehr viel größer. Desinfektionsmittel enthalten daher eine für uns ungefährliche, sehr geringe Menge an Chlor.

b) Chlor vernichtet Krankheitserreger wie etwa Bakterien und desinfiziert damit das Wasser.

c) Im Freibad wird das Chlor durch Luftströmungen verweht. In der Halle sammelt sich es trotz Ventilation stärker an.

A34.B8

a) Zink + Iod → Zinkiodid

b) Die Zeichnung entspricht der Darstellung in A15.3a.

A34.B9

a) Ein Gemisch von Chlor und Wasserstoff (Chlorknallgas) wird gezündet. Bei der folgenden Chlorknallgasreaktion entsteht Chlorwasserstoffgas.
Chlor + Wasserstoff → Chlorwasserstoff

b) Chlorwasserstoff ist ein farbloses, stechend riechendes Gas, das an feuchter Luft Nebel bildet. Es löst sich sehr gut in Wasser. Die wässrige Lösung von Chlorwasserstoff nennt man Salzsäure.

A34.B10

a) Natriumbromid + Chlor → Natriumchlorid + Brom

b) Chlor ist reaktionsfähiger als Brom. Es vertreibt das Brom aus seinem Salz und geht selbst eine Verbindung mit dem Natrium ein.

A34.B11

a) Nach dem Gesetz von Avogadro enthalten alle Gase im gleichen Volumen gleich viele Teilchen. Daher ist die Dichte proportional zu der Teilchenmasse.

b) Sauerstoff mit der Molekülmasse 32 u muss auf der oberen (blauen) Gerade zwischen Stickstoff und Fluor etwa bei $\varrho = 1{,}3\ \frac{g}{l}$ eingetragen werden.

c) Die Steigung der oberen (blauen) Gerade ist genau doppelt so groß wie die Steigung der unteren (roten) Gerade. Die Stoffe auf der roten Kurve bestehen aus einzelnen Atomen, die Stoffe auf der blauen Kurve dagegen aus zweiatomigen Molekülen.

d) Die Dichte des Ozons muss 50 % größer sein als die des Sauerstoffs, da O_3-Moleküle entsprechend schwerer sind als O_2-Moleküle.

A34.B12

a) Barium + Wasser → Bariumhydroxid + Wasserstoff
Kalium + Wasser → Kaliumhydroxid + Wasserstoff

b) 275 mg Barium entsprechen 2 mmol Barium-Atomen. Aus dem Molvolumen für Gase von 24 l bei Zimmertemperatur und Normaldruck lässt sich berechnen: 48 ml Wasserstoff entsprechen 2 mmol Wasserstoff-Molekülen. Da die Wasserstoff-Moleküle aus zwei Wasserstoff-Atomen zusammengesetzt sind, kommen auf ein Atom Barium zwei Wasserstoff-Atome. Es ist bekannt, dass die Metallhydroxide die allgemeine Zusammensetzung $Me(OH)_n$ besitzen. Dann muss die Verhältnisformel für Bariumhydroxid $Ba(OH)_2$ lauten.

275 mg Barium enthalten 2 mmol Barium-Atome. 156 mg Kalium enthalten 4 mmol Kalium-Atome. Die doppelte Stoffmenge Kalium, also 4 mmol setzt die gleiche Menge Wasserstoff frei wie 2 mmol Calcium. Damit kann Kalium nicht zur gleichen Elementfamilie gehören wie Calcium.

A34.B13

a) $n(\text{Mg}) = \frac{m(\text{Mg})}{M(\text{Mg})} = \frac{0{,}001\ \text{g}}{24{,}3\ \frac{\text{g}}{\text{mol}}} = 0{,}04\ \text{mmol}$

1 mg Magnesium enthält 0,04 mmol.

b) $Mg + 2\ H_2O \rightarrow Mg(OH)_2 + H_2$
1 Mol Magnesium-Atome setzen 1 Mol Wasserstoff-Moleküle frei. Bei Raumtemperatur und Normaldruck entspricht dies 24 l Wasserstoffgas.
1 mg Magnesium enthält 0,04 mmol Teilchen. Sie setzen (0,04 mol ≙ 0,08 g ≙) 0,96 ml Wasserstoff frei.

A34.B14

a) $4 \cdot M(\text{C}) + 10 \cdot M(\text{H}) = 4 \cdot 12\ \frac{\text{g}}{\text{mol}} + 10 \cdot 1\ \frac{\text{g}}{\text{mol}} = 58\ \frac{\text{g}}{\text{mol}}$

b) Dichte $\varrho = \frac{m}{V} = \frac{M}{V_m}$

$\varrho = \frac{58\ \frac{\text{g}}{\text{mol}}}{24\ \frac{\text{l}}{\text{mol}}} = 2{,}4\ \frac{\text{g}}{\text{l}}$

c) 1 Liter Butan hat die Masse 2,6 g.
10 m^3 Butan (= 10 000 l Butan) ≙ 26 kg Butan

A35.C1

a) Bei Zugabe von Salzsäure zur Dolomitsuspension entsteht Kohlenstoffdioxid, wie die Trübung des Kalkwassers zeigt. Die Flammenfärbung weist auf das Element Calcium hin.

b) Dolomit + Salzsäure →
Kohlenstoffdioxid + Calciumchlorid + Magnesiumchlorid

Kohlenstoffdioxid + Kalkwasser → Kalk

c) individuelle Lösung
Mögliche Vorgehensweise: Zunächst wird die Flammenfärbung durchgeführt. Mit einem Magnesiastäbchen werden jeweils geringe Mengen der drei Substanzen in die Brennerflamme gehalten. Kaliumchlorid färbt die Flamme hellviolett und kann damit von den Salzen Natriumchlorid und Natriumbromid unterschieden werden. Denn die beiden Natriumsalze färben die Flamme gelb. Um diese beiden Salze zu unterscheiden, werden Fällungsreaktionen mit Silbernitrat durchgeführt. Dazu wird jeweils eine Spatelspitze der beiden Proben in 5 ml Wasser gelöst und mit wenigen Tropfen Silbernitatlösung versetzt. Im Falle des Natriumchlorids fällt weißes Silberchlorid aus. Im Falle des Natriumiodids fällt gelbes Silberiodid aus. Anhand der Farben der Niederschläge kann man so die beiden Proben voneinander unterscheiden.

d) Das einfache, zweidimensionale Kugelpackungsmodell ist in *Chemie heute NRW 8/9*, S. 15 in Abb. 3 für Magnesiumoxid dargestellt. Dies entspricht dem Modell für Natriumchlorid.

Modell	Vorteile	Nachteile
einfaches Kugelpackungsmodell	leicht verständlich, einfach nachzuzeichnen, Atomzahlenverhältnis kann durch Abzählen ermittelt werden.	dreidimensionale Struktur des Kristallgitters wird nicht deutlich
Kugelpackungsmodell	dreidimensionale Struktur des Kristallgitters wird deutlich, Raumerfüllung der Atome erkennbar	kompliziertere Darstellung, schwierig aufzuzeichnen, Atomzahlenverhältnis schwieriger ermittelbar
Raumgittermodell	Anordnung der Atome im Kristallgitter erkennbar, Koordinationszahlen können einfach bestimmt werden.	kompliziertere Darstellung, schwierig aufzuzeichnen

A35.C2

a) Natrium wird unter Paraffinöl aufbewahrt. Man müsste Paraffinöl auffüllen. Bei der Reaktion von Natrium mit Wasser entsteht Wasserstoffgas und sehr viel Wärme. Das Gas würde sich entzünden beziehungsweise mit Luft gemischt explodieren.

b) Natrium reagiert mit Wasser heftig unter starker Wärmeentwicklung. Diese kann so groß sein, dass sich das Wasserstoffgas entzündet.
Natrium + Wasser → Natriumhydroxid + Wasserstoff

c) Typische metallische Eigenschaften des Elements Natrium: silbrig glänzend, guter Leiter für Wärme und elektrischen Strom.
Die frische Schnittfläche bleibt nur kurze Zeit silbrig glänzend, dann überzieht sie sich mit einem hellgrauen Belag. Natrium reagiert schnell mit Luftsauerstoff und der Luftfeuchtigkeit zu Natriumoxid beziehungsweise Natriumhydroxid.

d) weitere Alkalimetalle: Lithium, Kalium, Rubidium, Caesium
Gemeinsame Eigenschaften der Alkalimetalle: reaktionsfreudige Leichtmetalle, niedrige Schmelztemperaturen, geringe Härten, verursachen charakteristische Flammenfärbungen.
Unterschiede: unterschiedliche Flammenfärbungen, Schmelz- und Siedetemperaturen nehmen vom Lithium zum Caesium hin ab, die Reaktionsfähigkeit und die Dichten nehmen zu.

e) Alkalimetall + Wasser →
Alkalimetallhydroxid (Lauge) + Wasserstoff
Die Lösungen der Alkalimetallhydroxide (Laugen) wirken sehr stark ätzend. Daher muss man vorsichtig mit ihnen umgehen und dabei stets eine Schutzbrille tragen.

f) Beim Eindampfen einer Lauge erhält man feste Alkalimetallhydroxide. Natriumhydroxid beispielsweise ist ein weißer hygroskopischer Feststoff, der schon bei 322 °C schmilzt. Er ist äußerst stark ätzend, daher auch sein Name „Ätznatron“. Abflussreiniger enthalten bis zu 60 % Natriumhydroxid. Natronlauge ist eine wichtige Industriechemikalie. Im Haushalt wird sie zum Abbeizen von alten Farben und Lacken verwendet. In sehr verdünnter Form gibt sie Laugenbackwerk wie Laugenbrezeln den typischen Geschmack.

2 Atombau und Periodensystem

A37.1

a) Innerhalb einer Gruppe stehen Elemente mit ähnlichen Eigenschaften untereinander. Diese Elemente bilden eine Elementfamilie.

b) Innerhalb einer Periode werden die Elemente nach steigender Atommasse geordnet.

c) Die Elemente werden im Periodensystem zunächst nach steigender Atommasse in den Perioden angeordnet. Außerdem werden Elemente mit ähnlichen Eigenschaften in Gruppen oder Elementfamilien eingeordnet.

A37.2

a) I. HG: Alkalimetalle; II. HG: Erdalkalimetalle; VI. HG: Chalkogene; VII. HG: Halogene.

b) Die Elementnamen und Elementsymbole finden Sie im Periodensystem der Elemente im Anhang von Chemie heute NRW 8/9. Bis auf Wasserstoff sind die Elemente der ersten Hauptgruppe Metalle. Auch die Elemente der zweiten Hauptgruppe sind Metalle. Die Elemente der sechsten und siebten Hauptgruppe sind Nichtmetalle oder Halbmetalle.

c) individuelle Lösungen

A37.3

Argon und Kalium sowie Tellur und Iod; die von der Atommasse abweichende Einordnung ergibt sich aus den chemischen Eigenschaften: Argon ist ein Edelgas und Kalium ein Alkalimetall. Tellur ist ein schwefel- und selenähnliches Element und Iod ein Halogen.

A39.1

a) Ein dünner Papierstreifen und ein Kunststoffstreifen werden aneinander gerieben, anschließend ziehen sich die beiden Streifen an. Zwei entsprechend behandelte Papierstreifen oder Kunststoffstreifen stoßen sich ab.

b) Die Teilchen der Stoffe Papier und Kunststoff bestehen aus Atomen, die Elektronen enthalten. Beim Reiben gehen Elektronen von den Atomen im Papier auf die Atome in der Folie über. Der Papierstreifen ist daher nun positiv geladen, die Folie negativ. Deshalb ziehen sich diese Streifen an. Streifen aus gleichem Material stoßen sich ab, da sie gleichnamige Ladungen tragen.

A39.2

a) Die Kugel links ist elektrisch geladen. Beim Berühren der Kugel wird Ladung auf die Person übertragen. Die Haare laden sich ebenfalls auf. Da sich gleichnamige Ladungen abstoßen, werden die Haare aufgrund ihres geringen Gewichts voneinander weggedrückt. Dadurch stehen die Haare in verschiedene Richtungen. Die Person muss für diesen Versuch allerdings auf einem isolierenden Untergrund stehen.

b) Der in Abb. 1 abgebildete Sachverhalt entspricht dem in Abb. 3, Teil 4 dargestellten. Genau wie die beiden Kunststofffolien tragen die Haare Atome mit gleichnamigen Ladungen, die sich gegenseitig abstoßen.

A39.3

Die Beobachtung entspricht Abb. 3, Teil 4. Genau wie die geladenen Folien, enthalten die Haare nach dem Aufladen Atome mit gleichnamigen Ladungen. Daher stoßen sich die Haare gegenseitig ab.

A39.4

a) Nach Dalton sind Atome starre Kugeln, die die Grundbausteine der Stoffe darstellen. Sie können in keine weiteren Bestandteile zerlegt werden.

b) Reibungselektrizität, Blitzableiter-Funktion, elektrische Leitfähigkeit von Metallen.

c) Nach Dalton sind Atome starre Kugeln, die die Grundbausteine der Stoffe darstellen. Sie können nicht in weitere Bestandteile zerlegt werden. Die Aussagen von Dalton beziehen sich auf die Eigenschaften von Atomen und nicht auf deren inneren Aufbau. Nach Thomson bestehen Atome aus einer positiven Grundmasse, innerhalb derer sich die Elektronen, die Träger negativer Ladung, befinden. Elektronen sind leicht beweglich und können auf andere Atome übertragen werden.

A39.5

a) Nach dem Rosinenkuchenmodell besteht ein Atom aus einer positiv geladenen Grundmasse, in die Elektronen eingebettet sind.

b) Nach dem Erdbeermodell besteht ein Atom wie beim Rosinenkuchenmodell aus einer positiv geladenen Grundmasse. Hier befinden sich die Elektronen allerdings ausschließlich auf der Oberfläche.

A39.6

a) Nach Reiben mit Wolle zieht der Bernstein Papierschnitzel an. Berührt man mit dem Bernstein eine Glimmlampe, leuchtet diese auf.

b) Beim Reiben des Bernsteins mit der Wolle wurden Wolle und Bernstein elektrostatisch aufgeladen. Atome in der Wolle und Atome im Bernstein haben Elektronen ausgetauscht.

c) Da die Glimmlampe am negativen Pol aufglimmt, muss der Bernstein negativ geladen sein. Die Papierschnitzel müssen positiv geladen sein

A41.1

a) In einem Bleiblock befindet sich ein radioaktives Präparat. Die durch die Öffnung austretende Strahlung wird durch ein elektrisches Feld geleitet und teilt sich dabei in drei Strahlungsarten auf. Die zum negativen Pol abgelenkte α-Strahlung wird von Papier aufgehalten, die zum positiven Pol abgelenkte β-Strahlung durchdringt Papier, wird aber von Alufolie aufgehalten. Die nicht abgelenkte γ-Strahlung durchdringt Papier und Alufolie. Sie wird von einer Bleiplatte aufgehalten.

b) Da α-Strahlung zum negativen Pol gelegt wird, müssen α-Teilchen positive Ladungen tragen. β-Strahlen werden vom positiven Pol angezogen, somit tragen sie negative Ladungen. Da Gammastrahlung im elektrischen Feld nicht abgelegt wird, besteht die Strahlung aus Wellen. α-Strahlung kann Papier nicht durchdringen. Daher müssen α-Teilchen recht große Teilchen sein. β-Strahlung durchdringt Papier, aber keine Aluminiumfolie. Die β-Teilchen sind offenbar kleiner als die α-Teilchen.

c) Die verwendeten Röntgenstrahlen (γ-Strahlen) können die Bleiplatte nicht durchdringen. So kann der Körper gegen unerwünschte Bestrahlung geschützt werden.

A41.2

a) Die α-Strahlung aus einem radioaktiven Präparat wird gebündelt auf eine sehr dünne Goldfolie geleitet. Um die Goldfolie herum ist kreisförmig ein Zinksulfidschirm angeordnet.

b) Der Bleiblock enthält das radioaktive Präparat und schirmt die Umgebung gegen Strahlung ab.
Das radioaktive Präparat ist die Strahlungsquelle für die α-Strahlung.
Die Blende fokussiert die α-Strahlung.
Die Goldfolie ist die zu untersuchende Probe.
Der Zinksulfidschirm macht durch Lichtblitze das Auftreffen der α-Strahlung sichtbar.

c) Partner A: Im Atom muss es einen kleinen Bereich geben, in dem sich die Masse des Atoms mit der positiven Ladung konzentriert.
Partner B: Das Atom besteht aus einem sehr kleinen Atomkern, in dem die Masse konzentriert ist; er ist positiv geladen. In der umgebenden, relativ großen Atomhülle bewegen sich die Elektronen. Das gesamte Atom ist elektrisch neutral.

d) individuelle Lösungen

A41.3

Links: Thomson-Modell: Das Atom besteht aus einer posivien Grundmasse, innerhalb derer sich die Elektronen befinden.; Mitte: Dalton-Modell: Atom als Kugel ohne Hinweis auf dessen Bestandteile; rechts: Rutherford-Modell: positiv geladener Atomkern, in dem sich die Masse konzentriert. Die Elektronen befinden sich in der Atomhülle.

A41.4

a) Das Fußballfeld veranschaulicht die relative Größe der Atomhülle, die dritte Dimension wird durch die schwarzen Kreise dargestellt. Der sehr kleine Atomkern wird durch den Fußball auf dem Anstoßpunkt dargestellt.

b) individuelle Lösung

Mögliche Lösung: Ein Atom ist etwa 10000-mal so groß wie sein Atomkern.

c) individuelle Lösung

A43.1

Die Elementarteilchen im Atomkern sind Proton und Neutron. Die Eigenschaften findet man in Chemie heute NRW 8/9, S. 42, Tabelle unten rechts.

A43.2

Die Elementarteilchen im Atomkern, Proton und Neutron, besitzen im Vergleich zum Elektron in der Atomhülle eine etwa um den Faktor 2000 größere Masse. Daher konzentriert sich die Masse eines Atoms im Atomkern.

A43.3

Die Ordnungszahl gibt den Platz eines Elements im Periodensystem an. Außerdem gibt sie an, wie viele Protonen ein Atom im Atomkern besitzt. Aufgrund der Elektroneutralität besitzt das Atom die gleiche Anzahl an Elektronen in der Atomhülle. Das Fluor-Atom hat die Ordnungszahl 9. Es besitzt somit 9 Protonen im Atomkern und 9 Elektronen in der Atomhülle.

Die Massenzahl entspricht der Nukleonenzahl. Sie ist die Summe der Anzahl der Protonen und Neutronen im Atomkern. Das Fluor-Atom hat die Massenzahl 19. Es besitzt somit 9 Protonen und 10 Neutronen im Atomkern.

A43.4

Die Ordnungszahl gibt an, wie viele Protonen im Atomkern enthalten sind. Das Atom ist insgesamt elektrisch neutral. Daher muss es die gleiche Anzahl von Protonen und Elektronen enthalten. Deshalb entspricht die Ordnungszahl auch der Anzahl an Elektronen eines Atoms.

A43.5

a) Tabelle mit den Spalten Elementname, Symbol, Anzahl p^+, Anzahl e^-, Anzahl n und folgenden Werten:

Elementname (Symbol)	Anzahl p^+	Anzahl e^-	Anzahl n
Stickstoff (N)	7	7	7
Uran (U)	92	92	146
Kohlenstoff (C)	6	6	6
Zink (Zn)	30	30	35
Sauerstoff (O)	8	8	8
Radium (Ra)	88	88	138

b) individuelle Lösung

A43.6

a) A: Wasserstoff
$m = 1\ u \cdot 0{,}9998 + 2\ u \cdot 0{,}0002 = 0{,}9998\ u + 0{,}0004\ u = 1{,}0002\ u$

B: Stickstoff
$m = 14\ u \cdot 0{,}9963 + 15\ u \cdot 0{,}0037 = 13{,}9482\ u + 0{,}0555\ u = 14{,}0037\ u$

C: Sauerstoff
$m = 16\ u \cdot 0{,}998 + 18\ u \cdot 0{,}002 = 15{,}968\ u + 0{,}036\ u = 16{,}004\ u$

D: Magnesium
$m = 24\ u \cdot 0{,}787 + 25\ u \cdot 0{,}101 + 26\ u \cdot 0{,}112 = 18{,}888\ u + 2{,}525\ u + 2{,}912\ u = 24{,}325\ u$

E: Silicium
$m = 28\ u \cdot 0{,}922 + 29\ u \cdot 0{,}047 + 30\ u \cdot 0{,}031 = 25{,}816\ u + 1{,}363\ u + 0{,}92\ u = 28{,}109\ u$

F: Schwefel
$m = 32\ u \cdot 0{,}95 + 33\ u \cdot 0{,}008 + 34\ u \cdot 0{,}042 = 30{,}4\ u + 0{,}264\ u + 1{,}428\ u = 32{,}092\ u$

b) individuelle Lösung
Hinweis: $m(p) = m(n) \approx 1\ u$!

c) Das häufigste Magnesium-Isotop $^{24}_{12}Mg$ hat nur einen Anteil von etwa 79 %. Damit ist der Anteil der beiden anderen Isotope an der durchschnittlichen Atommasse höher als bei den anderen Elementen in der Tabelle. Die häufigsten Isotope besitzen hier Anteile von über 90 %. Daher weicht die mittlere Atommasse von Magnesium stark vom ganzzahligen Wert ab.

A43.7

Die abweichende Einordnung folgt aus den chemischen Eigenschaften der beiden Elemente. Kalium ist ein Alkalimetall und wird daher der erste Hauptgruppe zugeordnet. Argon ist ein Edelgas und gehört daher in die achte Hauptgruppe.

A43.8

Protonen und Neutronen werden im Kern durch die Kernkraft zusammengehalten. Sie ist einerseits sehr stark, wirkt aber andererseits nur über extrem kurze Strecken. Zwischen Elektronen und Protonen wirken elektrostatische Anziehungskräfte. Diese Kraft ist wesentlich schwächer, wirkt aber über deutlich größere Strecken.

A45.1

Zwischen den Elektronen wirken Abstoßungskräfte, denn gleiche Ladungen stoßen sich ab. Zwischen den Elektronen und dem Atomkern wirken Anziehungskräfte, da sich negative und positive Ladungsträger anziehen.

A45.2

a) Die Ionisierungsenergie ist die Energie, die zum Abspalten eines Elektrons aus dem Atom erforderlich ist.

b) Als Edelgaskonfiguration wird die Besetzung der Außenschale mit 8 Elektronen (wie bei einem Edelgas-Atom) bezeichnet.

A45.3

Magnesium hat die Ordnungszahl 12 und somit 12 e^- in der Atomhülle. Diese verteilen sich wie folgt: K-Schale: 2 e^-; L-Schale: 8 e^-; M-Schale: 2e^-.

A45.4

a) Die Schalenmodelle zu den Elementen der zweiten Periode finden Sie in Chemie heute NRW 8/9 auf S. 46/47, Abb. 1. Das Diagramm der Ionisierungsenergien des Magnesium-Atoms entspricht dem des Na-Atoms (Chemie heute NRW 8/9 S. 44) mit der Abweichung, dass die M-Schale mit zwei Elektronen besetzt ist.

b) individuelle Lösung

A45.5

Die Elektronen auf der K-Schale sind dichter am Kern und werden daher stärker von ihm angezogen. Entsprechend ist die Ionisierungsenergie, die aufgewendet werden muss, um diese Anziehungskräfte zu überwinden, sehr groß. Die Elektronen der L-Schale und der M-Schale sind weiter vom Kern entfernt. Daher nehmen die Anziehungskräfte des Kerns und entsprechend die Ionisierungsenergie ab.

A45.6

Bei der Ionisierung wird das erste Elektron stets aus einem neutralen Atom abgespalten, das 2. und 3. Elektron aus einem schon positiv geladenen Ion. Dadurch ist die erste Ionisierungsenergie bei allen Atomen kleiner als die Ionisierungsenergien für weitere Elektronen.

A45.7

a) $z = 2 \cdot n^2$; z: max. Anzahl der Elektronen auf der Schale, n: Schalennummer.

b) $z = 2 \cdot n^2$ mit $n = 3 \Rightarrow z = 2 \cdot 9 \Rightarrow z = 18$

c) Elemente 11 (Na) bis 18 (Ar), 3. Periode, und Elemente 21 (Sc) bis 30 (Zn), 4. Periode.

d) individuelle Lösung

A45.8

a) Eine Tabelle zur Elektronenkonfiguration der Hauptgruppenelemente der vierten Periode finden Sie in Chemie heute NRW 8/9, S. 45, Abb. 3.

Elektronenkonfiguration der Hauptgruppenelemente der fünften Periode:

	Rb	Sr	In	Sn	Sb	Te	I	Xe
K-Schale	2	2	2	2	2	2	2	2
L-Schale	8	8	8	8	8	8	8	8
M-Schale	18	18	18	18	18	18	18	18
N-Schale	8	8	18	18	18	18	18	18
O-Schale	1	2	3	4	5	6	7	8

b) individuelle Lösung

c) N-Schale: Yttrium, Zirconium, Niob, Molybdän, Technetium, Ruthenium, Rhodium, Palladium, Silber, Cadmium.
M-Schale: Scandium, Titan, Vanadium, Chrom, Mangan, Eisen, Cobalt, Nickel, Kupfer, Zink.

d) M-Schale: Hauptgruppenelemente in der 3. Periode, Nebengruppenelemente in der 4. Periode.
N-Schale: Hauptgruppenelemente in der 4. Periode, Nebengruppenelemente in der 5. Periode.

e) individuelle Lösung

A45.9

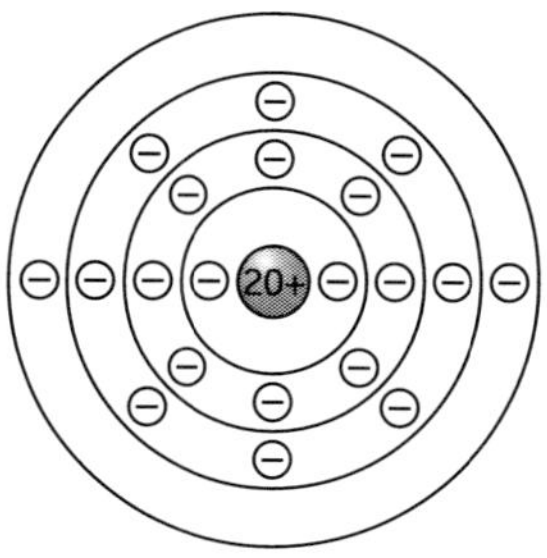

Ca-Atom

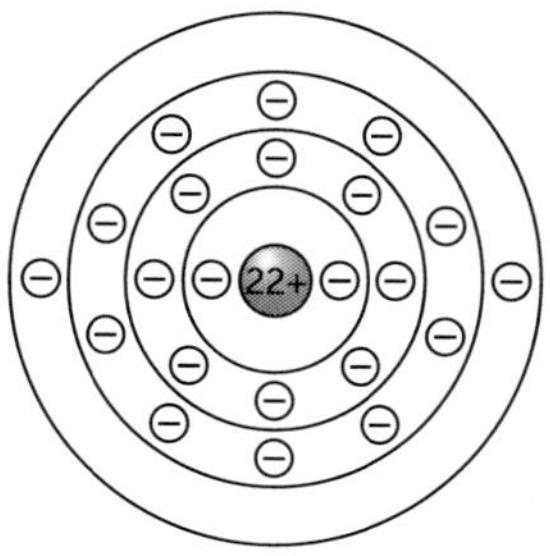

Ti-Atom

Beim Calcium-Atom ist die K-Schale mit 2 e^- besetzt, die L- und M-Schale mit 8 e^- und die N-Schale mit 2 e^-. Beim Titan-Atom ist die K-Schale mit 2 e^-, die L-Schale mit 8 e^- und die N-Schale mit 2 e^- besetzt. Die M-Schale hat 10 e^-. Beim Titan werden noch freie Plätze einer vorhergehenden Schale besetzt. Daher ist Titan ein Nebengruppenelement und Calcium ein Hauptgruppenelement.

A45.10

Die K-Schale kann nur 2 Elektronen aufnehmen. Sie ist beim Helium-Atom also vollständig besetzt; das entspricht einer Edelgaskonfiguration.

A47.1

a) Elemente mit ähnlichen chemischen Eigenschaften und gleicher Anzahl von Außenelektronen bilden eine Elementfamilie.

b) Außenelektronen sind die Elektronen auf der äußeren Schale eines Atoms.

c) Außenelektronen werden auch als Valenzelektronen bezeichnet.

A47.2

a) Perioden: Bei den Elementen der 2. Periode ist die 2. Elektronenschale die äußerste Schale und wird vom Lithium-Atom bis zum Neon-Atom fortlaufend mit jeweils einem weiteren Elektron aufgefüllt. Gleiches gilt für die Elemente der 3. Periode. Hier wird die 3. Schale vom Natrium-Atom bis zum Argon-Atom fortlaufend mit jeweils einem weiteren Elektron besetzt.
Hauptgruppen: Die Elemente der II. Hauptgruppe haben jeweils zwei Außenelektronen auf der durch die Periodennummer bezeichneten äußeren Schale. Dementsprechend haben die Elemente der VII. Hauptgruppe jeweils sieben Außenelektronen auf der durch die Periodennummer bezeichneten äußeren Schale.

b) individuelle Lösung, Zeichnung ähnlich wie in Chemie heute NRW 8/9, S. 47, Abb. 2

c) individuelle Lösung

A47.3

Die Elektronenschreibweise für die Elemente der dritten Periode findet man in Chemie heute NRW 8/9, S. 46/47, Abb. 1, Periode 3.

Die Anzahl der Außenelektronen eines Atoms entspricht der Hauptgruppennummer. Die Elektronen werden als Punkte um das Elementsymbol gezeichnet. Besitzt ein Atom mehr als vier Außenelektronen, werden zwei einzelne Elektronen zu einem Elektronenpaar zusammengefasst und als Strich gezeichnet. Das Elementsymbol steht in dieser Schreibweise für den Atomkern und die inneren Elektronen.

A47.4

a) Alle Elemente der siebten Hauptgruppe haben sieben Außenelektronen. Diese werden als drei Striche und einen Punkt um das jeweilige Elementsymbol dargestellt. Beispiele für die Elemente Chlor und Brom finden Sie in Chemie heute, S. 47, Abb. oben, siebte Hauptgruppe. Die Darstellungen für Brom und Iod entsprechen dieser Darstellung.

b) Die Elemente bilden eine Hauptgruppe, weil die Atome dieser Elemente jeweils die gleiche Anzahl an Außenelektronen besitzen.

c) Die Reihenfolge ergibt sich aus der Anzahl der besetzten Schalen bzw. der Schalennummer der äußersten Schale.

A47.5

a) 3. Schale mit sechs Elektronen bedeutet 3. Periode und VI. Hauptgruppe und somit das Element Schwefel (S).

b) Schwefel hat die Ordnungszahl 16 und damit 16 p^+ im Kern und 16 e^- in der Atomhülle.

c) Das Schalenmodell des Schwefel-Atoms finden Sie in Chemie heute NRW, S. 46, Abb. 1, 3. Periode, 6. Hauptgruppe.

d) Die Formel des Schwefel-Atoms finden Sie in Chemie heute NRW, S. 46, Abb. 1, 3. Periode, 6. Hauptgruppe.

e) Die weiteren Elemente in der gleichen Hauptgruppe haben die gleiche Anzahl (6) an Außenelektronen. Bei den weiteren Elementen der gleichen (3.) Periode wird die 3. Elektronenschale fortlaufend mit 1 – 8 Elektronen besetzt.

A49.B1

a) – c) individuelle Lösungen

A49.B2

a) Be (Beryllium), Mg (Magnesium), Ca (Calcium), Sr (Strontium, Ba (Barium). In einer Elementfamilie werden Elemente mit ähnlichen Eigenschaften zusammengefasst, dabei müssen sich diese Eigenschaften mit steigender Atommasse regelmäßig ändern. Ähnliche Eigenschaften in dieser Elementfamilie: Reaktion mit Wasser zu Wasserstoff und Hydroxid, die Heftigkeit der Reaktion nimmt mit steigender Atommasse zu.

b) Die Elemente werden nach steigender Atommasse angeordnet.

c) Na (Natrium), Mg (Magnesium), Al (Aluminium), Si (Silicium), P (Phosphor), S (Schwefel), Cl (Chlor), Ar (Argon).

d) Anordnung nach der Ordnungszahl, also nach steigender Protonenanzahl im Atomkern angeordnet. Innerhalb der dritten Periode wir die M-Schale der Atome vom Natrium-Atom bis zum Argon-Atom mit jeweils einem weiteren Elektron aufgefüllt.

e) Einer Elementfamilie werden Elemente mit ähnlichen chemischen Eigenschaften zugeordnet. Ähnliche chemische Eigenschaften weisen Elemente mit der gleichen Anzahl an Außenelektronen auf. Dies ist innerhalb einer Periode nicht gegeben. Daher besitzen die Elemente einer Periode keine ähnlichen chemischen Eigenschaften und gehören somit keiner gemeinsamen Elementfamilie an.

A49.B3

a) Elemente der ersten oder der zweiten Hauptgruppe (siehe Chemie heute NRW 8/9, Periodensystem der Elemente).

b) Elemente der siebten oder achten Hauptgruppe (siehe Chemie heute NRW 8/9, Periodensystem der Elemente).

c) Elemente der vierten oder fünften Hauptgruppe. In der vierten Hauptgruppe Kohlenstoff (C) als Nichtmetall und Blei (Pb) als Metall, fünfte Hauptgruppe Stickstoff (N) und Phosphor (P) als Nichtmetall und Bismut (Bi) als Metall.

d) Auf die Hauptgruppen bezogen stehen Metalle überwiegend links und unten und Nichtmetalle überwiegend rechts oben. In den Nebengruppen stehen ausschließlich Metalle.

A49.B4

a) Die Reihenfolge ist falsch, weil Argon ein reaktionsträges Edelgas ist und Kalium ein heftig mit Wasser reagierendes Alkalimetall.

b) Das hier entscheidende Ordnungsprinzip ist die chemische Ähnlichkeit.

c) Der Atomkern des Argon-Atoms enthält 18 Protonen, der des Kalium-Atoms 19 Protonen, somit ist die Reihenfolge Ar – K korrekt.

d) Nach dem Schalenmodell verteilen sich die 19 Elektronen des Kalium-Atoms auf die 1. Schale (2 e^-), 2. Schale (8 e^-), 3. Schale (8 e^-) und 4. Schale (1 e^-), damit erste Hauptgruppe, 4. Periode. Für das Argon-Atom mit 18 Elektronen folgt 1. Schale mit 2 e^-, 2. Schale mit 8 e^- und 3. Schale mit 8 e^-; die 3. Schale ist die äußerte Schale (3. Periode) und 8 e^- ergibt 8. Hauptgruppe.

e) Beim Argon-Atom ist die äußerste Elektronenschale mit 8 e^- voll besetzt; eine mit 8 e^- besetzte Außenschale entspricht der Edelgaskonfiguration.

A50.B5

a) Eine Zeichnung zum Rutherford-Versuch findet man in Chemie heute NRW 8/9, S. 40, Abb. 2.

b) Das radioaktive Präparat liegt in einem Bleiblock mit enger Öffnung, damit die Strahlung nur gerichtet durch die enge Öffnung austreten kann.

c) Die α-Strahlung wurde mit einem Zinksulfidschirm sichtbar gemacht. Beim Auftreffen von α-Teilchen auf den Schirm treten Lichtblitze auf.

d) Erwartet war, dass die α-Teilchen ungehindert durch die Goldfolie hindurch fliegen. Unerwartet überraschend war, dass auch α-Teilchen reflektiert wurden.

e) Der positiv geladene Atomkern enthält mehr als 99,9 % der Masse des Atoms. Der Atomkern ist etwa 10000-mal kleiner als das gesamte Atom. Der Atomkern wird von einer Atomhülle umgeben. In der Atomhülle bewegen sich die nahezu massenlosen Elektronen mit sehr großem Abstand zueinander um den Kern. So erscheint die Atomhülle praktisch leer. Das gesamte Atom ist elektrisch neutral, weil sich die gleich großen positiven Ladungen im Kern und negativen Ladungen der Hülle nach außen aufheben.

A50.B6

a) 0,1 nm : 0,000001 nm = 1 : 10000; die Aussage ist korrekt.

b) individuelle Lösung

c) Mit dem Durchmesser 1 mm ergibt sich der Atomdurchmesser 10000 mm und der Radius 5000 mm = 500 cm = 5 m. Kantenlänge des Quadrats 20 cm, damit wären 500 : 20 = 25 Quadrate insgesamt bzw. 24 weitere Quadrate erforderlich.

A50.B7

a) z.B. $^{1}_{1}H$; $^{4}_{2}He$; $^{20}_{10}Ne$; $^{39}_{19}K$; $^{35}_{17}Cl$.

b) Das Elementsymbol bezeichnet lediglich die Art des Elementes, die erweiterte Atomsymboldarstellung gibt zusätzlich noch die Anzahl der Protonen und der Neutronen im Kern an.

c) Anzahl Neutronen = Massenzahl – Ordnungszahl
$z(n)$ = MZ – OZ
Beispiel Fluor: Anzahl Neutronen = 19 – 9 = 10
Hinweis : Dieses Verfahren gilt streng genommen nur für Elemente, von denen nur *ein* Isotop in der Natur vorkommt, und näherungsweise für Elemente, bei denen *ein* Isotop weit überwiegt.

A50.B8

a) Beide Isotope sind Kohlenstoff-Atome mit 6 Protonen im Atomkern und 6 Elektronen in der Atomhülle. Das Isotop ^{12}C hat 6 Neutronen im Atomkern, das Isotop ^{14}C hat 8 Neutronen im Kern.

b) Die Schalenmodelle der beiden Kohlenstoff-Isotope sind identisch. Die beiden Isotope unterscheiden sich nur in der Neutronenzahl. Das Schalenmodell des Kohlenstoff-Atoms finden Sie in Chemie heute NRW 8/9, S. 46. Abb. 2.

c)

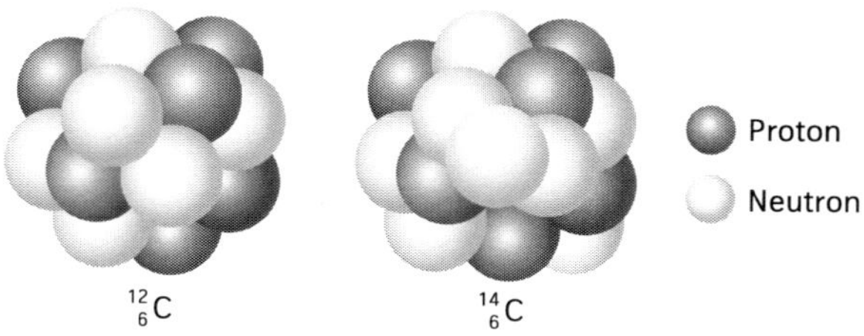

Die beiden Atomkerne haben gleich viele Protonen, unterscheiden sich aber in der Neutronenzahl.

d) Durch die größere Neutronenzahl wird der Kern größer und die Kernkraft wirkt schwächer, der Kern wird instabil.

A50.B9

a) Die durchschnittliche Masse *m* kann wie folgt berechnet werden:

m = Anteil(Isotop 1) · m(Isotop 1) + Anteil(Isotop 2) · m(Isotop 2).

$m = 0{,}75 \cdot 35\ u + 0{,}25 \cdot 37\ u = 26{,}25\ u + 9{,}25\ u = 35{,}5\ u.$

b) Die durchschnittliche Neutronenzahl ergibt sich aus:
$z(n) = MZ - OZ = 35{,}5 - 17 = 18{,}5$

A50.B10

a) Die Schalenmodell findet man in Chemie heute NRW 8/9, S. 44, Abb. 2.
Bei allen Elementen der zweiten Hauptgruppe ist die erste Schale mit zwei Elektronen voll besetzt. Vom Lithium- zum Neon-Atom wird die zweite Schale mit je einem weiteren Elektron besetzt.

b)

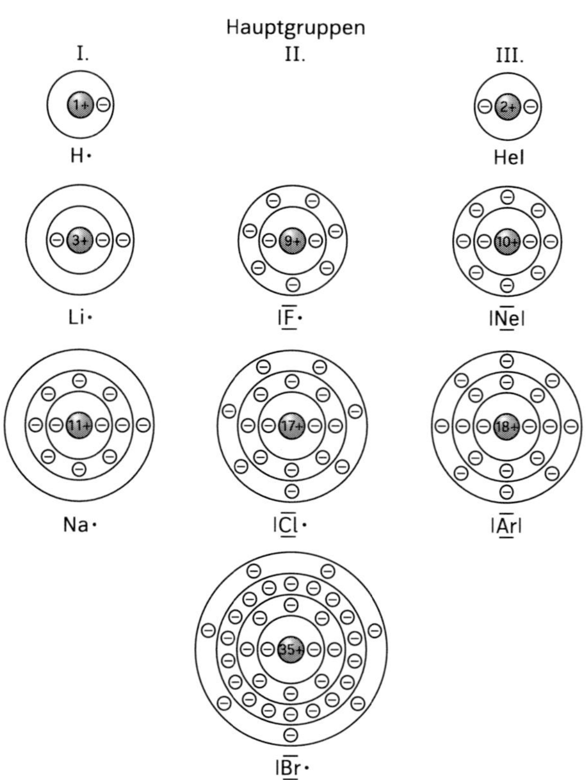

Die Atome innerhalb einer Hauptgruppe haben die gleiche Anzahl an Außenelektronen.

A50.B11

a) Die Anzahl der Außenelektronen entspricht der Hauptgruppennummer: 1. Hauptgruppe: 1 Elektron, 7. Hauptgruppe: 7 Elektronen, 8. Hauptgruppe: 8 Elektronen.

b), c) Das Elementsymbol steht für den Atomrumpf, die Punkte stehen für einzelne Elektronen und Striche für Elektronenpaare. Die Elektronenschreibweise für diese Elemente findet man in Chemie heute NRW 8/9, S. 46/47, Abb. 1.

A50.B12

a) M-Schale ergibt 3. Periode und 2 Außenelektronen 2. Hauptgruppe.

b) Zuordnung ergibt Magnesium (Mg).

c) Das Schalenmodell des Magnesium-Atoms findet man in Chemie heute NRW 8/9, S. 46, Abb. 1.
Beziehungen: M-Schale bedeutet 3.Periode, 2 Außenelektronen ergeben 2. Hauptgruppe, 12 Protonen ergeben Kernladungszahl gleich Ordnungszahl 12 und Platz 12 im Periodensystem.

A51.C1

a) Tuch und Schmutz werden unterschiedlich geladen: Elektrostatische Anziehung des Schmutzes durch Reibungselektrizität.

b) Ein Gegenstand ist durch Reibungselektrizität elektrostatisch aufgeladen.

c) Der Begriff „elektrostatische Eigenschaft" ist nicht korrekt. Es ist keine dauerhafte Stoffeigenschaft, sondern die elektrostatische Aufladung als „Eigenschaft" wird erst durch Wechselwirkung und nur vorübergehend ausgebildet.

d) Siehe Chemie heute NRW 8/9, S. 39, Abb. 3.

e) Die elektrostatische Anziehung ist zu schwach, um relativ schwere Sandkörner am Tuch haften zu lassen.

f) Beispiel Kohlenstoff-Atom:

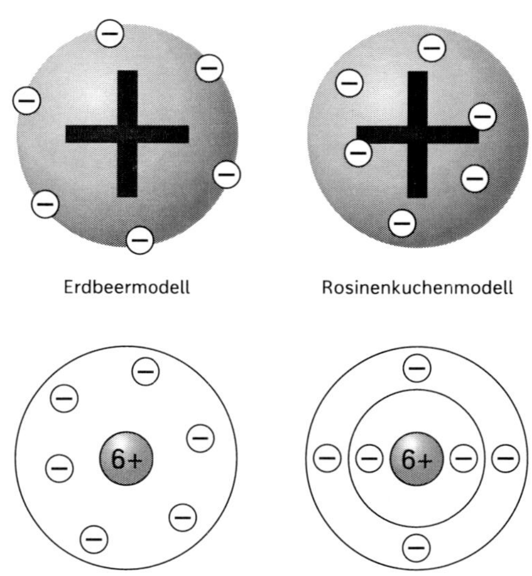

Erdbeermodell — Rosinenkuchenmodell

Rutherford-Modell — Schalenmodell

Die elektrostatische Aufladung lässt sich mit dem Rosinenkuchenmodell nicht oder nur schlecht erklären, da die Elektronen fest in die positive Grundmasse eingebettet sind und so nicht ohne Weiteres „übertreten“ können. Mit den anderen Modellen lassen sich die Vorgänge gut erklären, da Elektronen leicht ausgetauscht werden können.

A51.C2

a) Jeweils gleiche Markierung für
Zeile 2; Be und Mg und aus Zeile 9 Ca, Sr und Ba;
Zeile 3: B und Al;
Zeile 4: C, Si, das unbekannte Element (jetzt Ge), Sn und Pb aus Zeile 9;
Zeile 5 komplett: N, P, As, Sb, Bi;
Zeile 6 komplett: O, S, Se, Te;
Zeile 7 komplett: F, Cl, Br, J;
Zeile 8: Li, Na, K, Rb, Cs.

b) Ordnungsprinzipien waren chemisch ähnliches Verhalten für eine Gruppe, hier als Zeile dargestellt und innerhalb einer Gruppe steigende Atommassen. Die Elementgruppen wurden untereinander geschrieben.

c) Da sich bei Einordnung der Elemente in Elementgruppen mit steigender Atommasse regelmäßige Änderungen der Eigenschaften zeigten, konnten die Eigenschaften fehlender Elemente vorhergesagt werden. Es gab Elementfamilien, die schon vollständig bekannt waren, somit konnte man schließen, dass in die Lücken unvollständiger Elementfamilien, wie beispielweise zwischen Silicium und Zinn, ein bisher nicht bekanntes Element mit den vorhergesagten Eigenschaften gehört.

d) Der vermutete innere Aufbau der Atome liegt im Atomkern. Dieser ist aus Protonen und Neutronen aufgebaut. Die Ordnungszahl entspricht jeweils der Protonenzahl und bestätigt so die abweichende Einordnung. Die größere Atommasse bei Tellur ergibt sich aus der größeren Anzahl an Neutronen.

3 Salze – Ionenkristalle und Ionenverbindungen

A55.1

a) In der Küche finden wir Kochsalz (NaCl) und Natron (Natriumhydrogencarbonat, $NaHCO_3$), in der Gartenlaube verschiedene Düngemittel, in der Garage Streusalz für den Winter.

b) Im Meerwasser sind Salze zu einem Massenanteil von 3 – 4 % gelöst, vorwiegend Natriumchlorid. In Leitungswasser und Mineralwasser findet man hauptsächlich Hydrogencarbonate, Carbonate und Sulfate der Erdalkalimetalle und teilweise der Alkalimetalle, im Mineralwasser oft zusätzlich gelöstes Kohlenstoffdioxid.

c) Der Salzgehalt des Toten Meeres von 25 % bedeutet, dass in 100 kg Meerwasser 25 kg Salze gelöst enthalten sind, in 1000 kg des Wassers also 250 kg.

A55.2

a) Der im Leitungswasser gelöste Kalk (Calciumcarbonat, $CaCO_3$) setzt sich beim Verdunsten des Wassers als weißer Feststoff auf den gespülten Gläsern ab.

b) Gleichgroße Portionen (etwa 5 ml) von Leitungswasser und destilliertem Wasser werden im Reagenzglas unter ständigem Schütteln in der Brennerflamme erhitzt bis das Wasser vollständig verdampft ist. In der Probe, in der sich das Leitungswasser befunden hat, zeigt sich ein weißer Rückstand.

A55.3

a) individuelle Lösung

b) Leitungswasser enthält meist Calcium-, Magnesium-, Natrium- und Kalium-Ionen sowie Hydrogencarbonat-, Nitrat-, Sulfat und Chlorid-Ionen. Unterschiede findet man in den Massengehalten, die meist in $\frac{mg}{l}$ angegeben werden.

A55.4

a) Pflanzen benötigen zum Wachstum bestimmte Salze, insbesondere Kalium-, Stickstoff- und Phosphorsalze. Sie sind gelöst in der Bodenfeuchtigkeit vorhanden oder können vom Landwirt gezielt hinzugedüngt werden.

b) Sind beispielsweise die Kaliumsalze nur zu 60 % des Bedarfs vorhanden, wird das Wachstum von Pflanzen geschwächt. Das Pflanzenwachstum richtet sich nach dem Salz im Boden, das am weitesten unter dem Bedarf vorliegt.

A55.5

a) individuelle Lösung

b) Kalium-, Stickstoff- und Phosphorsalze sind für das Pflanzenwachstum unentbehrlich. Ackerböden verarmen im Laufe der Zeit hinsichtlich dieser Salze, da sie von den Pflanzen aufgenommen werden. Beim natürlichen Wachstum verrotten die Planzen dann nicht an Ort und Stelle und die Salze werden damit wieder wieder dem Boden zugeführt. Beim Ackerbau dagegen werden die Pflanzen nach der Ernte meist weggebracht. Um weiterhin gute Ernten zu erzielen, muss der Landwirt die Salze dann dem Boden durch Düngung zurückgeben.

c) Früher hat man den Stallmist und die Gülle der Tiere im Stall auf dem Acker verteilt und durch anschließendes Pflügen diese natürlichen Dünger in den Boden gebracht.

A57.1

a) Kochsalz kann aus den Salzlagerstätten unter der Erde bergmännisch abgebaut oder durch Verdunsten von Wasser aus dem Meerwasser gewonnen werden.

b) individuelle Lösung

c) Sowohl in den Salzlagerstätten unter der Erde als auch im Meerwasser liegen viele unterschiedliche Salze vor: Chloride, Sulfate, Carbonate. Außerdem sind Gestein und Sand in den Kristallgemischen der Salze vorhanden.

d) Die Löslichkeit von Salzen in Wasser ist unterschiedlich: So lösen sich in 100 g Wasser 36 g Natriumchlorid, aber nur 0,2 g Calciumcarbonat. Aus diesem Grund scheidet sich beim Verdunsten des Wassers der Kalk (Calciumcarbonat) als erstes aus dem Ozeanwasser ab, dann folgt der Gips (Calciumsulfat) und schließlich das Kochsalz (Natriumchlorid).

A57.2

a) Kochsalz wird aus den Salzlagerstätten bergmännisch abgebaut und an die Erdoberfläche transportiert, oder es wird durch Einleiten von Wasser durch Bohrlöcher in der Tiefe gelöst und die gesättigte Lösung nach oben gepumpt. Anschließend ist das Abtrennen unerwünschter Salze erforderlich, um reines Kochsalz zu erhalten.
Meerwasser wird in große, flache Becken geleitet, in denen das Wasser mit der Zeit verdunsten kann. Die Salze kristallisieren dann aus.

b) individuelle Lösung

c) Zum einen wird durch Eindampfen der gesättigten Salzlösung der kristalline Salzbrei aus der Salzlösung gewonnen, zum anderen sind die Kristalle von den Resten der Salzlösung durch Zentrifugieren abzutrennen. Schließlich werden die verschieden großen Kristalle durch Sieben voneinander getrennt und je nach Korngrößen verkauft.

A57.3

a) Durch die Elektrolyse von Natriumchloridlösung werden Wasserstoff, Chlor und Natronlauge hergestellt, daraus folgt die Weiterverarbeitung des Chlors und des Natriumhydroxids zu wichtigen anderen Stoffen. Im Solvay-Verfahren werden durch Einleiten von Kohlenstoffdioxid in eine gesättigte Natriumchloridlösung die Salze Natriumhydrogencarbonat und Natriumcarbonat (Soda) gewonnen. Natriumchlorid wird auch zu Streusalz aufbereitet, um die Straßen im Winter von der Eisglätte zu befreien. Es wird meist rot eingefärbt, um eine Verwendung als Speisesalz zu unterbinden.

b) individuelle Lösung

A57.4

Kaliumchlorid ist ein wichtiges Düngemittel. Da es leicht löslich in Wasser ist, wird es durch ein Übermaß an Regenwasser aus dem Boden ausgewaschen und muss durch Mineraldünger ersetzt werden. Es wird in der Industrie als Rohstoff benötigt, um die Salze Kaliumcarbonat und Kaliumhydroxid herzustellen In der Lebensmitteltechnik wird es auch als Festigungsmittel (E 508) eingesetzt.

A57.5

a) Physiologische Kochsalzlösung ist eine 0,9%ige Lösung von Natriumchlorid in Wasser. Sie kann bei Flüssigkeitsverlusten zur Auffüllung des Blutvolumens dem menschlichen Körper durch Infusion zugeführt werden. Reines Wasser wäre dazu nicht geeignet. Auch Medikamente können in physiologischer Kochsalzlösung gelöst und dem Menschen durch Infusion verabreicht werden.

b) Für eine 0,9%ige Lösung sind 0,9 g Natriumchlorid abzuwiegen und in so viel Wasser zu lösen, dass 100 g Lösung entstehen.

A57.6

a) In historischen Gradierwerken leitete man zur Salzgewinnung Salzlösung über Holzgerüste, die mit Reisigbündeln versehen waren. Dabei wird die Lösung durch Verdunsten des Wassers konzentriert und schließlich bilden sich Salzkristalle. Heute werden Gradierwerke noch in manchen Kurorten betrieben. Durch die herab rieselnde Salzlösung bilden sich Salzaerosole in der Atemluft, die gegen Pollenallergie und Asthma helfen.

b) individuelle Lösung

A58.1

Natriumchlorid ist das wichtigste Salz, das dem menschlichen Körper ständig zugeführt wird, um die korrekte Konzentration gelöster Stoffe im Blut aufrecht zu erhalten. Kaliumchlorid und Magnesiumchlorid sind für den Stoffwechsel erforderlich. Calcium- und Phosphorsalze sind am Aufbau von Knochen und Zähnen beteiligt, Calciumcarbonat steuert zusätzlich die Regulierung des pH-Wertes im Blut.

A58.2

a) Regenwasser durchdringt die Erdschichten und löst die dort vorhandenen Mineralien, überwiegend Chloride, Sulfate und Carbonate der Alkali- und Erdalkalimetalle. Es sammelt sich als Tiefenwasser tief unter der Erdoberfläche, wird hochgepumpt, gereinigt und mit Kohlenstoffdioxid versetzt. Somit entstehen spezifische Mineralwässer, die sich je nach Zusammensetzung der gelösten Salze in Geschmack und Wirkung unterscheiden.

b) individuelle Lösung

c) individuelle Lösung

A58.3

a) Die Salzkonzentration in isotonischen Getränken muss mit der physiologischen Konzentration der Salze im menschlichen Blut übereinstimmen.

b) In isotonische Getränken sind unter anderen folgende Substanzen enthalten: Carbonate der Alkali- und Erdalkalimetalle, Zinkcitrat, Süßungsmittel Natriumcyclamat und Natriumsaccharin, Säuerungsmittel Citronensäure, verschiedene Vitamine. Apfelsaftschorle besteht weitgehend aus Mineralwasser und natürlichem Zucker aus den Äpfeln.

c) Die Apfelschorle entspricht einem Getränk aus der Natur und soll einem künstlichen, industriell hergestellten Gemisch vorgezogen werden.

A58.4

individuelle Lösung

V59.1

a) Feste Natriumchloridkristalle leiten den elektrischen Strom nicht, ebenfalls nicht das demineralisierte Wasser und die Zuckerlösung. Das Mineralwasser leitet im zweistelligen Milliampere-Bereich, die Natriumchloridlösung im dreistelligen Milliampere-Bereich. Die Glühlampe leuchtet schwach beim Mineralwasser, stärker bei der Salzlösung.

b) Die Kristalle enthalten Natrium-Ionen und Chlorid-Ionen, die allerdings fest im Kristallgitter gebunden sind und nicht zur Leitfähigkeit beitragen. Im Mineralwasser und in der Salzlösung liegen sie getrennt voneinander vor und bedingen die Leitfähigkeit – im sehr wenig Ionen enthaltenden Mineralwasser leuchtet die Glühlampe nur schwach, in der höher an Ionen konzentrierten Salzlösung stärker. Demineralisiertes Wasser enthält keine Ionen und ist daher nicht leitfähig.

c) Für elektrisch leitfähige Salzlösungen ist die Glühlampe brauchbar, weil sie durch das Leuchten die Leitfähigkeit anzeigt. Bei ganz schwach leitfähigen Lösungen leuchtet sie nicht mehr, sodass man zwischen nicht leitfähigen und sehr schwach leitfähigen Lösungen nicht unterscheiden kann.

V59.2

Beide Kristalle lösen sich teilweise in der Natriumsulfatlösung. Die blaue Lösung des Kupfersulfats bewegt sich in Richtung des Minuspols, die rotviolette Lösung des Kaliumpermanganats in Richtung des Pluspols.
Die Beobachtungen erklären sich durch die positive Ladung der Kupfer-Ionen, die zum Minuspol wandern, und durch die negative Ladung der Permanganat-Ionen, die sich zum Pluspol bewegen.

V59.3

a) Eine isotonische Kochsalzlösung hat den Massenanteil an Natriumchlorid von $w = 0{,}9\,\%$. Man löst also 0,9 g Kochsalz im Becherglas in wenig Wasser und füllt die Lösung auf 100 g auf.

b) Wir stellen Natriumchloridlösungen mit einem Massenanteil von 0,5 %, 1 % und 5 % her.

Wir messen bei konstanter Spannung (etwa Flachbatterie mit U = 4,5 V) die Stromstärke mit einem Strommessgerät. Dabei achten wir darauf, dass bei jeder Messung die beiden Graphitelektroden gleich tief in die Lösung tauchen und sie einen konstanten Abstand aufweisen.
Die Dauer einer Messung beträgt nur wenige Sekunden, um das Entstehen von Chlorgas zu minimieren.

c) individuelle Lösung: Man trägt in einem Koordinatensystem (x-Achse: Massenanteile, y-Achse: Stromstärken) die Messwerte auf und verbindet die Messpunkte durch eine Gerade.

d) individuelle Lösung: Die Beschreibung enthält Angaben über die Apparatur (Batteriespannung, Art der Elektroden, Elektrodenabstand) und die untersuchten Lösungen sowie die Messwerte einschließlich des Diagramms und seiner Auswertung.

A61.1

Ion: geladenes Atom oder geladenes Molekül, Anion: negativ geladenes Ion wie Chlorid- oder Sulfat-Ion; Kation: positiv geladenes Ion wie Natrium- oder Calcium-Ion, mehratomiges Ion: Ion, das aus mehr als einem Atom besteht.

A61.2

a) Für das Ionensymbol wird das entsprechende Atom- oder Molekülsymbol verwendet; die Ladung wird oben rechts als Hochzahl mit dem Vorzeichen und der Ladungszahl angegeben.

b) Kationen: Na^+, K^+, Cu^{2+}, Ca^{2+}
Anionen: F^-, O^{2-}, S^{2-} NO_3^-
Namen Kationen: Magnesium-, Aluminium-, Silber-Ion
Namen Anionen: Sulfat-, Carbonat-, Nitrat-Ion

A61.3

a) Jedem Al^{3+}-Ion sind drei einfach geladene Br^--Ionen zuzuordnen, dementsprechend den drei Al^{3+}-Ionen im Bild neun einfach geladene Br^--Ionen.

b) Das Verhältnisformel lautet $(Al^{3+})_1(Br^-)_3$ oder $AlBr_3$.

A61.4

a) Verhältnisformeln: CaO, $CaSO_4$, MgO, K_2S, AlF_3, Al_2O_3.

b) Im Eisenoxid der Formel FeO bilden Fe^{2+}-Ionen und O^{2-}-Ionen das Ionengitter, ihr Zahlenverhältnis lautet $(Fe^{2+})_1(O^{2-})_1$. Das Eisenoxid der Formel Fe_2O_3 ist aus Fe^{3+}-Ionen und O^{2-}-Ionen aufgebaut, das Zahlenverhältnis der Ionen lautet $(Fe^{3+})_2(O^{2-})_3$.

A61.5

a) Es wird zunächst der Name des Kations angegeben, danach der Name des Anions.

b) Namen der Salze: Kaliumsulfid, Magnesiumoxid, Natriumsulfat, Natriumhydrogencarbonat.

V62.1

a) Die positiv geladenen Zink-Ionen werden am Minuspol entladen; dabei entstehen Zink-Atome. Die negativ geladenen Iodid-Ionen entladen sich am Pluspol; dabei werden Iod-Moleküle gebildet. Es muss Energie aufgewendet werden, um den Iodid-Ionen die Elektronen zu entreißen.

b) Es liegt ein geschlossener Stromkreis vor, der aus den Kupferkabeln, den Graphitelektroden und der elektrisch leitfähigen Salzlösung besteht.

A62.2

a) Am Minuspol wird metallisches Kupfer abgeschieden; am Pluspol entsteht gasförmiges Chlor.

b) $Cu^{2+} + 2\ e^- \rightarrow Cu$
$2\ Cl^- \rightarrow Cl_2 + 2\ e^-$

c) individuelle Lösung

A62.3

Minuspol: $2\ H^+ + 2\ e^- \rightarrow H_2$
Pluspol: $2\ Cl^- \rightarrow Cl_2 + 2\ e^-$
Der gebildete Wasserstoff lässt sich mit der Knallgasprobe nachweisen, Chlor erkennt man an der Farbe und an dem charakteristischen Geruch.

V63.1

a) An dem Graphitstab, der mit dem Minuspol verbunden ist, scheidet sich ein grauer Belag ab. An dem anderen Graphitstab sinken braune Schlieren in der Lösung nach unten.

b) Am Minuspol nehmen Zink-Ionen je zwei Elektronen auf. Es entsteht metallisches Zink. Am Pluspol geben gleichzeitig Bromid-Ionen je ein Elektron ab. Es bilden sich Brom-Moleküle.

Minuspol:	$Zn^{2+}(aq) + 2\ e^- \dashrightarrow Zn(s)$
Pluspol:	$2\ Br^-(aq) \dashrightarrow Br_2(aq) + 2\ e^-$
Gesamtreaktion:	$Zn^{2+}(aq) + 2\ Br^-(aq) \rightarrow Zn(s) + Br_2(aq)$

c) individuelle Lösung

V63.2

a) Die Kupfermünze überzieht sich mit einer silbrigen Schicht.

b) individuelle Lösung

c) *Minuspol:* $Ag^+(aq) + e^- \dashrightarrow Ag(s)$;

V63.3

a) *Raffination* ist ein technisches Verfahren, bei dem Rohstoffe, Nahrungsmittel und technischen Produkte gereinigt, veredelt, getrennt und/oder konzentriert werden.

b) individuelle Lösung

c) individuelle Lösung; Hinweise zur Lösung: Je nach verwendetem Material ist zu beobachten, dass sich das Kupferkabel am Pluspol auflöst und sich am Minuspol Kupfer abscheidet. Unter dem Pluspol setzt sich etwas *Anodenschlamm* ab.

d) Minuspol: $Cu^{2+}(aq) + 2e^- \dashrightarrow Cu(s)$;

A65.1

a) Das Modell zeigt eine Fläche aus dem Natriumchloridkristall. Darin ist ein Natrium-Ion immer von vier Chlorid-Ionen umgeben, ein Chlorid-Ion immer von vier Natrium-Ionen. Der regelmäßige Aufbau beruht auf der gegenseitigen Anziehung von ungleichnamigen Ladungen und der gegenseitigen Abstoßung gleichnamiger Ladungen. Im dreidimensionalen Raum ist die Koordinationszahl jeweils 6.

b) Im Prinzip können sich an jeden kleinen Kristall immer weitere Ionen anlagern, das Ionengitter des Kristalls wird dann beliebig groß. In Bergwerken werden manchmal würfelförmige Kristalle mit etwa 1 m Kantenlänge gefunden.

c) Damit sich regelmäßige Kristalle bilden, müssen die Ionen der Lösung sich aus allen Richtungen kommend an den Kristall anlagern können. Liegt der Kristall am Boden der Lösung, können von unten keine weiteren Ionen hinzutreten.

A65.2

a)

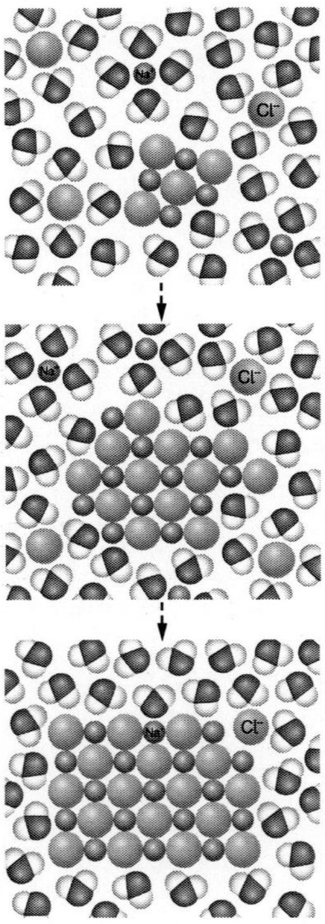

b)

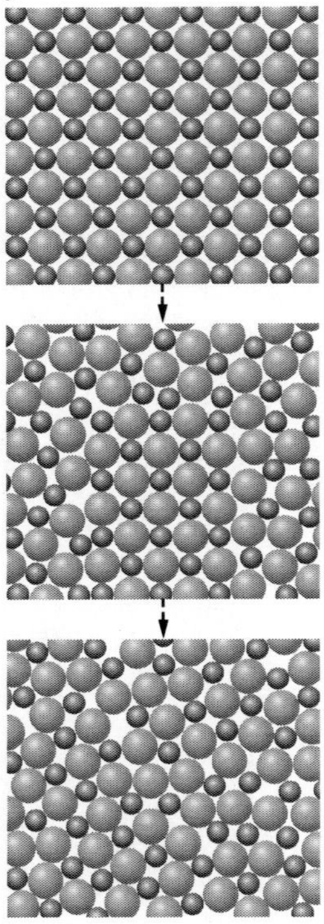

A65.3

	Kugelpackungsmodell	**Raumgittermodell**
Stärken	Größe der Ionen und Anordnung wird wiedergegeben. Raumerfüllung ist besser erkennbar.	Anordnung der Ionen wird wiedergegeben. Struktur des Modells ist erkennbar.
Schwächen	Struktur wird nicht deutlich.	Größe der Ionen wird nicht wiedergegeben. Gitterstäbe müssen hinzugefügt werden.

A65.4

a) Der regelmäßige Aufbau des Ionengitters aus Natrium- und Chlorid-Ionen und die geraden Kanten ergeben sich aus der gegenseitigen Anziehung von ungleichnamigen Ladungen und der gegenseitigen Abstoßung gleichnamiger Ladungen. Härte und Sprödigkeit werden durch die Ionenladungen erklärt: die Härte durch die starke Ionenbindung, die Sprödigkeit durch das Aufeinandertreffen gleich geladener Ionen, wenn der Kristall mit einem Hammer bearbeitet wird. Auch die hohen Schmelz- und Siedetemperaturen lassen mit der Ionenbindung begründen.

b) Die in a) genannten Eigenschaften erklären sich aus der starken Bindung der Ionen im Ionengitter der Salzkristalle, also aus der Struktur auf der Teilchenebene.

A65.5

a) In Salzlösung und Salzschmelze sind die Ionen frei beweglich und können zur elektrischen Leitfähigkeit beitragen. Im festen Kristall sind die Ionen fest im Ionengitter fixiert und nicht beweglich.

b) individuelle Lösung

A65.6

a) Die Anionen werden vom Fluorid-Ion zum Iodid-Ion größer. Dadurch werden wie Wechselwirkungen mit den Natrium-Ionen geringer.

b) Beide Verbindungen bestehen aus kleinen, mehrfach geladenen Ionen. Die Wechselwirkungen zwischen den Ionen sind daher stärker als im Natriumchlorid.

A66.1

Na^+Br^-, $Ca^{2+}(Cl^-)_2$, $(Li^+)_2(O^{2-})_1$;
Rb^+Cl^-, $(K^+)_2(S^{2-})_1$, $(Ca^{2+})_3(N^{3-})_2$

A66.2

Fe^{2+}, Fe^{3+},Cu^{2+}, Cu^+, Zn^{2+}, Ti^{4+}

A67.1

a) Eine weiße Kugel wird von 6 roten Kugeln berührt, eine rote ebenfalls von 6 weißen: die Koordinationszahl ist jeweils 6.

b) Das Zahlenverhältnis in beiden Modellen ist jeweils 1 : 1. Im Natriumchlorid-Kristall ist das Zahlenverhältnis der Ionen ebenfalls 1 : 1.

Zeichnung entsprechend Chemie heute NRW 8/9, S. 64, Abb. 2.

Experimentelle Hausaufgabe: individuelle Lösung

A69.1

a) *Partner A:*

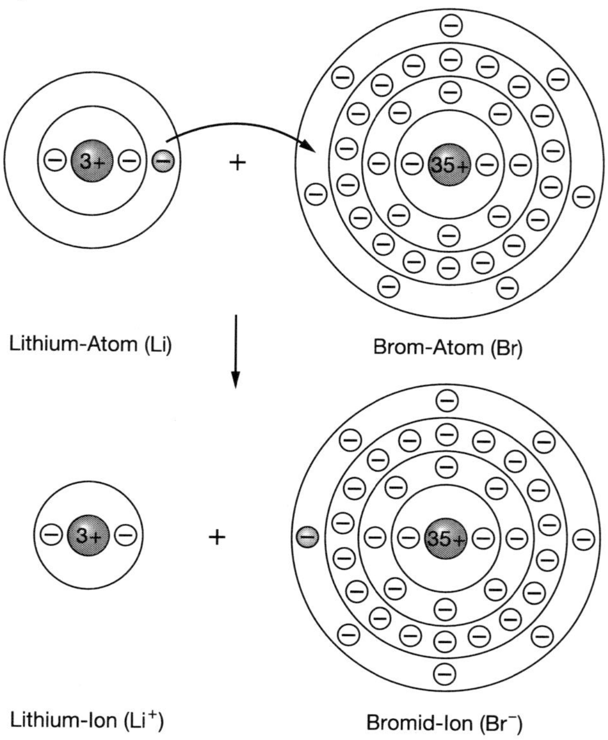

Das Lithium-Atom hat die Edelgaskonfiguration des Helium-Atoms, das Bromid-Ion die des Krypton-Atoms.

Partner B:

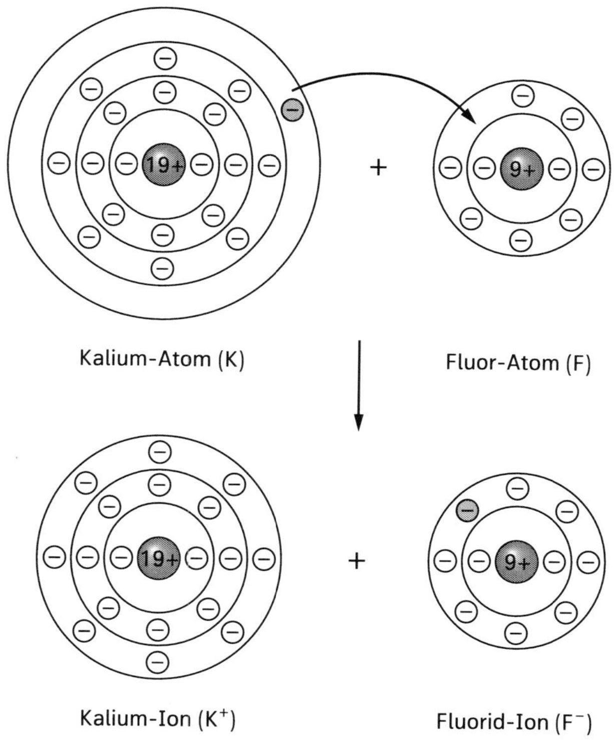

Das Kalium-Atom hat die Edelgaskonfiguration des Argon-Atoms, das Fluorid-Ion die des Neon-Atoms.

b) individuelle Lösung

A69.2

a)

Ion	**Elektronen-konfiguration**	**Begründung**
K^+	Ar-Atom	vorhergehendes Edelgas
Mg^{2+}	Ne-Atom	vorhergehendes Edelgas
Al^{3+}	Ne-Atom	vorhergehendes Edelgas
I^-	Xe-Atom	nachfolgendes Edelgas
Br^-	Kr-Atom	nachfolgendes Edelgas
O^{2-}	Ne-Atom	nachfolgendes Edelgas
N^{3-}	Ne-Atom	nachfolgendes Edelgas

b) $K \dashrightarrow K^+ + e^-$
$Mg \dashrightarrow Mg^{2+} + 2\ e^-$
$Al \dashrightarrow Al^{3+} + 3\ e^-$
$I + e^- \dashrightarrow I^-$
$Br + e^- \dashrightarrow Br^-$
$O + 2\ e^- \dashrightarrow O^{2-}$
$N + 3\ e^- \dashrightarrow N^{3-}$

In den ersten drei Fällen werden Elektronen abgegeben, bis die Elektronenkonfiguration des vorangegehenden Edelgases erreicht ist, in den übrigen Fällen werden Elektronen aufgenommen, bis die Konfiguration des nachfolgenden Edelgases erreicht ist.

A69.3

Beide Ionen erreichen die Elektronenkonfiguration des Helium-Atoms, das 2 Elektronen auf der Außenschale aufweist:

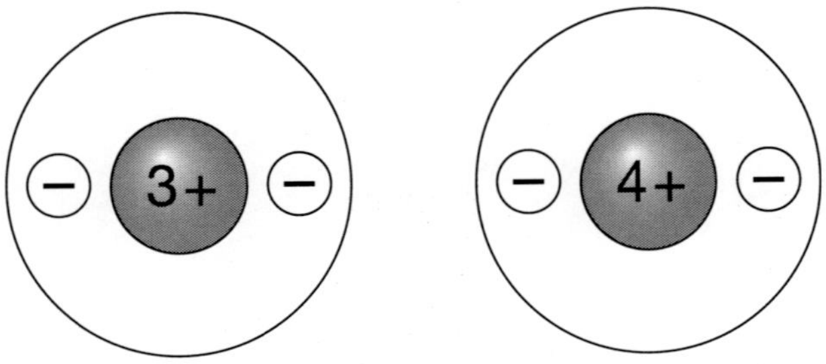

Li^+-Ion Be^{2+}-Ion

A69.4

Aus einem Natrium-Atom wird ein Na^+-Ion mit der Elektronenkonfiguration des Neon-Atoms, allerdings bleibt der Kern des Natrium-Atoms mit 11 Protonen erhalten – ein Neon-Atom besitzt nur 10 Protonen im Kern.
Aus einem Chlor-Atom wird ein Cl^--Ion mit der Elektronenkonfiguration des Argon-Atoms, allerdings bleibt der Kern des Chlor-Atoms mit 17 Protonen erhalten – ein Argon-Atom besitzt dagegen 18 Protonen im Kern.

A69.5

a) $2\ Mg + O_2 \rightarrow 2\ Mg^{2+} + 2\ O^{2-}$ bzw.
$2\ Mg + O_2 \rightarrow 2\ MgO$

$3\ Mg + N_2 \rightarrow 3\ Mg^{2+} + 2\ N^{3-}$ bzw.
$3\ Mg + N_2 \rightarrow 2\ Mg_3N_2$

b) In beiden Fällen entstehen Mg^{2+}-Ionen mit der Elektronenkonfiguration des Neon-Atoms. Im ersten Fall bilden sich O^{2-}-Ionen, im zweiten Fall N^{3-}-Ionen, jeweils ebenfalls mit der Konfiguration des Neon-Atoms.

c) Zunächst reagieren die Magnesiumspäne an der Oberfläche stark exotherm mit Sauerstoff zu Magnesiumoxid. Wenn dieses Produkt den Kegel nach außen dicht umschließt und der Sauerstoff innerhalb des Kegels verbraucht ist ermöglicht die hohe Temperatur die Spaltung der sehr stabilen Dreifachbindungen der Stickstoff-Moleküle, sodass die verbliebenen Magnesiumspäne mit Stickstoff-Atomen zu Magnesiumnitrid reagieren.

A71.1

Ein Reaktionsschema gibt nur an, welche Ausgangsstoffe miteinander reagieren und welche Produkte daraus entstehen. Es bezieht sich ausschließlich auf die Stoffebene. In einer Reaktionsgleichung werden dagegen die chemischen Formeln der einzelnen Stoffe verwendet. Man kann daher zunächst dieselben Informationen wie aus einem Reaktionsschema entnehmen. Zusätzlich erfährt man aber noch, aus welchen Atomen, Molekülen oder Ionen die einzelnen Stoffe aufgebaut sind. Daraus kann man dann auch das Atomanzahlverhältnis und damit auch das Massenverhältnis ableiten, in dem die Stoffe reagieren.

A71.2

in beiden Fällen: $Mg(s) + Cl_2(g) \rightarrow MgCl_2(s)$

A71.3

$2\ Cu(s) + O_2(g) \rightarrow 2\ CuO(s)$
$4\ Cu(s) + O_2(g) \rightarrow 2\ Cu_2O(s)$

A71.4

$C_6H_{12}O_6(aq) + 6\ O_2(aq) \rightarrow 6\ CO_2(aq) + 6\ H_2O(l)$; exotherm

A71.5

Formeln sind stoffspezifisch. Deshalb darf man die tiefgestellten Zahlen einer Formel nicht ändern. Ändert man eine Formel, so handelt es sich um die Formel eines anderen Stoffes oder die Formel ist deshalb falsch, weil ein entsprechender Stoff nicht existiert.

A71.6

$2\ NaCl(l) \rightarrow 2\ Na(l) + Cl_2(g)$

A71.7

$3\ Pb_3O_4(s) + 8\ Al(s) \rightarrow 9\ Pb(s) + 4\ Al_2O_3(s)$
$P_4O_{10}(s) + 6\ H_2O(l) \rightarrow 4\ H_3PO_4(l)$

A72.1

Je größer die Ionenladungen in einem Salzkristall sind und je kleiner die Radien beider Ionenarten sind, desto fester ist die Ionenbindung und umso größer ist die Gitterenergie. Salze mit hoher Gitterenergie besitzen hohe Schmelztemperaturen, denn erst bei hoher Temperatur können die Anziehungskräfte der Ionen überwunden werden.

A72.2

Der fehlende Energiebetrag ist die Sublimationsenergie für 1 mol Mg-Atome: 128,5 kJ. Energiediagramm:

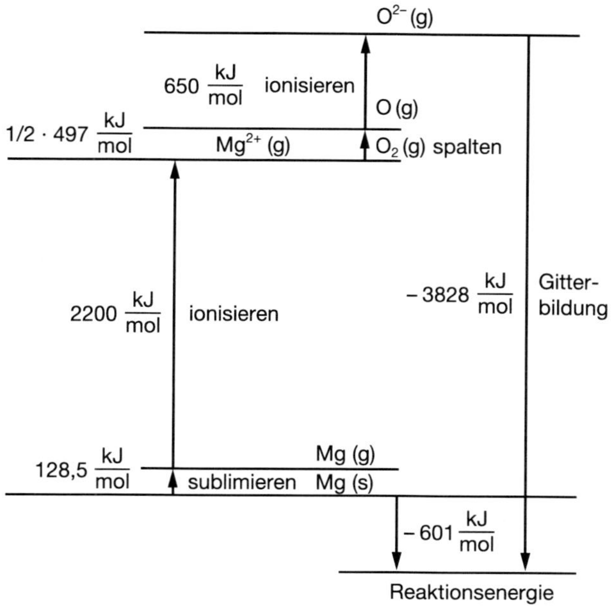

A72.3

Aluminiumoxid ist aus Al^{3+}-Ionen und O^{2-}-Ionen aufgebaut. Da dies die höchsten Ladungszahlen sind, hat Aluminiumoxid die größte Gitterenergie der drei Salze. Calciumchlorid ist aus zweifach positiv geladenen Ca^{2+}-Ionen und Cl^--Ionen aufgebaut und hat daher die zweitgrößte Gitterenergie. Lithiumfluorid ist aus einfach geladenen Ionen aufgebaut und hat den kleinsten Wert der Gitterenergien.

Salz	**Kation**	**Anion**	**Gitterenergie**
	Radius in 10^{-10} m		**in kJ · mol^{-1}**
LiF	Li^+ 0,8	F^- 1,19	–1050
$CaCl_2$	Ca^{2+} 1,14	Cl^- 1,67	–2255
Al_2O_3	Al^{3+} 0,67	O^{2-} 1,26	–15195

Ergänzung: Ionenradien lassen sich nicht direkt messen. Daher findet man in der Literatur unterschiedliche Werte.

V73.1

a)

Probe	**Reagenz**	**Beobachtung**
Chlorid-Ionen	Silber-Ionen	weiße Trübung
Bromid-Ionen	Silber-Ionen	Trübung hellgelb
Iodid-Ionen	Silber-Ionen	gelbe Trübung
Sulfat-Ionen	Barium-Ionen	weiße Trübung
Calcium-Ionen	Oxalat-Ionen	weiße Trübung
Eisen-Ionen (Fe^{3+})	Thiocyanat-Ionen	tiefrote Färbung

b) $Cl^-(aq) + Ag^+(aq) \rightarrow Ag^+Cl^-(s)$
$Br^-(aq) + Ag^+(aq) \rightarrow Ag^+Br^-(s)$
$I^-(aq) + Ag^+(aq) \rightarrow Ag^+I^-(s)$
$SO_4^{2-}(aq) + Ba^{2+}(aq) \rightarrow Ba^{2+}SO_4^{2-}(s)$
$Ca^{2+}(aq) + C_2O_4^{2-}(aq) \rightarrow Ca^{2+}C_2O_4^{2-}(s)$
$Fe^{3+}(aq) + 3\ SCN^-(aq) \rightarrow Fe^{3+}(SCN^-)_3(s)$

c) individuelle Lösung
Hinweis: Durch einen Vergleich der Trübungen der Proben mit Abb. 1 von S. 73 im Chemiebuch kann der Chloridgehalt abgeschätzt werden.

d) Man bringt Natrium- und Sulfat-Ionen zusammen, ohne dass Barium-Ionen beteiligt sind. So sollte Kaliumsulfat-Lösung in Natriumchloridlösung keinen Niederschlag bilden.

e) Man gibt vier Proben in je ein Reagenzglas, gibt jeweils das passende Reagenz tropfenweise hinzu und beobachtet die Art und Farbe der Niederschläge.

Probe	**Reagenz**	**Beobachtung**
Silber-Ionen	Chlorid-Ionen	weiße Trübung
Barium-Ionen	Sulfat-Ionen	weiße Trübung
Oxalat-Ionen	Calcium-Ionen	weiße Trübung
Thiocyanat-Ionen	Eisen-Ionen (Fe^{3+})	tiefrote Färbung

f) Man entnimmt Proben aus beiden Vorratsflaschen und tropft Silbernitratlösung hinzu: Im Fall der Kaliumchlorid-Lösung bildet sich ein weißer Niederschlag, im Fall der Kaliumiodidlösung ein gelber Niederschlag.

A75.B1

a) – **c)** individuelle Lösung

A75.B2

a)

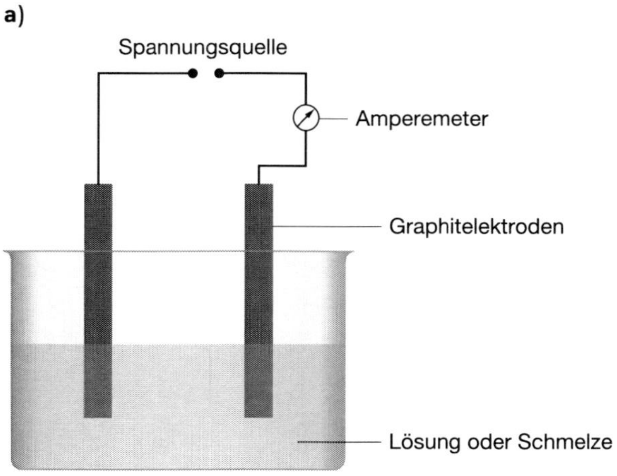

b) Im Ionengitter eines Salzkristalls können die Ionen ihren Gitterplatz nicht verlassen, sie schwingen lediglich um ihren Gitterplatz. Damit können sie keinen Beitrag zur Leitfähigkeit leisten.

A75.B3

a) Aluminium-Atome haben auf der Außenschale drei Elektronen, die sie bei der Ionenbildung abgeben. Sauerstoff-Atome haben dagegen sechs Außenelektronen. Bei der Ionenbildung nehmen sie zur Vervollständigung der Edelgaskonfiguration zwei zusätzliche Elektronen auf. Die Verbindung Aluminiumoxid ist also aus Al^{3+}-Ionen und aus O^{2-}-Ionen aufgebaut. Das Anzahlverhältnis der Ionen muss daher 2:3 sein, die Verhältnisformel lautet Al_2O_3.

b) AlN.

A75.B4

Leitungswasser enthält Ionen gelöster Salze, leitet also den elektrischen Strom. Bei Berührung spannungsführender Bauteile des eingeschalteten kann man einen lebensgefährlichen Stromschlag erhalten.

A75.B5

a) Die Titan-Ionen haben die Koordinationszahl 6, die Oxid-Ionen die Koordinationszahl 3.

b) Da die Oxid-Ionen immer zweifach negativ geladen sind (O^{2-}) und ihre Anzahl doppelt so groß ist wie die der Kationen, müssen die Titan-Ionen vierfach positiv geladen sein: Ti^{4+}.

A76.B6

a) K-Atom: 2 e^-, 8 e^-, 8 e^-, 1 e^-, Cl-Atom: 2 e^-, 8 e^-, 7 e^-,
K^+-Ion: 2 e^-, 8 e^-, 8 e^-, Cl^--Ion: 2 e^-, 8 e^-, 8 e^-

b) Kaliumchlorid

A76.B7

a) Außenelektronen: Al-Atom: 3 e^-, Ca-Atom: 2 e^-,
S-Atom: 6 e^-, N-Atom: 5 e^-,

b) Ionen: Al^{3+}, Ca^{2+}, S^{2-}, N^{3-}

c) Aluminium-Ion, Calcium-Ion, Sulfid-Ion, Nitrid-Ion

A76.B8

a) Edelgas-Atome besitzen acht Elektronen auf der Außenschale bzw. das Helium-Atom zwei. Diese Edelgaskonfiguration ist sehr stabil. Edelgas-Atome geben weder Elektronen ab noch nehmen sie Elektronen auf.

b) K^+-Ion, Ca^{2+}-Ion, S^{2-}-Ion, Cl^--Ion

A76.B9

K^+I^-, $Ca^{2+}(Cl^-)_2$, $(Na^+)_2(O^{2-})_1$, $(Mg^{2+})_3(N^{3-})_2$, $(Al^{3+})_2(S^{2-})_3$,
In einem Ionengitter existieren immer gleich viele positive wie negative Ladungen.

A76.B10

a) Das K^+-Ion besitzt eine positive Ladung, das Cl^--Ion eine negative Ladung. Daneben liegen Wasser-Moleküle vor.

b) Während das Wasser verdunstet, kommen die Ionen einander immer näher und die typischen Wechselwirkungen zwischen ihnen werden wirksam: Entgegengesetzt geladene Ionen ziehen sich an, gleichnamig geladene Ionen stoßen sich ab. Dadurch bilden sich allmählich Kristallisationskeime, um die sich weitere Ionen anlagern und so das Ionengitter des Kaliumchlorids aufbauen.

A76.B11

Kerzenwachs und Butter sind Molekülverbindungen, Salze bestehen dagegen aus Ionen. Die Anziehungskräfte zwischen Ionen sind meist sehr viel größer die zwischen Molekülen.

A76.B12

a) Die Al^{3+}-Ionen sind kleine und hoch geladene, die O^{2-}-Ionen immerhin hoch geladene Ionen, die eine besonders starke Ionenbindung eingehen und deshalb die hohe Gitterenergie bedingen.
b) Die hoch geladenen Ionen im Korund lassen sich nur durch hohen Energieaufwand voneinander trennen, deshalb ist die Schmelztemperatur wesentlich höher als für Salze, die aus einfach geladenen Ionen aufgebaut sind.

A76.B13

In Metalloxiden sind hochgeladene O^{2-}-Ionen gebunden, während in Metallchloriden einfach geladene Cl^--Ionen enthalten sind, die eine kleinere Gitterenergie bedingen.

A76.B14

Sowohl die Koordinationszahl für das Calcium-Ion als auch für das Carbonat-Ion beträgt 6: beide Ionenarten werden jeweils von sechs Ionen der anderen Art umgeben.

A76.B15

Am Minuspol werden die Zink-Ionen entladen:
$Zn^{2+}(aq) + 2\ e^- \rightarrow Zn(s)$
Am Pluspol werden die Bromid-Ionen entladen:
$2\ Br^-(aq) \rightarrow Br_2(aq) + 2e^-$
Die Zink-Atome bilden den grauen Zinküberzug, die Br_2-Moleküle bilden in Lösung die braunen Schlieren.

A76.B16

a) Bei der Reaktion von Anhydrit-Gips mit Wasser entsteht kristallwasserhaltiger Gips, der ein größeres Volumen einnimmt als Anhydrit: der Erdboden hebt sich an.

b) Calciumsulfat wird aus Ca^{2+}-Ionen und SO_4^{2-}-Ionen im Zahlenverhältnis 1 : 1 aufgebaut. Im Ionengitter sind zusätzlich in regelmäßiger Weise H_2O-Moleküle eingebaut.

c) Das Gips-Anhydrit in Pulverform wird mit einer bestimmten Wassermenge verrührt. Dieser Gipsbrei bindet innerhalb von einigen Minuten unter Abgabe von Wärmeenergie zum festen Gips ab: Anhydrit + Wasser → Gips, exotherm

A76.B17

Im Glas sind Natrium-Ionen, Calcium-Ionen, Carbonat-Ionen und Oxid-Ionen enthalten. Im festen Verband dieser Ionen leitet das Glas den elektrischen Strom nicht, im hocherhitzten Glas werden die Ionen beweglich und bedingen so die elektrische Leitfähigkeit.

A77.C1

a) $4\ Li(s) + O_2(g) \rightarrow 2\ Li_2O(s)$; exotherm
$2\ Be(s) + O_2(g) \rightarrow 2\ BeO(s)$; exotherm
$2\ Mg(s) + O_2(g) \rightarrow 2\ MgO(s)$; exotherm
$4\ Al(s) + 3\ O_2(g) \rightarrow 2\ Al_2O_3(s)$; exotherm

b) Die Ionen der Metalle Lithium, Beryllium, Magnesium oder Aluminium sind sehr kleine Ionen, im Falle der Be^{2+}-Ionen und der Mg^{2+}-Ionen sind sie doppelt geladen, das Al^{3+}-Ion ist sogar dreifach positiv geladen. Geringe Größe und hohe Ladung führen dazu, dass hohe Werte von Gitterenergien erreicht werden und stark exotherme Reaktionen ablaufen.

c) Die genannten Metalle haben eine geringe Dichte, es sind Leichtmetalle. Man nimmt sie deshalb mit in den Weltraum, weil sie mit wenig Masse zu einem kleineren Gesamtgewicht beitragen.

d) Aluminium eignet sich besser, weil bei den Reaktionen dreifach geladene, sehr kleine Aluminium-Ionen entstehen. Bei der Bildung des Ionengitters wird eine höheren Gitterenergie frei als bei der Reaktion von Magnesium zum Magnesiumoxid.

A77.C2

a) Für den menschlichen Organismus ist Iod ein lebenswichtiges Spurenelement, das regelmäßig mit der Nahrung aufgenommen werden muss. Es ist vor allem für die normale Funktion der Schilddrüse wichtig. In ihr werden die beiden Schilddrüsenhormone Thyroxin und Triiodthyronin gebildet. Bei einem Mangel an Iod kommt es zu einer übermäßigen Bildung von Schilddrüsengewebe, was äußerlich als Kropf sichtbar wird.

b) Bei einer Schilddrüsenüberfunktion (Hyperthyreose) findet eine vermehrte Ausschüttung der Schilddrüsenhormone Thyroxin und Triiodthyronin statt. Der gesamte Stoffwechsel wird dadurch gesteigert und der Grundumsatz an Energie erhöht. Es kommt zu Herzrasen, Hyperaktivität und Gewichtsverlust trotz normaler Ernährung.
Gegenteilige Beschwerden treten bei einer Schilddrüsenunterfunktion auf.

c) Bei einer Schilddrüsenüberfunktion sollten iodhaltige Lebensmittel (z. B. Hochseefisch) gemieden werden.
In Deutschland wurden jedoch Höchstmengen für die Iodanreicherung von Speisesalz festgelegt. Eine Überversorgung mit Iod ist bei Verwendung von iodiertem Speisesalz daher nicht zu befürchten, da große Mengen davon aufgenommen werden müssten.

4 Korrosion und Korrosionsschutz

A81.1

Eine Skizze zum Elektronengasmodell findet man in Chemie heute NRW 8/9, S. 81, Abb. 1.
Aussagen des Elektronengasmodells:
- Die positiv geladenen Atomrümpfe besetzen feste Plätze im Metallgitter.
- Die Außenelektronen sind zwischen den Atomrümpfen frei beweglich.

A81.2

a) *Elektrische Leitfähigkeit:* Am Minuspol der Spannungsquelle herrscht Elektronenüberschuss, am Pluspol Elektronenmangel. Werden die beiden Pole über ein Metall verbunden, werden am Minuspol Elektronen in das Metallgitter geschoben. Am Pluspol fließen dann Elektronen aus dem Elektronengas ab. Durch die freie Beweglichkeit der Elektronen im Elektronengas bewegen sich Elektronen also vom Minuspol zum Pluspol.

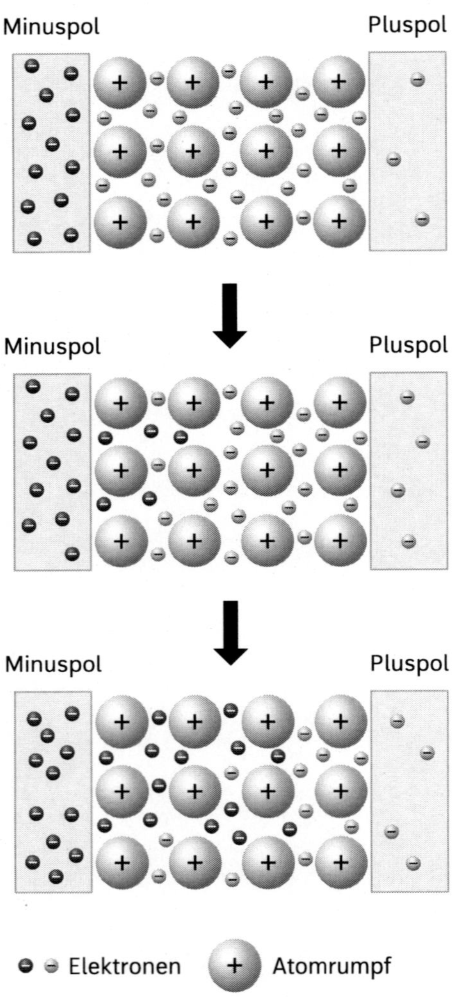

Verformbarkeit: Beim Biegen gleiten Schichten der Atomrümpfe aneinander vorbei. Da sie ständig von Elektronen umgeben sind, wirken zwischen den positiv geladenen Atomrümpfen im Metallgitter im Gegensatz zum Ionengitter keine größeren Abstoßungskräfte.

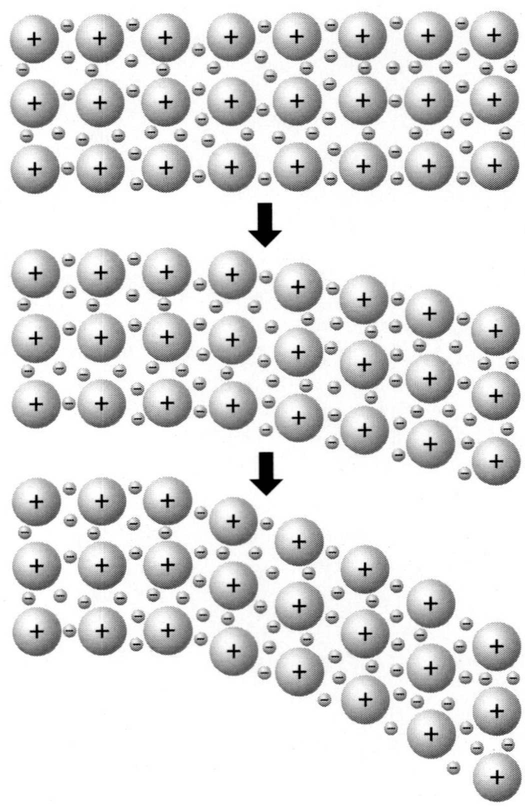

Wärmeleitfähigkeit: Wird einem Metall Energie in Form von Wärme zugeführt (thermische Energie), so wird sie in Bewegungsenergie der Elektronen umgewandelt. Durch die freie Beweglichkeit der Elektronen, wird die Energie schnell im ganzen Metall verteilt.

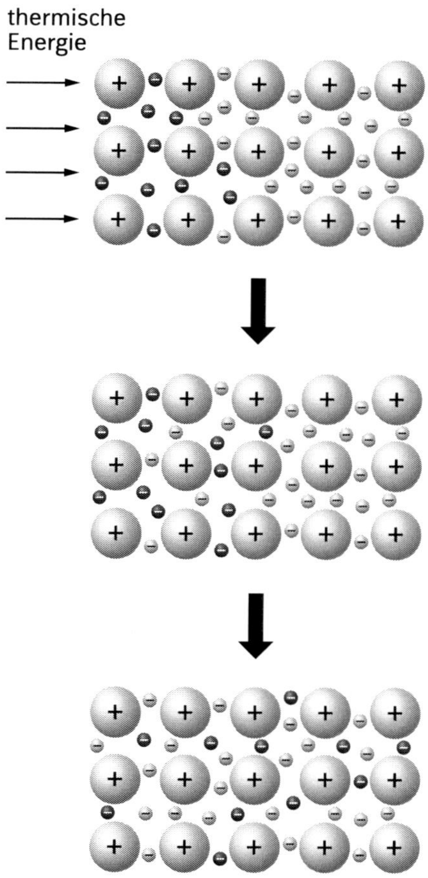

⊖ Elektronen mit niedriger Energie

⊖ Elektronen mit höherer Energie

b) individuelle Lösung

c) Die Vergleichbarkeit in den Modellen wird individuell bestimmt. Die Grenzen des Modells zeigen sich beispielsweise bei der Erklärung von Eigenschaften flüssiger Metalle wie Quecksilber. Hier liegt im flüssigen Zustand kein Metallgitter vor; trotzdem zeigt Quecksilber typische Metalleigenschaften wie etwa elektrische Leitfähigkeit.

A83.1

In 82.1 ist ein Fahrradlenker mit rostiger Klingel abgebildet. Dabei rostet die Klingel nicht überall gleichmäßig, sondern punktuell. Rost bildet sich durch Oxidation von Eisen mithilfe von Luftsauerstoff und Wasser. Dabei bildet sich ein bröckeliges Gemisch aus verschiedenen Oxiden und Hydroxiden. Das Fahrrad muss also im Freien gestanden haben, wo Wasser und Luftsauerstoff angreifen konnten.

A83.2

individuelle Lösung

A83.3

Sauerstoff aus der Luft löst sich in Regenwasser

➡

Eisen-Atome geben 2 Elektronen ab und werden zu Eisen-Ionen oxidiert:
$Fe \dashrightarrow Fe^{2+} + 2e^-$

⬇

Sauerstoffhaltiges Wasser nimmt Elektronen auf und wird zu Hydroxid-Ionen reduziert:
$O_2 + 2\,H_2O + 4\,e^- \dashrightarrow 4\,OH^-$

⬅

Die Eisen-Ionen reagieren mit den Hydroxid-Ionen zu schwerlöslichem Eisenhydroxid:
$Fe^{2+} + 2\,OH^- \longrightarrow Fe(OH)_2$

⬇

Weiterer gelöster Sauerstoff reagiert mit Eisenhydroxid zu Eisenoxidhydroxid:
$4\,Fe(OH)_2 + O_2 \longrightarrow 4\,FeO(OH) + 2\,H_2O$

➡

Durch Wasserverlust wird Fe_2O_3 gebildet:
$2\,FeO(OH) \longrightarrow Fe_2O_3 + H_2O$
So entsteht schließlich ein Gemisch verschiedener Oxide.

Rosten ist also eine Form der Sauerstoffkorrosion. Bei einer Säurekorrosion würden Säuren das Metall zersetzen. Die Säurekonzentration im Regen ist aber meist so gering, dass Eisen davon praktisch nicht angegriffen wird.

A83.4

Die Mäntel der Pipelines sind – anders als der Erdboden – wasser- und luftundurchlässig. So können die korrodierend wirkenden Stoffe (Säuren, Sauerstoff und Wasser) nicht mit dem Material der Pipeline in Kontakt kommen.

A83.5

a) Im Winter ist das Klima feucht. Gegenstände aus Eisen haben deshalb im Winter mehr Kontakt zu sauerstoffhaltigem Wasser als im Sommer. Oft kommt durch Streusalz noch salzhaltiges Wasser hinzu, wodurch die Korrosion besonders gefördert wird.
Im Hochgebirge ist die Luftfeuchtigkeit dagegen niedrig. Infolge des niedrigeren Luftdrucks ist die Konzentration an Sauerstoff geringer als im Flachland. Außerdem ist die Luft reiner und damit die Konzentration an korrosionsfördernden Gasen wie Stickstoffoxiden gering. Durch die niedrigere Temperatur laufen Korrosionsprozesse auch langsamer ab.

Ein mögliches Experiment besteht darin, 4 Reagenzgläser mit Stahlwolle umgekehrt in Wasser zu stellen. Die Stahlwolle soll jeweils unter anderen Bedingungen reagieren: trockene Stahlwolle, feuchte Stahlwolle, eingefettete Stahlwolle und feuchte Stahlwolle bei höherer Temperatur.

Ergebnis nach einem Tag: Trockene und eingefettete Stahlwolle reagieren nicht; feuchte Stahlwolle rostet und das Wasser steigt im Reagenzglas hoch; mit Salzlösung befeuchtete Stahlwolle rostet stark und das Wasser im Reagenzglas steigt hoch, $\frac{1}{5}$ des abgeschlossenen Gasvolumens wird verbraucht.

b) individuelle Lösung
Das Experiment kann entsprechend dem in Aufgabe a beschriebenen Modellversuch durchgeführt werden. Die Eisenwolle wird zuvor in eine Kochsalzlösung statt in Wasser getaucht. Man kann dabei beobachten, dass die Rostbildung schneller verläuft als in dem Ansatz mit Wasser. Alternativ kann man entfettete Eisenwolle in eine Kochsalzlösung legen, die sich in einer Petrischale befindet. Auch hier erfolgt die Rostbildung im Vergleich zum Ansatz mit Wasser deutlich schneller.

A83.6

a) $2\,Ca(s) + O_2(g) \rightarrow 2\,CaO(s)$
$Ca(s) + 2\,HCl(aq) \rightarrow CaCl_2(aq) + H_2(g)$

b) individuelle Lösungen

c) Sauerstoffkorrosion: $4\,Li(s) + O_2(g) \rightarrow 2\,Li_2O(s)$
Säurekorrosion: $2\,Li(s) + 2\,HCl(aq) \rightarrow 2\,LiCl(aq) + H_2(g)$

A83.7

a), b)

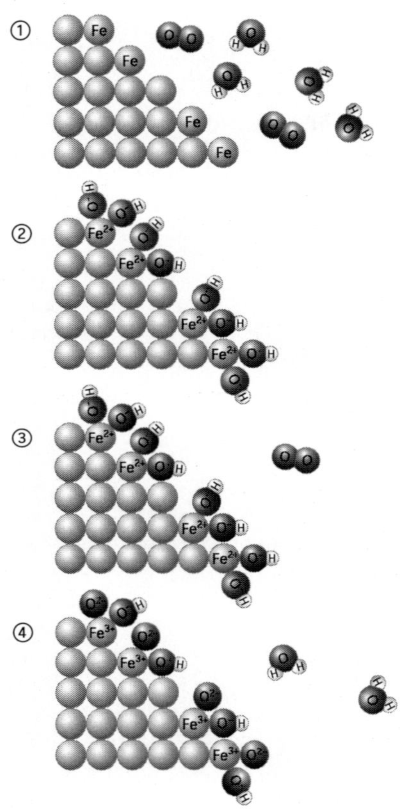

Eisen-Atome geben im ersten Reaktionsschritt jeweils zwei Elektronen ab, es entstehen Fe^{2+}-Ionen. Sauerstoff-Atome nehmen diese Elektronen auf und reagieren zu OH^--Ionen. Im zweiten Schritt geben die Fe^{2+}-Ionen je ein weiteres Elektron ab, das ebenfalls von Sauerstoff-Atomen paarweise aufgenommen wird. Nachdem die Sauerstoff-Atome Elektronen aufgenommen haben, entreißen sie Wasser-Molekülen einzelne Wasserstoffe-Atome, mit denen sie OH^--Ionen bilden.

A85.1

a) *Beispiel:* $Ca(s) + F_2(g) \rightarrow CaF_2(s)$

Calcium-Atome werden oxidiert, da sie Elektronen abgeben (Ca^{2+}). Fluor-Atome werden reduziert, da sie Elektronen aufnehmen ($2\,F^-$). Da Reduktion und Oxidation gleichzeitig ablaufen, spricht man von einer Redoxreaktion.

b) individuelle Lösung

c) individuelle Lösung

A85.2

a), b)

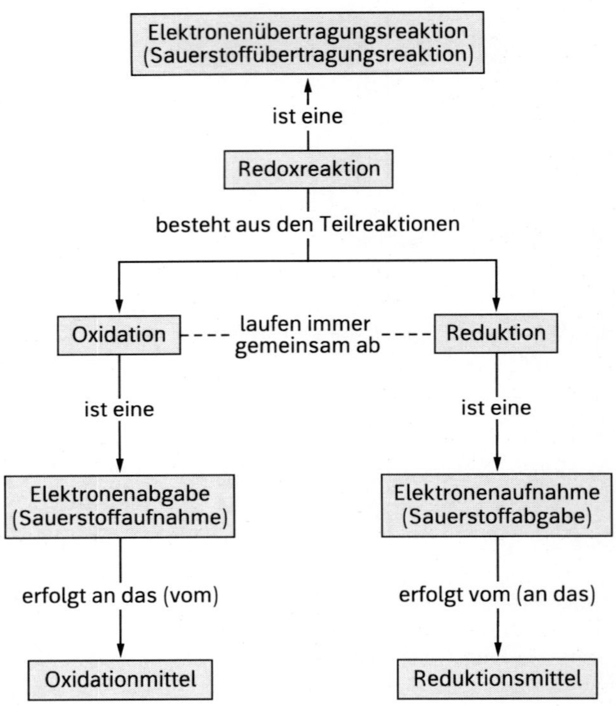

c)

Begriff	**früher**	**heute**
Redoxreaktion	Sauerstoff-übertragung	Elektronen-übertragung
Oxidation	Sauerstoff-aufnahme	Elektronen-abgabe
Reduktion	Sauerstoffabgabe	Elektronen-aufnahme
Oxidationsmittel	Sauerstoffdonator	Elektronen-akzeptor
Reduktionsmittel	Sauerstoff-akzeptor	Elektronendonator

Der alte Begriff umfasste lediglich die Reaktionen mit Sauerstoff. Aber auch bei der Reaktion von Chlor mit Magnesium werden ebenso wie bei der Reaktion von Sauerstoff mit Magnesium Elektronen übertragen. Der neue Begriff ist also weitgehender.

A85.3

a)
Oxidation: $Ca \rightarrow Ca^{2+} + 2\ e^-$
Reduktion: $I_2 + 2\ e^- \rightarrow 2\ I^-$
Redoxreaktion: $Ca(s) + I_2(g) \rightarrow CaI_2(s)$

b)

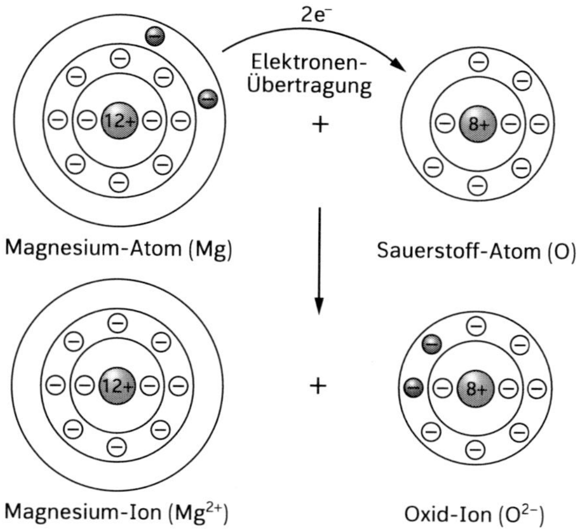

A85.4

a) *Natrium mit Fluor:*
Oxidation: $Na \dashrightarrow Na^+ + e^-$ | · 2
Reduktion: $F_2 + 2\ e^- \dashrightarrow 2\ F^-$

Redoxreaktion: $2\ Na(s) + F_2(g) \rightarrow 2\ NaF(s)$

Eisen mit Brom:
Oxidation: $Fe \dashrightarrow Fe^{3+} + 3\ e^-$ | · 2
Reduktion: $Br_2 + 2\ e^- \dashrightarrow 2\ Br^-$ | · 3

Redoxreaktion: $2\ Fe(s) + 3\ Br_2(g) \rightarrow 2\ FeBr_3(s)$
Hinweis:
Bei der Reaktion entsteht nicht $FeBr_2$, sondern $FeBr_3$!

Aluminium mit Sauerstoff:
Oxidation: $Al \dashrightarrow Al^{3+} + 3\ e^-$ | · 4
Reduktion: $O_2 + 4\ e^- \dashrightarrow 2\ O^{2-}$ | · 3

Redoxreaktion: $4\ Al(s) + 3\ O_2(g) \rightarrow 2\ Al_2O_3(s)$

b) *Donator:* Gibt Elektronen ab. Der Elektronendonator ist jeweils das Metall-Atom (Na, Fe, Al).
Akzeptor: Nimmt Elektronen auf. Elektronenakzeptor ist jeweils das Nichtmetall-Atom (F, Br, O).
Die *Oxidation* ist die Teilreaktion, bei der Elektronen abgegeben werden (s. Teilaufgabe a).
Die *Reduktion* ist die Teilreaktion, bei der Elektronen aufgenommen werden (s. Teilaufgabe a).
Die *Redoxreaktion* ist die Gesamtreaktion, bei der sowohl eine Elektronenabgabe als auch eine Elektronenaufnahme stattfindet. Dabei werden also Elektronen übertragen (s. Teilaufgabe a).
Redoxpaar: Die oxidierte und die reduzierte Form eines Elements bei einer Reaktion bilden ein Redoxpaar. Beispiel: Na/Na^+.
Ein *Oxidationsmittel* ist ein Teilchen, das Elektronen aufnimmt.
Ein *Reduktionsmittel* ist ein Teilchen, das Elektronen abgibt.

c) individuelle Lösung

d) Beim Rosten werden Elektronen von den Eisen-Atomen an die Sauerstoff-Atome übertragen. Dabei entstehen positiv geladene Eisen- und negativ geladene Hydroxid-Ionen

Oxidation: $Fe \dashrightarrow Fe^{2+} + 2\ e^-$ | · 2
Reduktion: $O_2 + 2\ H_2O + 4\ e^- \dashrightarrow 4\ OH^-$

Redox: $2\ Fe\ (s) + O_2\ (aq) + 2\ H_2O\ (l) \dashrightarrow 2\ Fe(OH)_2\ (s)$

e)
Oxidation: $Fe^{2+} \dashrightarrow Fe^{3+} + e^-$ | · 4
Reduktion $4\ OH^- + O_2 + 4\ e^- \dashrightarrow 4\ O^{2-} + 2\ H_2O$

Redox: $4\ Fe(OH)_2(s) + O_2(aq) \rightarrow 4\ FeO(OH)(s) + 2\ H_2O(l)$

A85.5

a) *Sauerstoffübertragung:*

Reduktion
$3\ Ag_2O(s) + 2\ Fe(s) \longrightarrow Fe_2O_3(s) + 6\ Ag(s)$; exotherm
Oxidation

Bei dieser Reaktion wird Sauerstoff vom Silberoxid auf das Eisen übertragen.

Elektronenübertragung:
Oxidation: $Fe \dashrightarrow Fe^{3+} + 3\ e^-$
Reduktion: $Ag^+ + e^- \dashrightarrow Ag$

Bei der Reaktion werden Elektronen vom Eisen auf Silber übertragen.

b) *Sauerstoffübertragung:*
Oxidationsmittel: Silberoxid
Reduktionsmittel: Eisen
Elektronenübertragung:
Oxidationsmittel: Ag^+
Reduktionsmittel: Fe

Bei der Sauerstoffübertragung werden Sauerstoff-Atome vom edleren auf das unedlere Metall übertragen. Bei der Darstellung als Elektronenübertragung werden Elektronen vom unedleren zum edleren Metall übertragen.

A85.6

Bei der Reaktion von Magnesiumchlorid und Natronlauge ändern sich die Ladungen der beteiligten Teilchen nicht, es werden also keine Elektronen übertragen. Es handelt sich dementsprechend nicht um eine Redoxreaktion.

A86.1

Gold ist ein edles Metall. Gold-Kationen sind gute Oxidationsmittel, weil Gold-Kationen leicht Elektronen aufnehmen und dabei zu Gold-Atomen reduziert werden.
Eisen ist ein unedles Metall. Eisen-Atome sind Reduktionsmittel, weil sie leicht Elektronen abgeben und dabei oxidiert werden.

A86.2

Da Eisen unedler ist als Silber, reagieren die Silber-Ionen mit den Eisen-Atomen zu Eisen-Ionen und Silber-Atomen. Die Silber-Ionen sind die Oxidationsmittel, die Eisen-Atome die Reduktionsmittel.

Oxidation: $Fe \dashrightarrow Fe^{3+} + 3\ e^-$
Reduktion: $Ag^+ + e^- \dashrightarrow Ag$ | · 3

Redoxreaktion: $3\ Ag^+(aq) + Fe(s) \rightarrow Fe^{3+}(aq) + 3\ Ag(s)$

A86.3

a) Magnesium ist unedler als Eisen. Es kommt zu einer Reaktion.
Reduktion: $Fe^{3+} + 3\ e^- \dashrightarrow Fe$ | · 2
Oxidation: $Mg \dashrightarrow Mg^{2+} + 2\ e^-$ | · 3

Redoxreaktion: $3\ Mg(s) + 2\ Fe^{3+}(aq) \rightarrow 3\ Mg^{2+}(aq) + 2\ Fe(s)$

Kupfer ist unedler als Silber. Es kommt zu einer Reaktion.
Reduktion: $Ag^+ + e^- \dashrightarrow Ag$ | · 2
Oxidation: $Cu \dashrightarrow Cu^{2+} + 2\ e^-$

Redoxreaktion: $Cu(s) + 2\ Ag^+(aq) \rightarrow 2\ Ag(aq) + Cu(s)$

Nickel ist unedler als Kupfer. Es kommt zu einer Reaktion.
Reduktion: $Cu^{2+} + 2\ e^- \dashrightarrow Cu$
Oxidation: $Ni \dashrightarrow Ni^{2+} + 2\ e^-$

Redoxreaktion: $Ni(s) + Cu^{2+}(aq) \rightarrow Ni^{2+}(aq) + Cu(s)$

b) individuelle Lösung

A87.1

a) Magnesium mit Schwefel
Reduktion: $S + 2\ e^- \dashrightarrow S^{2-}$
Oxidation: $Mg \dashrightarrow Mg^{2+} + 2\ e^-$

Redoxreaktion: $Mg(s) + S(s) \rightarrow MgS(s)$

Lithium mit Fluor
Reduktion: $F_2 + 2\ e^- \dashrightarrow 2\ F^-$
Oxidation: $Li \dashrightarrow Li^+ + e^-$ | · 2

Redoxreaktion: $2\ Li(s) + F_2(g) \rightarrow 2\ LiF(s)$

Zinn mit Sauerstoff
Reduktion: $O_2 + 4\ e^- \dashrightarrow 2\ O^{2-}$
Oxidation: $Sn \dashrightarrow Sn^{2+} + 2\ e^-$ | · 2

Redoxreaktion: $2\ Sn(s) + O_2(g) \rightarrow 2\ SnO(s)$

Calcium mit Chlor
Reduktion: $Cl_2 + 2\ e^- \dashrightarrow 2\ Cl^-$
Oxidation: $Ca \dashrightarrow Ca^{2+} + 2\ e^-$

Redoxreaktion: $Ca(s) + Cl_2(g) \rightarrow CaCl_2(s)$

b) individuelle Lösung

A87.2

a) $m(\text{Aluminium}) = 6{,}75\ g$

$$\frac{m(\text{Aluminium})}{m(\text{Sauerstoff})} = \frac{2 \cdot 27\ \frac{g}{mol}}{3 \cdot 16\ \frac{g}{mol}} = \frac{54}{48}$$

$$m(\text{Sauerstoff}) = m(\text{Aluminium}) \cdot \frac{48}{54}$$

$$m(\text{Sauerstoff}) = 6{,}75\ g \cdot \frac{48}{54} = 6\ g$$

b) $\varrho = \frac{m}{V} = \frac{M}{V_m}$

$$V = \frac{m \cdot V_m}{M}$$

$$V(\text{Sauerstoff}) = \frac{m(\text{Sauerstoff}) \cdot 24\ \frac{l}{mol}}{32\ \frac{g}{mol}}$$

$$V(\text{Sauerstoff}) = \frac{6\ g \cdot 24\ \frac{l}{mol}}{32\ \frac{g}{mol}} = 4{,}5\ l$$

$$V(\text{Luft}) = 5 \cdot V(\text{Sauerstoff}) = 22{,}5\ l$$

A88.1

a) Jede Salzlösung wird mit jedem Metall kombiniert. Mit Hilfe der Redoxreihe der Metalle kann dabei eine Aussage über den edlen Charakter der verwendeten Metalle gemacht werden. Aus den Ergebnissen der Experimente (läuft ab / läuft nicht ab) kann dann auf die in den Salzlösungen enthaltenen Kationen geschlossen werden.

b) s. Check-Karte

c) -: keine Reaktion
0: keine Reaktion möglich
+: Reaktion

	Silber	**Kupfer**	**Eisen**	**Zink**	**Magnesium**
Silbernitrat	0	+	+	+	+
Kupfersulfat	-	0	+	+	+
Eisensulfat	-	-	0	+	+
Zinksulfat	-	-	-	0	+
Magnesiumchlorid	-	-	-	-	0
Kaliumchlorid	-	-	-	-	-

d) Reaktionen finden nur dann statt, wenn das elementare Metall unedler ist als der Metall, das als Kation in der Salzlösung vorliegt.

Reduktion: $2\ Ag^+ + 2\ e^- \dashrightarrow 2\ Ag$
Oxidation: $Cu \dashrightarrow Cu^{2+} + 2\ e^-$

Reduktion: $2\ Ag^+ + 2\ e^- \dashrightarrow 2\ Ag$
Oxidation: $Fe \dashrightarrow Fe^{2+} + 2\ e^-$

Reduktion: $2\ Ag^+ + 2\ e^- \dashrightarrow 2\ Ag$
Oxidation: $Zn \dashrightarrow Zn^{2+} + 2\ e^-$

Reduktion: $2\ Ag^+ + 2\ e^- \dashrightarrow 2\ Ag$
Oxidation: $Mg \dashrightarrow Mg^{2+} + 2\ e^-$

Reduktion: $Cu^{2+} + 2\ e^- \dashrightarrow Cu$
Oxidation: $Fe \dashrightarrow Fe^{2+} + 2\ e^-$

Reduktion: $Cu^{2+} + 2\,e^- \dashrightarrow Cu$
Oxidation: $Zn \dashrightarrow Zn^{2+} + 2\,e^-$

Reduktion: $Cu^{2+} + 2\,e^- \dashrightarrow Cu$
Oxidation: $Mg \dashrightarrow Mg^{2+} + 2\,e^-$

Reduktion: $Fe^{2+} + 2\,e^- \dashrightarrow Fe$
Oxidation: $Zn \dashrightarrow Zn^{2+} + 2\,e^-$

Reduktion: $Fe^{2+} + 2\,e^- \dashrightarrow Fe$
Oxidation: $Mg \dashrightarrow Mg^{2+} + 2\,e^-$

Reduktion: $Zn^{2+} + 2\,e^- \dashrightarrow Zn$
Oxidation: $Mg \dashrightarrow Mg^{2+} + 2\,e^-$

e) Nicht bei allen Experimenten sind die positiv verlaufenden Reaktionen gut zu erkennen. Deshalb ist die Aussagekraft nicht eindeutig. Ebenso lassen sich die Magnesiumchloridlösung und die Kaliumchloridlösung auf diese Weise nicht eindeutig unterscheiden. Oftmals sind jedoch eindeutige Zuordnungen möglich.

V88.2

a)

Probe	Reagenz	Beobachtung
Fe^{2+}	Kaliumhexacyanoferrat (III)	blaue Lösung
Fe^{3+}	Kaliumthiocyanat	rote Lösung
Zn^{2+}	Kaliumhexacyanoferrat (III)	gelbe Lösung
Cu^{2+}	Ammoniaklösung	tiefblaue Lösung
OH^-	Phenolphthaleinlösung	magenta farbene Lösung

b) individuelle Lösung

V89.3

a)
1) unbehandelter Nagel:

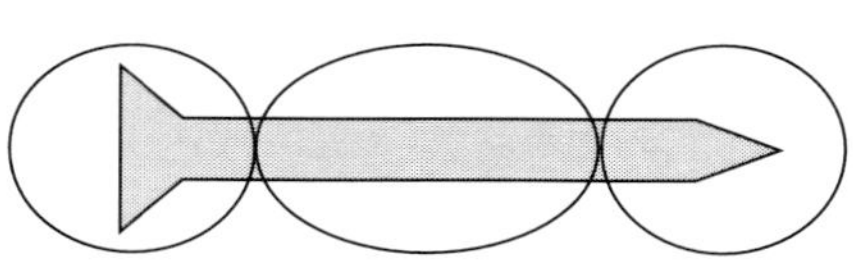

2) an der Spitze oxidierter Eisennagel:

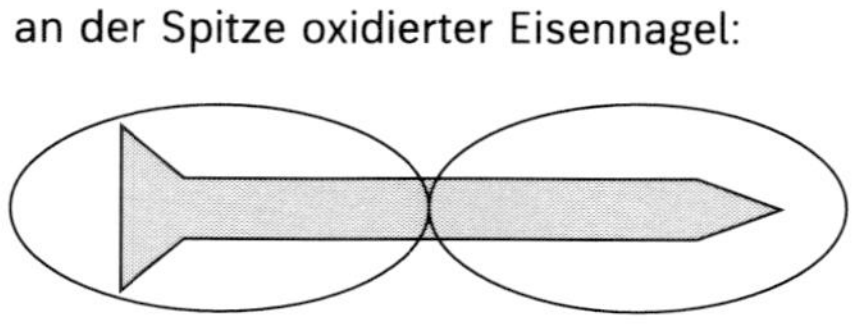

3) Eisennagel mit Kupferdraht umwickelt:

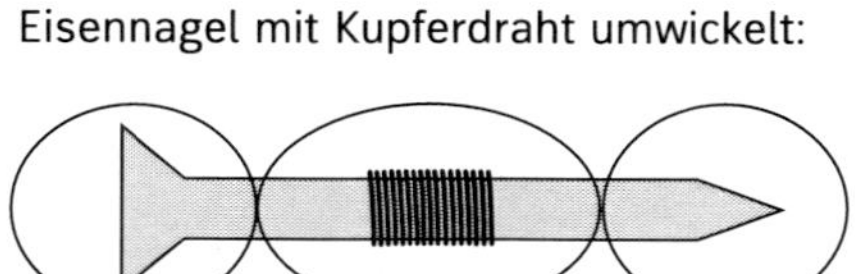

4) Eisennagel mit verzinktem Eisendraht:

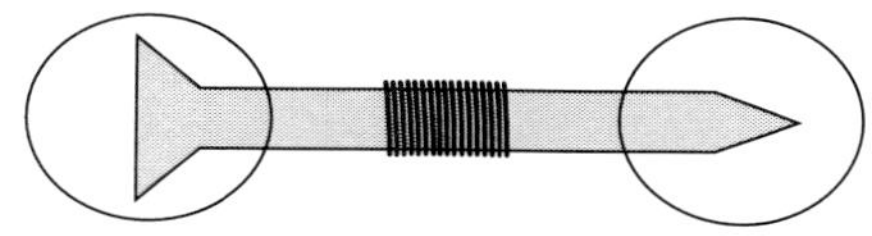

b) Aufgrund der Magentafärbung am Kupferblech müssen hier Hydroxid-Ionen entstanden sein. Die blaue Farbe am Eisennagel zeigt Fe^{2+}-Ionen an. Es entsteht also Eisenhydroxid

Reduktion: $2\,H_2O + O_2 + 4\,e^- \dashrightarrow 4\,OH^-$
Oxidation: $Fe \dashrightarrow Fe^{2+} + 2\,e^-$ | · 2
Redoxreaktion: $2\,Fe + 2\,H_2O + O_2 \rightarrow 2\,Fe(OH)_2$

c) Zink ist unedler als Eisen. Bei dem Versuch müssen also Zn^{2+}-Ionen statt der Fe^{2+}-Ionen entstehen. Da die Agar-Agar-Lösung von Beginn an gelb ist, fällt die charakteristische Gelbfärbung durch das Kaliumhexacyanoferrat(III) nicht deutlich auf.

d) Mit Ammoniak lassen sich Cu^{2+}-Ionen nachweisen. Da Eisen unedler ist als Kupfer, entstehen in dem Versuch jedoch keine Kupfer-Ionen.

V89.4

a) Mögliche Ergebnisse könnten sein: Überzüge aus Nichtmetallen (physikalischer Schutz durch Kunststoffe oder Fette), Überzüge aus unedlen Metallen (z.B. Feuerverzinken, anodischer Korrosionsschutz) oder edlen Metalle (Verchromung), Passivierung (eloxieren)

b) Individuelle Lösungen möglich. Nichtmetallüberzüge verhindern den Kontakt zu Reagenzien, genauso wie Überzüge aus edleren Metallen, die nicht so schnell korrodieren. Überzüge aus unedleren Metallen reagieren anstelle des Gebrauchsmaterials. Bei Passivierung wird das Metall zunächst angegriffen; die Produkte verhindern dann die weitere Korrosion.

c) individuelle Lösung

d) s. Checkkarte

e) individuelle Lösung

f) individuelle Lösung

g) individuelle Lösung

A91.1

Aluminium bildet schnell eine fest haftende und für korrosionsverursachende Stoffe undurchdringliche Schicht aus Aluminiumoxid (Passivierung); dadurch ist das darunter liegende Aluminium vor der weiteren Korrosion geschützt. Der sich auf dem Stahl bildende Rost ist porös und für Wasser sowie Luftsauerstoff durchlässig. Das darunter liegende Eisen korrodiert weiter.

A91.2

a)

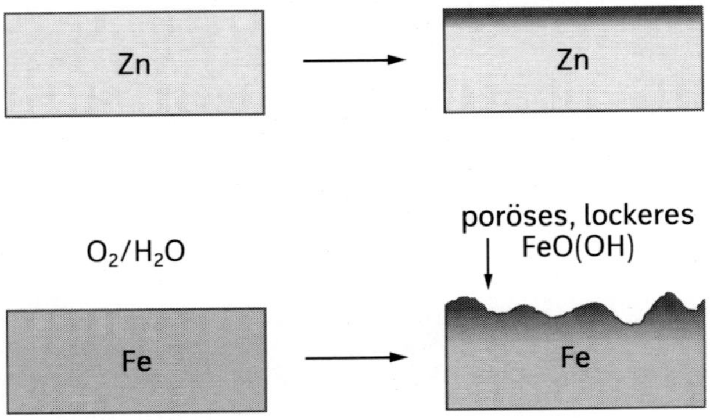

b) *Eisen:*

Schritt 1:

e^--Abgabe/Donator: $2\ H_2O + O_2 + 4e^- \dashrightarrow 4OH^-$

e^--Aufnahme/Akzeptor: $Fe \dashrightarrow Fe^{2+} + 2e^-$ | · 2

Redox: $2\ Fe\ (s) + 2\ H_2O\ (l) + O_2\ (g) \rightarrow 2\ Fe(OH)_2\ (s)$

Schritt 2:

e^--Abgabe/Donator: $Fe^{2+} \dashrightarrow Fe^{3+} + e^-$ | · 4

e^--Aufnahme/Akzeptor: $4\ OH^- + O_2 + 4\ e^- \dashrightarrow 4\ O^{2-} + 2\ H_2O$

Redox: $4\ Fe(OH)_2(s) + O_2(g) \rightarrow FeO(OH)(s) + 2\ H_2O(l)$

Zink:

e^--Abgabe/Donator: $Zn \dashrightarrow Zn^{2+} + 2\ e^-$ | · 2

e^--Aufnahme/Akzeptor: $O_2 + 4\ e^- \dashrightarrow 2\ O^{2-}$

Redox: $2\ Zn(s) + O_2(g) \rightarrow 2\ ZnO(s)$

A91.3

Die dicke Oxidschicht bei eloxiertem Aluminium ist sehr hart und widerstandsfähig. Beim Einfärben wird der Farbstoff in feine, röhrenförmige Poren in der Schicht eingelagert. Am Ende des Produktionprozesses werden diese Röhren versiegelt. Damit ist der Farbstoff vor der mechanischen Ablösung geschützt.

A91.4

a)

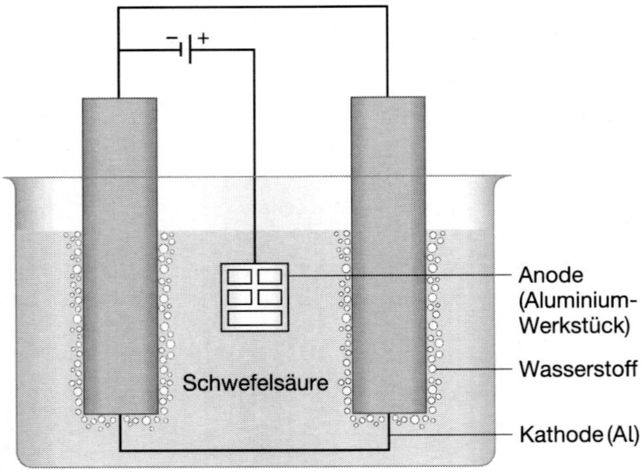

Versuchsanleitung:

1. Schneide aus dem Aluminiumblech einen Aluminiumstreifen oder eine Figur aus. Schmirgle das Aluminium gut ab und entfette es zusätzlich, indem du es mit Aceton abreibst.
2. Schließe ein Aluminiumstück an den Pluspol und ein Aluminiumstück an den Minuspol an und tauche beide Elektroden etwa zur Hälfte in ein Becherglas mit verdünnter Schwefelsäure.
3. Elektrolysiere für etwa 10 Minuten bei 10 V.
4. Spüle das Aluminiumstück und tupfe es vorsichtig trocken.
5. Für ein gefärbtes Werkstück: Löse zwei Spatel des Lebensmittelfarbstoffs in heißem Wasser und säuere mit etwas Essig an.
6. Lege das Aluminiumstück für etwa 10 Minuten in die heiße Lösung. Die Temperatur sollte ungefähr 80 °C betragen.
7. Koche das Werkstück etwa 10 Minuten in siedendem Wasser.
8. Spüle das Werkstück anschließend unter fließendem Wasser ab.

b) *Reduktion:* $2\ H^+(aq) + 2\ e^- \dashrightarrow H_2(g)$

Oxidation: $Al(s) \dashrightarrow Al^{3+}(aq) + 3\ e^-$

Redoxreaktion: $6\ H^+(aq) + 2\ Al\ (s) \rightarrow 3\ H_2\ (g) + 2\ Al^{3+}\ (aq)$

Folgereaktion: $2\ Al^{3+}(aq) + 3\ H_2O(aq) \rightarrow Al_2O_3(s) + 6\ H^+(aq)$

c) Das Werkstück aus Aluminium wird mit dem Pluspol) verbunden. An der Kathode werden keine Al^{3+}-Ionen gebildet.

A91.5

a) Bei der Vollverzinkung wird das gesamte Auto mit einer Zinkschicht umgeben. Diese Zinkschicht wird durch eine dünne Zinkoxidschicht passiviert, sodass das eigentlich unedle Metall geschützt ist. Die Zinkoxidschicht schützt den Zinküberzug durch Passivierung, der Zinküberzug schützt das Eisen, weil Zink unedler ist als Eisen.

b) Durch unsaubere Verarbeitung oder Schäden an der Karosserie, etwa durch Steinschlag, kann es zu Verletzungen in der Zinkoxidschicht kommen, die bis auf die Stahlkarosserie reichen. Dadurch kann die Karosserie rosten.

A91.6

In Rostumwandlern sind Phosphorsäure oder Phosphate enthalten. Diese reagieren mit der porösen Eisenoxid-Schicht zu Eisen(III)-phosphat. Eisen(III)-phosphat ist nicht mehr porös wie Rost, sondern eher glatt wie Zinkoxid und gut lackierbar.

A93.1

a)

Zur Vorbereitung wird das Werkstück entfettet, gebeizt und gespült.

↓

Durch ein Fließmittelbad wird die Benetzungsfähigkeit der Metalloberfläche für flüssiges Zink erhöht.

↓

Das Werkstück wird getrocknet, damit keine Wasserrückstände mehr vorhanden sind.

↓

Das Werkstück wird in eine heiße Zinkschmelze gelegt. Zuerst bildet sich eine Eisen-Zink-Legierung, die dann mit einer 0,1 mm dicken Zinkschicht beschichtet wird.

b) Die Zinkschicht wird oxidiert. Es bildet sich eine dichte, matte Schicht von Zinkoxid.

A93.2

a) *Verzinken.* Zink wird durch Feuerverzinken aufgebracht und verhindert den Zutritt von Sauerstoff und Wasser. Zink korrodiert nicht, denn es bildet sich eine schützende Schicht von Zinkoxid: das Zink ist passiviert:

$2\ Zn(s) + O_2(g) \rightarrow 2\ ZnO(s)$

Wenn die Zinkschicht verletzt wird, sodass das Eisen mit den korrodierenden Agenzien in Kontakt kommt, bildet sich ein Lokalelement. Zink leichter als das darunterliegende Eisen, denn es ist unedler als Eisen. Zink-Ionen gehen in Lösung, die Elektronen fließen zum Eisen und werden dort auf hydratisierte Wasserstoff-Ionen oder auf Sauerstoff-Moleküle übertragen. Im ersten Fall spricht man von Säurekorrosion, im zweiten Fall von Sauerstoffkorrosion.

Säurekorrosion:

Minuspol/Oxidation: $Zn(s) \dashrightarrow Zn^{2+}(aq) + 2\ e^-$

Pluspol/Reduktion: $2\ H^+(aq) + 2\ e^- \dashrightarrow H_2(g)$

Redoxreaktion: $Zn(s) + 2\ H^+(aq) \rightarrow H_2(g) + Zn^{2+}(aq)$

Sauerstoffkorrosion:

Minuspol-Zink/Oxidation: $Zn(s) \dashrightarrow Zn^{2+} + 2\ e^-$ | · 2

Pluspol-Eisen/Reduktion: $O_2(g) + 2\ H_2O(l) + 4\ e^- \dashrightarrow 4\ OH^-(aq)$

Redoxreaktion: $2\ Zn(s) + O_2(g) + 2\ H_2O(l) \rightarrow 2\ Zn^{2+}(aq) + 4\ OH^-(aq)$

Folgereaktionen: $Zn^{2+}(aq) + 2\ OH^-(aq) \rightarrow 2\ Zn(OH)_2(s)$

$Zn(OH)_2(s) \rightarrow ZnO(s) + H_2O(l)$

Opferanode: Unedlere Metalle wie Zink oder Magnesium werden leitend mit dem zu schützenden Werkstück aus Eisen oder Stahl verbunden. Es bildet sich ein Lokalelement. Das unedlere Metall gibt Elektronen ab. Die Elektronen fließen zum Eisen und laden es negativ auf und schützen es so vor Oxidation. Reaktionsgleichungen für Zink-Opferande: s.o.

Lackieren: Der Lack wird aufgetragen, sodass Sauerstoff und Wasser nicht mehr an das Metall gelangen können.

Verkupfern: Ein Überzug von Kupfer schützt Eisen vor Korrosion. Der Schutz ist sehr effektiv, da Kupfer edler ist als Eisen. Wenn die Kupferschicht jedoch verletzt wird und so das Eisen mit Luft und Wasser in Kontakt kommt, bildet sich ein Lokalelement, bei dem das unedlere Eisen korrodiert und am Kupfer Sauerstoffreduziert wird:

Oxidation: $Fe \dashrightarrow Fe^{2+} + 2\ e^-$

$Fe^{2+} \dashrightarrow Fe^{3+} + e^-$

Reduktion: $4\ e^- + 2\ H_2O + O_2 \dashrightarrow 4\ OH^-$

Redox: $4\ Fe(s) + 2\ H_2O(l) + 3\ O_2(g) \rightarrow 4\ FeO(OH)(s)$

b) individuelle Lösung

c) individuelle Lösung

A93.3

a) Zinn ist durch Passivierung geschützt, es bildet eine dichte Schicht von Zinnoxid (SnO_2).
Bei intakter Dose, kommen die Inhalte nicht mit dem Eisen des Blechs in Berührung. Zinn ist edler als Eisen und ist gleichzeitig aufgrund der Passivierung durch eine inerte Zinnoxidschichte geschützt.

b)

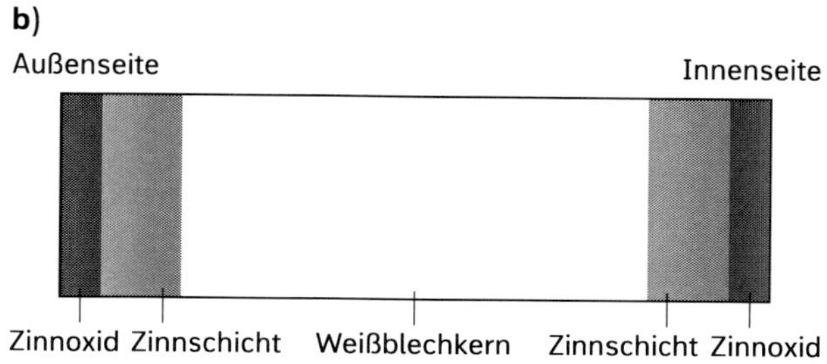

In der verschlossenen Dose bleibt die Zinnschicht normalerweise intakt. Der Inhalt kommt weder mit dem Weißblech noch mit dem Zinn in Kontakt. Die Dose als Ganzes verhindert den Zutritt von Sauerstoff.

c) Wird die Zinnschicht verletzt, entsteht ein Lokalelement. Da Zinn edler als Eisen ist, reagiert das nun frei liegende Eisen mit Sauerstoff und Wasser. Eisen-Ionen würden den Inhalt der Konservendose verderben.

Minuspol-Eisen/Oxidation: $Fe(s) \dashrightarrow Fe^{2+}(aq) + 2\ e^-$ | · 2

Pluspol-Zinn/Reduktion: $O_2(g) + 2\ H_2O(l) + 4\ e^- \dashrightarrow 4\ OH^-(aq)$

Redoxreaktion: $2\ Fe(s) + O_2(g) + 2\ H_2O(l) \rightarrow 2\ Fe^{2+}(aq) + 4\ OH^-(aq)$

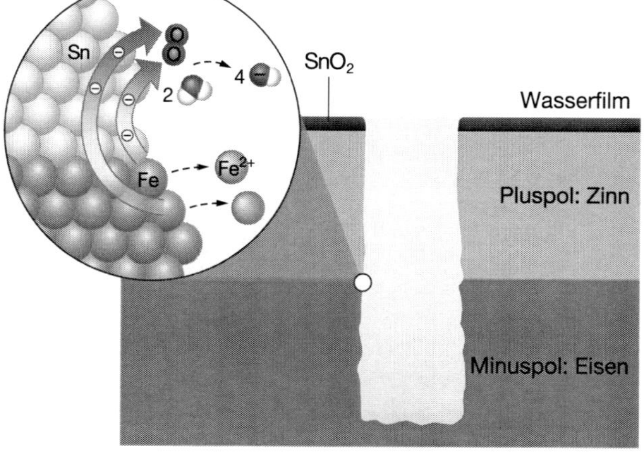

d) Fruchtsäuren, etwa aus Fruchtkonserven, würden bei Zinkoberflächen eine Säurekorrosion verursachen. Dies passiert auch bei passivierten Zinkoxidoberflächen.

Sollte die Zinkschicht in einer beschädigten Dose als Opferanode wirken, so kann es passieren, dass die verträgliche Menge an Zink-Ionen pro Tag beim Genuss des Doseninhalts überschritten wird. Ab 200 mg können Übelkeit, etc. auftreten, ab 2 g erste Vergiftungserscheinungen.

A93.4

a) Am besten würde das Schiff von Magnesium geschützt werden, denn es ist das unedelste der drei genannten Metalle. Aluminium hingegen schützt das Schiff ähnlich gut, da es zum einen unedel ist, zum anderen aber bei gleicher Stoffmenge mehr Elektronen an das Schiff abgeben kann – Zink oder Magnesium nur zwei.

b) Natrium und Kalium sind so unedel, dass sie direkt mit dem Wasser oder auch dem Luftsauerstoff reagieren. Somit sind sie mit dem ersten Eintauchen des Schiffes bereits verbraucht.

V94.1

Eloxalschichten können gefärbt werden, da in die Poren der Aluminiumoxidschicht Farbstoffe eingelagert werden können, in der glatten Aluminiumoberfläche dagegen nicht.

Aluminiumoxid (Al_2O_3) bildet als salzartige Verbindung eine kratzfeste Oberfläche, deren Material nicht so weich ist wie das Leichtmetall Aluminium.

Aluminiumoxid ist im Gegensatz zu Aluminium gegen Säuren recht resistent. Dieses unedle Metall reagiert schnell und gut mit Säuren zu Aluminium-Ionen. Diese liegen im Aluminiumoxid aber bereits vor.

V94.2

a)
Magnesium: keine Färbung
Eisen: magenta/violette Färbung

Eisennagel (Pluspol): Blaue Färbung
Eisennagel (Minuspol): magenta/violette Färbung

b)
Oxidation: $Mg \dashrightarrow Mg^{2+} + 2\,e^-$ | · 2
Reduktion: $2\,H_2O + O_2 \dashrightarrow 4\,OH^-$
Redoxreaktion: $2\,Mg(s) + 2\,H_2O(l) + O_2(g) \rightarrow Mg(OH)_2(aq)$

Oxidation: $Fe \dashrightarrow Fe^{2+} + 2\,e^-$ | · 2
Reduktion: $2\,H_2O + O_2 \dashrightarrow 4\,OH^-$
Redoxreaktion: $2\,Fe(s) + 2\,H_2O(l) + O_2(g) \rightarrow Fe(OH)_2(aq)$

c) Der Eisennagel kann entweder durch ein unedleres Metall als Opferanode geschützt werden. Hierbei reagiert das unedle Metall (hier Magnesium) mit der Salzlösung und schützt so das Eisen. Oder der Nagel wird elektrolytisch geschützt, indem er als Minuspol geschaltet wird. Er hat dann einen Elektronenüberschuss, der die zusätzliche Freisetzung von Elektronen durch die Oxidation von Eisen-Atomen zu Fe^{2+}-Ionen verhindert.

d) individuelle Lösung

V95.1

a) individuelle Lösung
Beispiele für Einflüsse sind hohe und niedrige Temperaturen, UV-Strahlung, Steinschläge, Vogelkot, Baumharz, Luftschadstoffe, saurer Regen, Salze, Reinigungsmittel.
Autolacke müssen daher temperaturunempfindlich sein und eine hohe Farbstabilität sowie Lichtechtheit aufweisen. Sie müssen Wasser und darin gelöste Salze sowie ätzende Stoffe abweisen können. Die Lackschicht muss zudem hart, aber dennoch elastisch sein, um mechanischen Einflüssen entgegenwirken zu können.

b) Elektrotauchgrund: wasserabweisend, unempfindlich gegenüber Säuren und Laugen, Verbesserung der Haftung für die weiteren Lackschichten
Füller: elastisch, gleicht Unebenheiten aus, Schutz vor Steinschlägen
Basislack: wasserabweisend, glänzend, Farbechtheit, UV-Stabilität
Klarlack: wasserabweisend, glänzend, Schutz vor Baumharz und Vogelkot sowie sonstigen Umwelteinflüssen

c) individuelle Lösung

d) Beim Phosphatieren laufen mehrere Reaktionen ab, bei der sich auf dem Eisenblech verschiedene schwer lösliche und recht fest haftende Eisenphosphate bilden. Vereinfacht kann lässt sich die Reaktion so formulieren:

$2\,H_2PO_4^-(aq) + Fe(s) \rightarrow 2\,HPO_4^{2-}(aq) + Fe^{2+}(aq) + H_2(g)$

Durch Luftsauerstoff erfolgt die Oxidation der Fe^{2+}-Ionen zu Fe^{3+}-Ionen und die Bildung des schwer löslichen Eisenphosphats:

$2\,Fe^{2+}(aq) + 2\,HPO_4^{2-}(aq) + O_2 \rightarrow 2\,FePO_4(s) + H_2O(l)$

Die stärkere Gasentwicklung an der Ritzstelle zeigt, dass die Phosphatschicht sehr dünn ist und für den alleinigen Korrosionsschutz nicht ausreicht.

e) Zutatenliste: Wasser, Zucker, Kohlensäure, Lebensmittelfarbstoff E150d (Zuckerkulör), Säuerungsmittel: E338 (Phosphorsäure), Aroma, Koffein

Die Phosphorsäure kann mit Eisen(II)-Oxid zu Eisen(II)-Phosphat reagieren, wirkt also wie ein Rostumwandler.

f) individuelle Lösung

g) individuelle Lösung

A97.B1

a – c) individuelle Lösung

A97.B2

a) Der Metallstab fühlt sich wesentlich heißer an als der Holzstab, da das Metall die bessere Wärmeleitfähigkeit hat.

b) Als gute Wärmeleiter speichern Metallgegenstände Wärme auch im Inneren. Berührt man eine Metalloberfläche bei der hohen Temperatur der Sauna, kann es zu Verbrennungen kommen, weil Wärme aus dem Inneren rasch an die Oberfläche geleitet wird.

A97.B3

Metall	Salz
Elektrisch leitfähig. Im Metall befinden sich frei bewegliche Elektronen (Elektronengas).	Nicht leitfähig. Salze sind aus Ionen aufgebaut, die im festen Aggregatzustand an festgelegten Gitterplätzen sitzen. Salze sind leitfähig in Lösung und als Schmelze, dann sind bewegliche Ionen vorhanden.
Hohe Wärmeleitfähigkeit. Elektronen übertragen Bewegungsenergie.	Schlechte Wärmeleitfähigkeit. Kristalle nehmen nur langsam Wärmeenergie auf.
Metalle sind verformbar. Beim Verschieben von Atomrümpfen im Kristall bleibt die grundlegende Struktur erhalten. Die Metall-Kationen werden nach wie vor vom Elektronengas zusammengehalten.	Salze sind spröde. Bei einem Schlag verschieben sich die Ionenschichten gegeneinander. Dabei gelangen gleichgeladene Ionen in enge Nachbarschaft und stoßen sich ab. Der Kristall zerbricht.

A97.B4

a) Im Kupferdraht sind die frei beweglichen Elektronen die Ladungsträger, in der Kupfersalzlösung sind es die frei beweglichen Ionen. Die elektrische Leitfähigkeit des Kupferdrahtes hängt von der Temperatur ab: Je stärker man das Metall erhitzt, desto geringer ist die Leitfähigkeit, da die Metall-Kationen auf den Gitterplätzen stärker schwingen und so den Elektronentransport hemmen. Die Leitfähigkeit der Kupfersalzlösung ist von der Konzentration der Lösung abhängig.

b) Bei steigender Temperatur bewegen sich die Ionen in der Kupfersalzlösung schneller. Dadurch ist ein schnellerer Ladungstransport möglich.
Im Draht sinkt die elektrische Leitfähigkeit, da sich die Elektronen zwar schneller bewegen, aber es dadurch zu mehr Kollisionen mit anderen Elektronen oder vor allem den Atomrümpfen kommt. Dadurch werden die Elektronen abgebremst. Der Widerstand erhöht sich.

A97.B5

Gold ist ein Edelmetall und korrodiert nicht. Bronze ist dagegen eine Legierung aus Kupfer und Zinn. Durch Kombination verschiedener Metalle kommt es zur Bildung von Lokalelementen, wodurch die unedleren Metalle Kupfer und vor allem Zinn nach und nach korrodieren.

A97.B6

$4\ FeS_2 + 11\ O_2 \rightarrow 2\ Fe_2O_3 + 8\ SO_2$

A98.B7

a)

Oxidation:	$Mg \dashrightarrow Mg^{2+} + 2\ e^-$	$\mid \cdot 3$
Reduktion:	$N_2 + 6\ e^- \dashrightarrow 2\ N^{3-}$	
Redoxreaktion:	$N_2(g) + 3\ Mg(s) \rightarrow Mg_3N_2(s)$	

b)

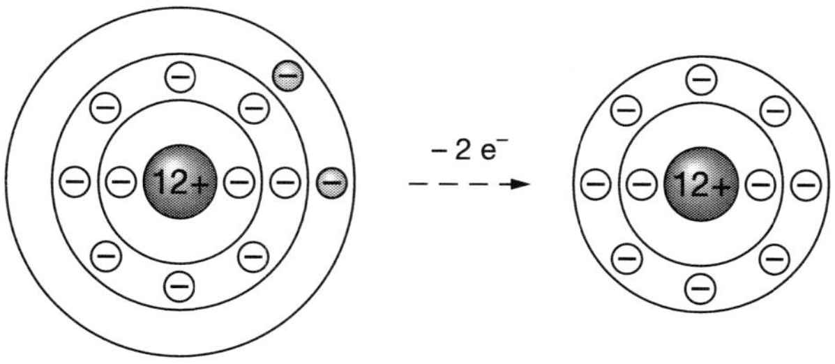

Magnesium-Atom (Mg) Magnesium-Ion (Mg^{2+})

Das Magnesium-Atom gibt 2 Elektronen ab und ist somit das Reduktionsmittel.

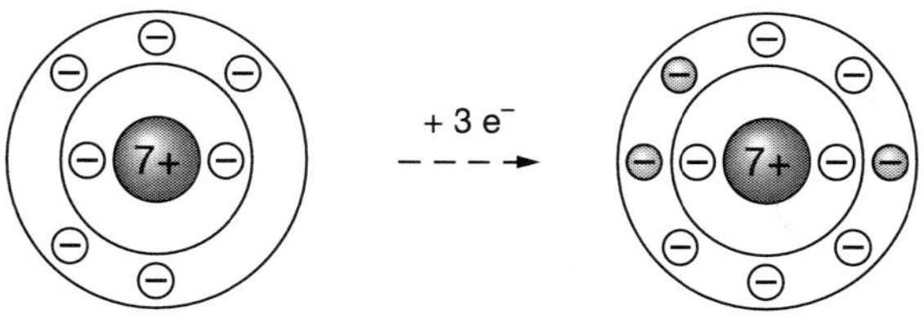

Stickstoff-Atom (N) Stickstoff-Ion (N^{3-})

Das Stickstoff-Atom nimmt 3 Elektronen auf, es ist das Oxidationsmittel.

A98.B8

a)
Reduktion: $2\ H^+(aq) + 2\ e^- \dashrightarrow H_2(g)$
Oxidation: $Zn \dashrightarrow Zn^{2+}$

b)

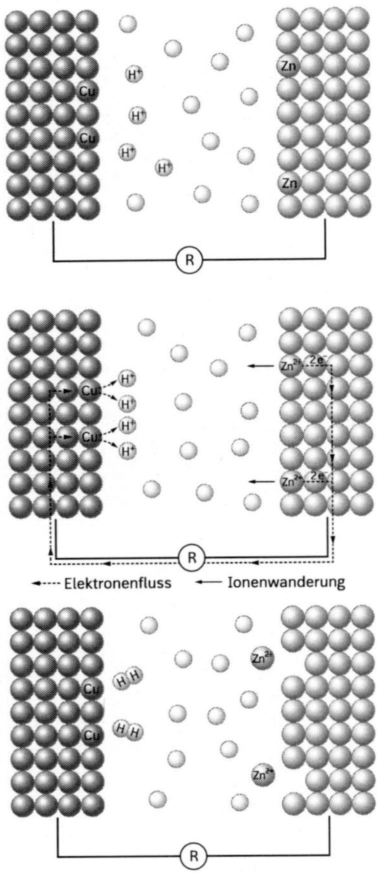

H_2-Enstehung = Reduktion
Zn^{2+}-Entstehung = Oxidation

A98.B9

a) Al, Cr, Ni, Cu.

b) Bei der Sauerstoffkorrosion werden Metalle zu Metall-Ionen oxidiert und in Wasser gelöster Sauerstoff zu Hydroxid-Ionen reduziert.

Oxidation/Minuspol: $Cr(s) \dashrightarrow Cr^{3+} + 3\ e^-$ I · 4
Reduktion/Pluspol: $O_2(g) + 2\ H_2O(l) + 4\ e^- \dashrightarrow 4\ OH^-(aq)$ I · 3

Redoxreaktion: $4\ Cr(s) + 3\ O_2(g) + 6\ H_2O(l) \longrightarrow 4\ Cr^{3+}(aq) + 12\ OH^-(aq)$

c) Eisen ist edler als Chrom. Aufgrund kleiner Risse in der dünnen Chromschicht, würde das Chrom als Opferanode korrodieren.

d) Aluminium ist durch eine Oxidschicht passiviert.

A98.B10

a) $3\ FeO + 2\ Al \rightarrow Al_2O_3 + 3\ Fe$
Oxidationsmittel: FeO
Reduktionsmittel: Al

$O_2 + 2H_2 \rightarrow 2\ H_2O$
Oxidationsmittel: O_2
Reduktionsmittel: H_2

b) Die Thermitreaktion würde mit allen unedleren Metallen als Aluminium stärker reagieren, da sie eher Elektronen abgeben. Dazu gehören etwa Magnesium oder Calcium.

A98.B11

Der Magnesiumstab hat die Funktion einer Opferanode. Anstatt, dass der Heizkessel durch Wasser und darin gelösten Sauerstoff angegriffen wird, oxidiert der Magnesiumstab. Magnesiumatome reagieren zu Mg^{2+}-Ionen. Die entstehenden Elektronen werden zum Eisenkessel abgeleitet. Hier reagieren Wasser- und Sauerstoff-Moleküle mit diesen Elektronen zu Hydroxid-Ionen.

A98.B12

a)

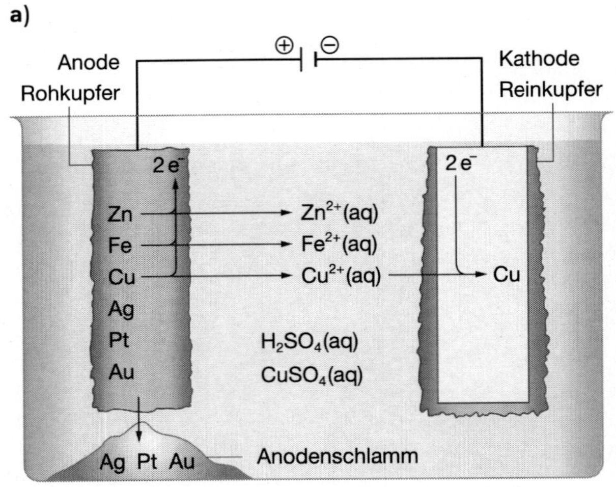

Anode: $Cu(s) \dashrightarrow Cu^{2+}(aq) + 2\ e^-$
$Zn(s) \dashrightarrow Zn^{2+}(aq) + 2\ e^-$
$Fe(s) \dashrightarrow Fe^{2+}(aq) + 2\ e^-$
Kathode: $Cu^{2+}(aq) + 2\ e^- \rightarrow Cu(s)$

b) Die unedleren Metalle gehen mit dem Kupfer in Lösung, werden aber nicht so leicht wieder abgeschieden, wie Kupfer. Sie bleiben also in der Lösung. Silber, Gold und Platin sind edler als Kupfer und gehen nicht in Lösung sondern sinken als Anodenschlamm zu Boden.

c)
Anode: $Cu(s) \dashrightarrow Cu^{2+}(aq) + 2\ e^-$
$Zn(s) \dashrightarrow Zn^{2+}(aq) + 2\ e^-$
$Fe(s) \dashrightarrow Fe^{2+}(aq) + 2\ e^-$
Kathode: $Cu^{2+}(aq) + 2\ e^- \rightarrow Cu(s)$
Die Vorgänge auf der Teilchenebene sind in Abb. a) bereits eingezeichnert.

d) Wasser ist nicht geeignet, es sind nur sehr wenige Ionen enthalten. Wasser hat deshalb nur eine geringe elektrische Leitfähigkeit; somit kann nur ein sehr kleiner Strom zwischen den Elektroden fließen.

A99.C1

a) Das in den Einwegwärmekissen enthaltene Eisenpulver reagiert mit dem Luftsauerstoff und dem Wasser zu Eisenoxidhydroxid. Da diese Redoxreaktion exotherm verläuft, erwärmt sich das Wärmekissen. Das im Gemisch vorhandene Kochsalz fördert diesen Vorgang.

b)
- Die Reaktion muss unter Beteiligung von Luftsauerstoff erfolgen, da mehr Sauerstoff an die Oberfläche des Gemischs gelangt als in dessen Inneres.
- Bei der Reaktion wird Sauerstoff verbraucht. Fehlt der Sauerstoff durch Verschließen des Plastikbeutels, kann die Reaktion nicht mehr erfolgen.
- Luft enthält nur etwa 21 % Sauerstoff. Die Reaktion kann in reinem Sauerstoff mit deutlich höherer Intensität ablaufen: man beobachtet eine stärkere Erwärmung. Das Verkleinern des Beutels lässt auf den Verbrauch an elementarem Sauerstoff schließen.
- Es läuft eine chemische Reaktion ab, bei der braunes Eisenoxid (Rost) entsteht.

Im Wärmekissen oxidiert das Eisenpulver mit dem Luftsauerstoff und dem im Gemisch vorhandenen Wasser zu braunem Eisenoxid. Die Reaktion verläuft exotherm.

$4\ Fe(s) + 3\ O_2(g) + 2\ H_2O(l) \rightarrow 4\ FeO(OH)(s) \rightarrow$
$2\ Fe_2O_3(s) + 2\ H_2O(l)$

c) Eisen und Magnesium bilden ein Lokalelement. Dabei wird das unedle Magnesium in einer stark exothermen Reaktion oxidiert.

A99.C2

a) Durch Pipelines werden vorwiegend Erdgas und Erdöl gepumpt. Wenn durch Korrosion die Pipeline beschädigt wird, kann sie unter dem hohen Druck reißen und das Gas oder Öl ausströmen.
Die Kunststoffummantelung schützt das darunter liegende Eisen vor dem Angriff durch Luftsauerstoff und Feuchtigkeit. Für den Fall einer Verletzung der Schutzschichten schützt man das Eisen mit Opferanoden aus einem unedleren Metall wie Magnesium vor Rostbildung. Eisen bildet mit der Opferanode ein Lokalelement, bei dem die Opferanode oxidiert wird. Zusätzlich werden die bei einer eventuellen Oxidation des Eisens freigesetzten Elektronen durch eine angelegte Fremdspannung nachgeliefert, sodass das Material der Pipeline definitiv vor Oxidation geschützt ist.

b) Bei den Funden handelt es sich um Edelmetalle. Diese sind gegenüber Korrosion widerstandsfähig. Deshalb behalten sie auch nach Jahrhunderten ihren Glanz.

c) Der zweite Legierungsbestandteil, das Zinn, korrodiert im Laufe der Zeit. Zusätzlich können sich Lokalelemente bilden. Nach vielen Jahren hat auch der Kupferanteil reagiert und eine vor weiterer Korrosion schützende Patina gebildet.

5 Für jeden Fleck das Richtige: Wasser und andere Lösemittel

A103.1

Lösemittel	Stoffe, die gelöst werden
Aceton (Nagellackentferner)	Fett, Öl, Lack, Klebstoff, Farbstoff
Ethanol (Brennspiritus)	Fett, Öl, Filzstift
Wasser	Salze, Zucker
Hexan (Reinigungsbenzin)	Fett, Öl

A103.2

Die Hose wird mit Waschmittel in der Waschmaschine gereinigt. Dabei werden die Matschflecken entfernt. Mit Brennspiritus können anschließend die noch vorhandenen Grasflecken beseitigt werden. Nach dieser Prozedur sollte der Stoff ausgewaschen werden.

A103.3

Der Kleber ist nicht frei von Lösemitteln, sondern es wurde als Lösemittel Wasser verwendet. Dieses ist im Gegensatz zu vielen anderen Lösemitteln ungiftig. Mit „lösemittelfrei" wird zum Ausdruck gebracht, dass der Kleber frei von gefährlichen Lösemitteln ist.

A105.1

a) Ein Atom oder ein Ion besitzt *Edelgaskonfiguration,* wenn die äußere Schale mit acht Elektronen besetzt ist. Handelt es sich bei der äußeren Schale um die K-Schale, sind es zwei Elektronen. Die Elektronenkonfiguration entspricht dann einem Edelgas-Atom. In Molekülen erreichen zwei Atome die Edelgaskonfiguration, wenn ihre äußeren Schalen überlappen und die Summe der zu einer Schale gehörenden Elektronen acht ergibt. Eine Ausnahme ist das Wasserstoff-Atom, das auf der K-Schale nur zwei Elektronen aufnehmen kann.

Eine *Elektronenpaarbindung* liegt vor, wenn sich die äußeren Schalen zweier Atome durchdringen und sich zwischen den beiden Atomen ein bindendes Elektronenpaar bildet.

Bildung eines Wasserstoff-Moleküls: Zwei Wasserstoff-Atome nähern sich an, die äußeren Schalen durchdringen sich. Die beiden Elektronen zwischen den Atomkernen bilden ein bindendes Elektronenpaar.

b) Ein Wasserstoff-Atom besitzt nur ein Elektron in der K-Schale. Dies ist ein instabiler Zustand. Durch die Vereinigung mit einem zweiten Wasserstoff-Atom zu einem Wasserstoff-Molekül erreichen beide Atome die Edelgaskonfiguration des Helium-Atoms. Es entsteht ein vergleichsweise stabiler Zustand.

c) Helium-Atome besitzen bereits die Edelgaskonfiguration und damit eine voll besetzte Außenschale. Das Schalenmodell des Helium-Atoms finden Sie im Schülerband Chemie heute NRW 8/9, S. 47, Abb. 1 "Schalenmodell der Atome der ersten drei Perioden" oben rechts.

A105.2

a)

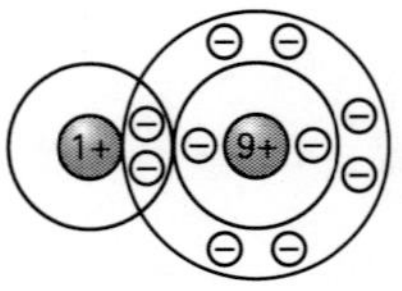

$H-\overline{\underline{F}}|$

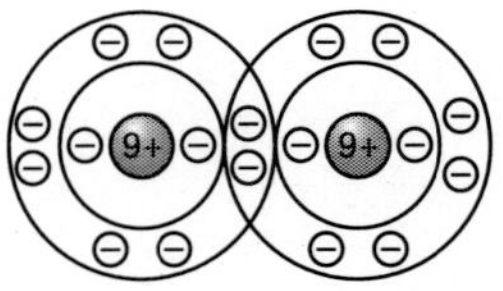

$|\overline{\underline{F}}-\overline{\underline{F}}|$

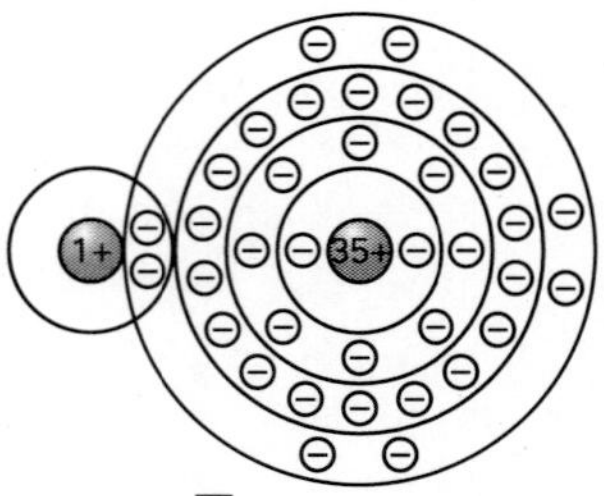

$H-\overline{\underline{Br}}|$

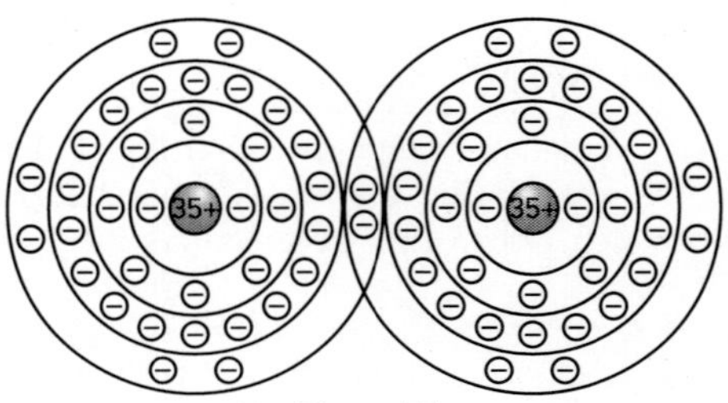

$|\overline{\underline{Br}}-\overline{\underline{Br}}|$

b) Sowohl dem Chlor- als auch dem Wasserstoff-Atom fehlt ein Elektron zur voll besetzten Außenschale und damit zur Edelgaskonfiguration. Deshalb besteht das Chlorwasserstoff-Molekül aus zwei Atomen und hat die Formel HCl. In den Molekülen H_2Cl und HCl_2 läge keine Edelgaskonfiguration vor. Die Moleküle wären daher nicht stabil.

A105.3

a)

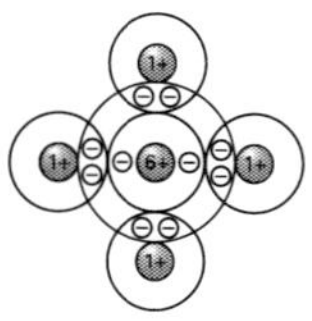

CH_4

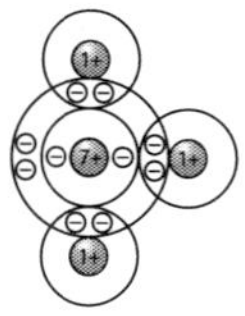

NH_3

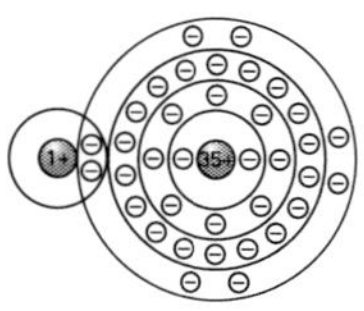

HBr

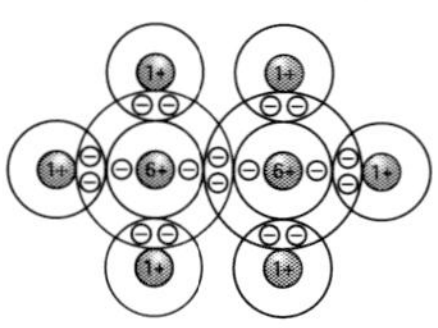

C_2H_6

b) Es handelt sich um Verbindungen, die nur aus Nichtmetall-Atomen aufgebaut sind. Zwischen diesen Atomen liegen nur Elektronenpaarbindungen vor.

A105.4

a)

NaCl – Ionenverbindung	HCl – Molekülverbindung
fest – (Ionengitter)	gasförmig – (geringe Wechselwirkungen zwischen den einzelnen Molekülen)
hohe Schmelztemperatur – (Ionengitter)	nicht elektrisch leitfähig – (ungeladene Moleküle)
spröde – (Ionengitter)	reagiert mit Wasser zu Salzsäure – (es bilden sich Ionen. Aufgrund der frei beweglichen Ionen ist die Lösung elektrisch leitfähig)
Kristalle nicht elektrisch leitfähig – (keine frei beweglichen Ladungsträger, da die Ionen im Gitter fest angeordnet sind)	
gut in Wasser löslich – (Ionengitter löst sich auf, die Ionen werden hydratisiert)	
sowohl die Lösung als auch die Schmelze ist elektrisch leitfähig – (die Ionen sind frei beweglich)	

b) Ionenverbindungen besitzten meist höhere Schmelztemperaturen als Molekülverbindungen. Ionenverbindungen leiten in Wasser gelöst oder als Schmelze den elektrischen Strom. Die Untersuchung der Schmelz- und Siedetemperaturen sowie der Ermittlung der elektrischen Leitfähigfkeit dienen dementsprechend als Versuche zur Unterscheidung.

c) Eine Molekülformel gibt die Anzahl der Atome an, aus denen ein Molekül aufgebaut ist. Das Wasser-Molekül besitzt die Molekülformel H_2O, das Wasserstoffperoxid-Molekül die Molekülformel H_2O_2.

Eine Verhältnisformel gibt das Anzahlverhältnis der in einer Verbindungen enthaltenen Atome oder Ionen an. So besitzt Kochsalz die Verhältnisformel NaCl, denn in einem Kochsalzkristall liegen die Na^+- und die Cl^--Ionen im Verhältnis 1:1 vor. Die Verhältnisformel des Wasser-Moleküls ist H_2O. Die H-Atome und die O-Atome liegen im Verhältnis 2:1 vor. Die Verhältnisformel von Wasserstoffperoxid ist HO, denn die H-Atome und die O-Atome liegen in dieser Verbindung im Verhältnis 1:1 vor.

Üblicherwiese gibt man bei Ionenverbindungen die Verhältnisformel und bei Molekülverbindungen die Molekülformeln an.

d) *Ionenbindung:* Die Ionen werden untereinander durch elektrostatische Anziehungskräfte zwischen den positiv und negativ geladenen Ionen zusammengehalten.

Elektronenpaarbindung: Zwei Atome in einem Molekül sind durch ein gemeinsames Elektronenpaar verbunden.

A107.1

a)

·Na Mg Al· ·Si· ·P· ·S· |Cl· |Ar|

·K Ca Ga· ·Ge· ·As· ·Se· |Br· |Kr|

Der Vergleich mit Abb. 2 ergibt, dass die Anzahl der Außenelektronen von Elementen in der gleichen Hauptgruppe stets gleich ist.

b) Si/Ge: 4 Außenelektronen – 4 Einfachbindungen
P/As: 5 Außenelektronen – 3 Einfachbindungen
S/Se: 6 Außenelektronen – 2 Einfachbindungen
Cl/Br: 1 Außenelektron – 1 Einfachbindung
Die Atome erreichen durch die Elektronenpaarbindung(en) jeweils mit 4 Elektronenpaaren ein Elektronenoktett und damit eine Edelgaskonfiguration.
Hinweis: Silicium, Germanium, Arsen und Selen sind Halbmetalle und können ebenfalls Elektronenpaarbindungen eingehen.

A107.2

a) *Edelgaskonfiguration:* Werden in einem Molekül die an der Bindung beteiligten Elektronen einem Atom zugeordnet, dann ist die Anzahl der Außenelektronen gleich der Anzahl der Außenelektronen eines Edelgas-Atoms.
Edelgasregel/Oktettregel: In vielen stabilen Molekülen ist jedes einzelne Atom von acht Außenelektronen umgeben; Wasserstoff-Atome können nur eine Elektronenpaarbindung eingehen und besitzen somit in Molekülen nur zwei Elektronen.

b)

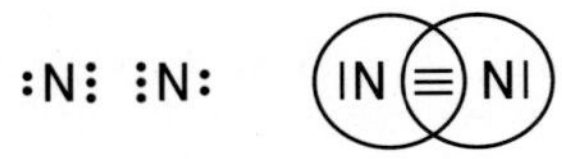

8e⁻ 8e⁻

2e⁻ 8e⁻

c) individuelle Lösung

A107.3

a – c)

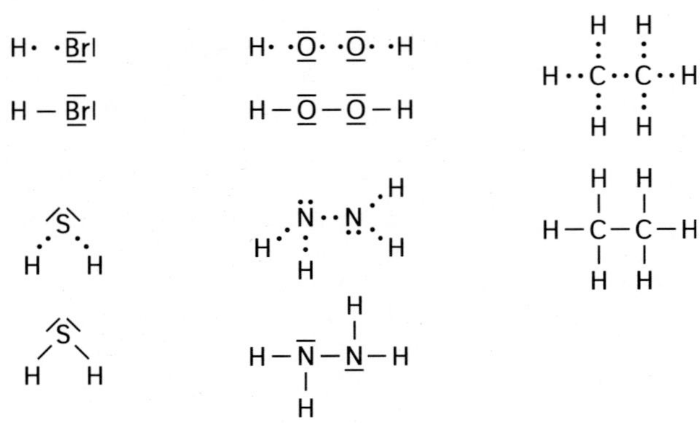

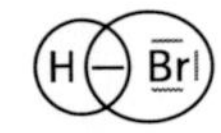

2e⁻ 8e⁻

Bromwasserstoff

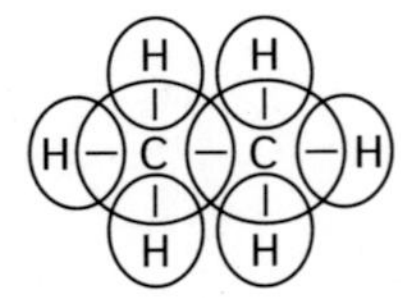

H-Atome je 2e⁻
C-Atome je 8e⁻

Ethan

H-Atome je 2e⁻
S-Atome je 8e⁻

Schwefelwasserstoff

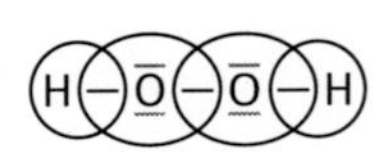

H-Atome je 2e⁻
O-Atome je 8e⁻

Wasserstoffperoxid

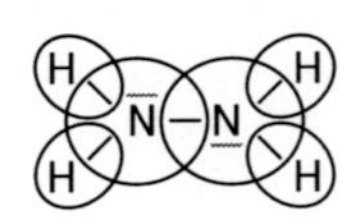

H-Atome je 2e⁻
N-Atome je 8e⁻

Hydrazin

d) individuelle Lösung

A107.4

a)

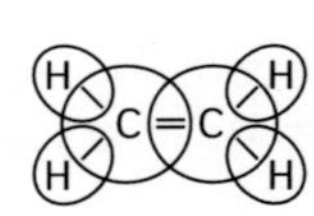

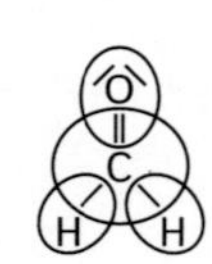

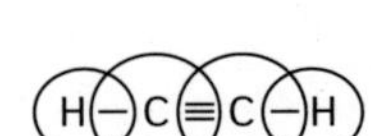

Die Oktettregel ist durchgängig erfüllt.

b) individuelle Lösung

A107.5

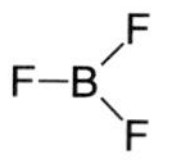

Atom hat nur 6 Elektronen. Die Anzahl der insgesamt vorhandenen Elektronen lassen am Bor-Atom kein Elektronenoktett zu.

A109.1

a) Die Elektronenpaare des zentralen Atoms werden als negativ geladene Elektronenwolken aufgefasst, die sich untereinander abstoßen. Die Elektronenwolken werden so angeordnet, dass sie einen möglichst großen Abstand voneinander haben. Dies gilt sowohl für Elektronenwolken mit Bindungselektronenpaaren als auch für solche mit freien Elektronenpaaren. Die Elektronenpaarbindung erfolgt dann in der Richtung der Elektronenwolken.

b) Da sich die Raumerfüllung von Mehrfachbindungen nur wenig von der Raumerfüllung einer Einfachbindung unterscheidet, werden Mehrfachbindungen wie eine Elektronenwolke behandelt.

Bindende Elektronenpaare werden von zwei Atomkernen angezogen. Bei nichtbindenden Elektronenpaaren zieht nur ein Atomkern die Elektronen an. Daher können sich freie Elektronenpaare mehr ausdehnen.

c) individuelle Lösung

A109.2

a)

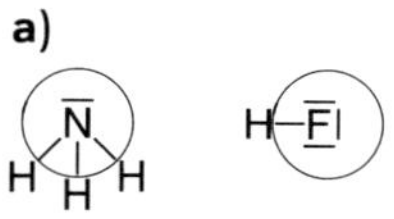

Die H-Atome haben in allen Molekülen 1 Bindungselektronenpaar und damit die Edelgaskonfiguration von Helium-Atomen. Alle anderen Atome haben jeweils ein Elektronenoktett.

b) *NH_3:* Die 3 bindenden und das freie Elektronenpaar richten sich nach allen 4 Ecken eines Tetraeders aus. Dadurch entsteht ein (trigonal) pyramidales Molekül mit einem Bindungswinkel von 107° (s. Chemie heute NRW 8/9, S. 109, Abb. 2).

HF: Das bindende und die 3 freien Elektronenpaare richten sich nach den 4 Ecken eines Tetraeders aus. Da aber nur ein H-Atom gebunden wird, entsteht ein lineares Molekül (s. Chemie heute NRW 8/9, S. 109, Abb. 2).

c) individuelle Lösung

d) Die bindenden und die freien Elektronenpaare richten sich nach den 4 Ecken eines Tetraeders aus. Da bei den freien Elektronenpaaren aber keine Bindungspartner vorhanden sind, bezeichnet man die Moleküle als unvollständige Tetraeder.

e) Ein nichtbindendes Elektronenpaar nimmt einen etwas größeren Raum ein als ein bindendes Elektronenpaar. Es drängt dadurch die bindenden Elektronenpaare etwas weiter zusammen, so dass sich im NH_3-Molekül der Bindungswinkel zwischen den beiden Wasserstoff-Atomen und dem zentralen Atom verkleinert. Im H_2O-Molekül ist der Effekt noch stärker, da am zentralen O-Atom zwei nichtbindende Elektronenpaare sind.

A109.3

a,) b)

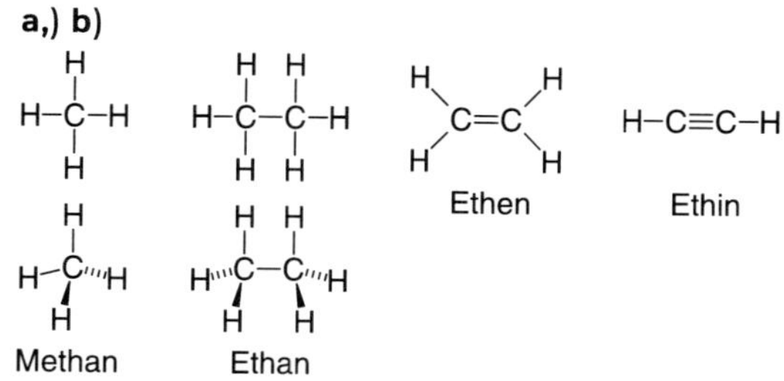

Die räumliche Struktur der C-Atome bei Methan und Ethan ist tetraedrisch. Die räumliche Struktur am C-Atom des Ethens ist trigonal, die am Ethin ist linear.
Die Strukturformeln des Hexan-Moleküls und die räumliche Anordnung der Atome finden Sie in Chemie heute NRW 8/9, S. 159.

A111.1

Dipole sind Moleküle mit polaren Elektronenpaarbindungen. Aufgrund ihres unsymmetrischen räumlichen Baus fallen die Schwerpunkte der positiven und negativen Ladung nicht zusammen, es bilden sich zwei Pole.

Elektronegativität ist ein Maß für die Fähigkeit eines Atoms, bindende Elektronenpaare anzuziehen.

A111.2

polare Elektronenpaarbindungen:

$\overset{\delta^-}{N}-\overset{\delta^+}{H}$ $\overset{\delta^+}{H}-\overset{\delta^-}{I}$

unpolare Elektronenpaarbindung:

Cl–Cl C–H

A111.3

a) Keine Dipole, da symmetrische Struktur:

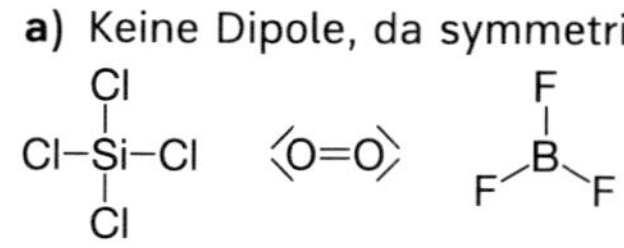

Dipol-Molekül, da linear oder gewinkelte Struktur.

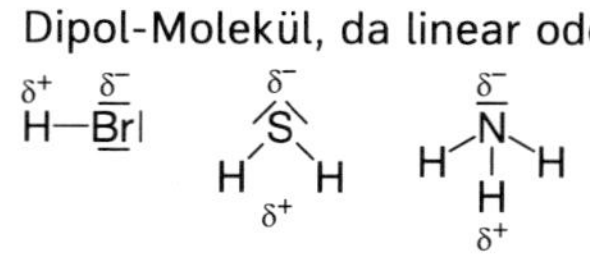

b) Aufgrund der Elektronegativitätsdifferenzen ist der Dipol des HF-Moleküls stärker als der Dipol des HCl-Moleküls und der Dipol des H_2O-Moleküls stärker als der Dipol des H_2S-Moleküls.

	HF	HCl	H_2S	H_2O
ΔEN	1,8	1,0	0,4	1,2

Aufgrund der polaren C-Cl-Bindung ist das CH_3Cl-Molekül ein Dipol-Molekül. Das CCl_4-Molekül ist symmetrisch gebaut und deshalb kein Dipol-Molekül.

c) individuelle Lösung

A111.4

a) Die Wasser-Moleküle werden vom positiv geladenen Stab angezogen. Sie richten sich im elektrischen Feld so aus, dass das negativ geladene Sauerstoff-Atom zum Stab zeigt.
Die Wasser-Moleküle werden vom negativ geladenen Stab angezogen. Sie richten sich im elektrischen Feld so aus, dass die positiv geladenen Wasserstoff-Atome zum Stab zeigen.

b) Es sind grundsätzlich sehr ähnliche Prozesse festzustellen: da das Wasser-Molekül ein Dipol ist und sich die Ladung des Stabs umkehrt, muss sich auch die Ausrichtung der Moleküle zum Stab umkehren.

c) Hexan-Moleküle sind keine Dipol-Moleküle, da sie keine polaren Elektronenpaarbindungen enthalten. Damit wird ein Strahl von Hexan auch nicht im elektrischen Feld abgelenkt.

A111.5

Innerhalb einer Gruppe werden die Elektronegativitäten von oben nach unten kleiner.
Partner A: Innerhalb einer Gruppe nimmt der Atomradius von oben nach unten zu, wodurch die Kernladung immer schwächer auf die Außenelektronen wirkt. Außerdem schirmen die Elektronen der inneren Schalen die Kernladung zunehmend ab.
Partner B: Innerhalb einer Periode nimmt die Elektronegativitäten von der I. bis zur VII. Hauptgruppe zu. Innerhalb einer Periode nimmt die Kernladung bei gleicher Schalenanzahl zu. Damit steigt die Fähigkeit, Außenelektronen anzuziehen.

A113.1

a) Zwischenmolekulare Wechselwirkungen sind Anziehungskräfte zwischen Molekülen. Im Versuch in Abb. 1 verdunstet Hexan schneller als Wasser. Zwischen Hexan-Molekülen wirken nur schwache Van-der-Waals-Wechselwirkungen. Dadurch gelingt es vielen Molekülen pro Zeit, die Flüssigkeit zu verlassen. Bei den Wasser-Molekülen wirken deutlich stärkere Wasserstoffbrückenbindungen, wodurch nur sehr wenige Moleküle pro Zeit die Flüssigkeit verlassen können.

b), c) Dargestellt sind zwei Neon-Atome. Das linke Atom ist ein temporärer Dipol, da die Elektronen in der Hülle ungleichmäßig verteilt sind. Das rechte Atom ist kein Dipol. Die partiell negative Seite des temporären Dipol-Atoms stößt Elektronen des unpolaren Atoms ab, sodass ein induzierter Dipol entsteht. Die beiden Dipol-Moleküle ziehen sich dann an.

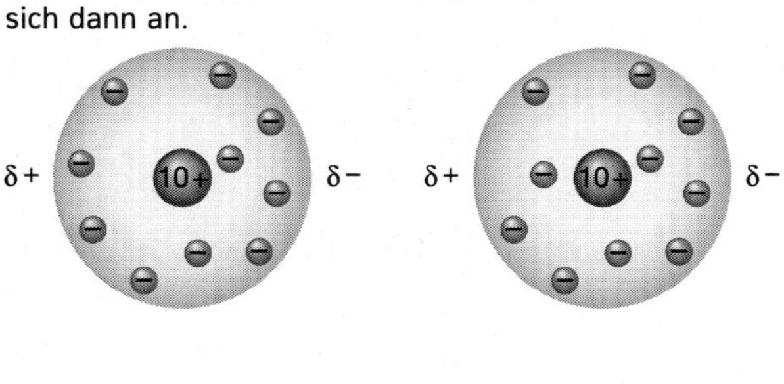

A113.2

a) Partner A: Bei temporären Dipolen kommt es nur kurzzeitig zu einer unsymmetrischen Verteilung von Elektronen innerhalb der Elektronenhülle von Atomen und Molekülen. Bei permanenten Dipolen liegt eine dauerhafte Verschiebung von Elektronen innerhalb der Bindungen des Moleküls vor. Es bilden sich dauerhaft bestehende positive und negative Teilladungen.
Partner B: Bei einer Ionenbindung liegen positiv geladene Kationen und negativ geladene Anionen vor. Die Bindung beruht auf der elektrischen Anziehung. Bei Elektronenpaarbindungen beruht die Bindung auf dem Teilen von Elektronen in den Außenschalen, wodurch beide Atome einen niedrigeren Energiezustand erreichen.

b) individuelle Lösung

c) Bindungen
Elektronenpaarbindung: Die äußeren Schalen zweier Atome überlappen. Um die Edelgaskonfiguration zu erreichen, teilen sich zwei Atome ein bindendes Elektronenpaar.
Ionenbindung: Negativ und positiv geladene Ionen ziehen sich gegenseitig stark an und bilden ein Ionengitter.

Wechselwirkungen
Dipol-Dipol-Wechselwirkungen: Negativ teilgeladene und positiv teilgeladene Bereiche zweier Moleküle ziehen sich an.
Van-der-Waals-Wechselwirkung: Unpolare Moleküle, die temporäre Dipole ausbilden, ziehen sich an.

Wechselwirkungen sind schwächer, da sie nur auf der Anziehung teilgeladender Bereiche in Molekülen bzw. auf der Ausbildung temporärer Dipole beruhen. Diese Kräfte sind weniger stark als Elektronenpaarbindungen in Molekülen oder die starke elektrostatische Anziehung der Ionen in einem Ionengitter.

A113.3

a) Im Diagramm ist die Siedetemperatur in °C gegen die molare Masse in $\frac{g}{mol}$ aufgetragen. Sowohl bei den Edelgasen als auch bei den Halogenen nimmt die Siedetemperatur bei steigender molarer Masse zu. Es bleibt jedoch im Vergleich festzuhalten, dass die Zunahme der Siedetemperatur mit der molaren Masse unterschiedlich ausfällt. Während Fluor und Argon bei etwa gleicher molarer Masse auch die gleiche Siedetemperatur aufweisen, haben Chlor und Brom bei nur geringfügig abweichender molarer Masse gegenüber Krypton und Xenon deutlich höhere Siedetemperaturen.

b) Der Atomradius und die Anzahl der Elektronen in der Atomhülle steigen vom Helium- zum Xenon-Atomen an. Es kommt häufiger zur Bildung von temporären Dipolen und zu stärkeren zwischenatomaren Wechselwirkungen. Außerdem nimmt innerhalb der Gruppe die Atommasse zu. Aus diesen Gründen steigt innerhalb der Gruppe die Energie, die benötigt wird, um die zwischen den Edelgas-Atomen auftretenden Van-der-Waals-Wechselwirkungen zu überwinden und den Stoff von der flüssigen in die Gasphase zu überführen.
Der Atomradius und die Anzahl der Elektronen in der Hülle steigen vom Fluor- zum Iod-Molekül an. Es kommt häufiger zur Bildung von temporären Dipolen und zu stärkeren zwischenmolekularen Wechselwirkungen. Außerdem nimmt innerhalb der Gruppe die Atommasse zu. Aus diesen Gründen steigt innerhalb der Gruppe die Energie, die benötigt

wird, um die zwischen den Halogen-Molekülen auftretenden Van-der-Waals-Wechselwirkungen zu überwinden und den Stoff von der flüssigen in die Gasphase zu überführen.

c) Individuelle Lösung.
Es muss deutlich werden, dass die Ausbildung von temporären Dipolen im Falle der Halogen-Moleküle gegenüber den Edelgas-Atomen deutlich vereinfacht ist.

d) Die Halogen-Moleküle bestehen aus zwei Atomen. Folglich kommt es in der Elektronenhülle leichter zu kurzzeitigen Verschiebungen der Elektronen als bei den Edelgas-Atomen. Damit bilden sich bei den Halogen-Molekülen stärkere Van-der-Waals-Wechselwirkungen aus.
Außerdem haben die Halogen-Moleküle eine deutlich größere Masse als Edelgas-Atome. Aus diesen Gründen liegen die Siedetemperaturen der Halogene höher.

V114.1

a) *Anomalie 1:* Der Eiswürfel schwimmt auf dem Wasser. Eis hat eine geringere Dichte als das Wasser. Das feste Wachsstück sinkt im flüssigen Wachs auf den Boden. Festes Wachs hat eine größere Dichte als flüssiges Wachs.

Anomalie 2: Die kalte Kaliumpermanganatlösung bleibt am Boden des Gefäßes. Es gibt eine klare Grenze zwischen den Schichten. Am Boden ist die Temperatur am niedrigsten. Die Kaliumpermanganatlösung hat aufgrund der niedrigen Temperatur eine hohe Dichte und bleibt deshalb am Boden des Gefäßes. Die Wassertemperatur über der Kaliumpermanganatlösung liegt zunächst nahe bei 20 °C.

Gibt man Eiswürfel auf das Wasser, sieht man Schlieren die nach unten sinken. Das kalte Schmelzwasser hat eine größere Dichte als das Oberflächenwasser und sinkt deshalb auf den Boden ab (Wasser hat die größte Dichte bei 4 °C). Es bilden sich Wirbel an der Grenze zwischen Wasser und Kaliumpermanganatlösung. Beide Phasen vermischen sich. Die Temperatur an der Wasseroberfläche sinkt, ebenso im Wasser, in der Kaliumpermanganatlösung steigt die Temperatur. Am folgenden Tag haben sich beide Phasen vollständig vermischt und die Temperatur ist in den verschiedenen Schichten gleich.

b) Wasser ist nicht geeignet, weil es bei 0 °C gefriert. Die Schmelztemperatur von Alkohol beträgt −114 °C, die Siedetemperatur beträgt 78 °C. Alkoholthermometer können also in einem weiten Temperaturbereich verwendet werden.

V114.2

a) Die Büroklammer schwimmt auf der Wasseroberfläche. Die Wasserstoffbrücken zwischen den Wasser-Molekülen sorgen für einen so starken Zusammenhalt, dass die Büroklammer nicht in das Wasser eindringt und auf der Oberfläche schwimmt.
Der Wasserspiegel steigt über den Rand des Glases hinaus und wölbt sich. Wird die Wölbung zu stark, fließt Wasser über den Glasrand. Auch hier sorgen die Wasserstoffbrücken zwischen den Wasser-Molekülen für einen so starken Zusammenhalt, dass eine Wölbung entsteht und das Wasser nicht einfach über den Glasrand abfließt.

b) Im Inneren eines Wassertropfens wirken auf ein Wasser-Molekül durch die umgebenden Wasser-Moleküle anziehende Kräfte in alle Richtungen, so dass sie sich gegenseitig aufheben. Die resultierende Kraft ist dann Null. Am Rand eines Wasserstropfens addieren sich die anziehenden Kräfte durch die benachbarten Wasser-Moleküle so, dass das Wasser-Molekül in den Tropfen hinein gezogen wird.

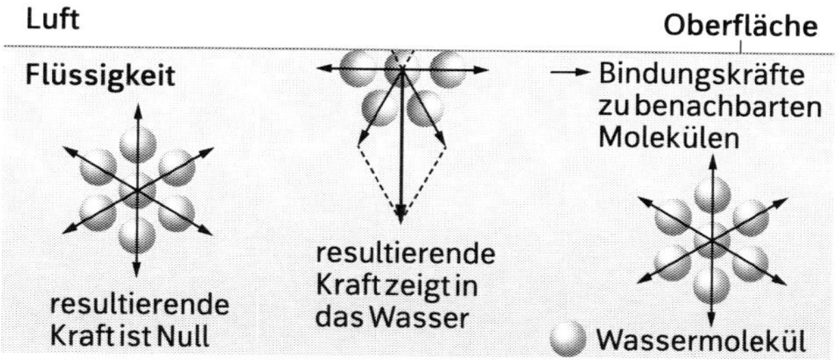

V114.3

a) Das rötlich gefärbte Öl mischt sich nicht dauerhaft mit dem Wasser. Es sammelt sich nach kurzer Zeit über dem Wasser an. Öl gehört zu den Fetten und damit zu den hydrophoben Stoffen. Die Öl-Moleküle besitzen drei lange unpolare Kohlenwasserstoffketten. Daher können sie nicht von den Wasser-Molekülen hydratisiert werden.

b) Es liegen zwei getrennte Schichten vor: die obere Schicht besteht aus den unpolaren Öl-Molekülen und die untere aus den polaren Wasser-Molekülen. Am Verzweigungspunkt der Öl-Moleküle liegen polare Ester-Gruppen vor. Die negativ geladenen O-Atome in den Ester-Gruppen der Öl-Moleküle, die sich an der Fett-Wasser-Grenzphase befinden, bilden mit den positiven H-Atomen der Wasser-Molekülen Wasserstoffbrücken aus. Diese Wechselwirkungen reichen aber nicht aus, um das Öl im Wasser zu lösen, weil die starken Wasserstoffbrücken zwischen den Wasser-Molekülen eine Mischung mit den Öl-Molekülen verhindern.

V115.4

a) Bei allen Proben steigt das Volumen direkt nach Zugabe an. Bei Zucker, Kochsalz und Spiritus nimmt das Volumen nach dem Schütteln leicht ab. Nur beim Sand bleibt es unverändert. Sand ist unlöslich in Wasser und es bildet sich direkt ein Bodenkörper. Zucker, Kochsalz und Spiritus sind in Wasser löslich. Es bilden sich Lösungen. In 10 ml Wasser lösen sich etwa 4 g Kochsalz. Die Lösung ist damit gesättigt, und es löst sich kein weiteres Kochsalz. Bei weiterer Zugabe sinkt ungelöstes Kochsalz zu Boden, und es bildet sich ein Bodenkörper. Gleiches ist bei Zucker zu beobachten. Die Lösung ist mit etwa 20 g pro 10 ml Wasser gesättigt.
Zusatzaufgabe: Die Löslichkeit von Zucker nimmt mit steigender Temperatur zu. Ein Bodenkörper löst sich beim Erwärmen. Beim Kochsalz bleibt der Bodenkörper trotz Erwärmen bestehen.

b) Löslichkeit Zucker: 200 g pro 100 ml Wasser, Kochsalz: 40 g pro 100 ml Wasser.

c) Nach dem Lösen des Salzkristalls bilden sich um die Natrium-Ionen und Chlorid-Ionen Hydrathüllen. Damit nehmen die Wasser-Moleküle weniger Raum ein, wodurch das Volumen der Lösung abnimmt. Ähnliches gilt bei den Lösungen mit Zucker und Spiritus. Dort lagern sich Wasser-Moleküle um die polaren Hydroxy-Gruppen, und es kommt zur Ausbildung von Wasserstoffbrücken.
Skizzen: individuelle Lösung
Ähnliche Skizzen finden Sie in Chemie heute NRW 8/9, S. 116, 117, 119.

V115.5

a) In beiden Fällen löst sich der Kaliumpermanganatkristall und in allen vier Fällen verteilt sich der gelöste Stoff im Wasser, was man an der allmählichen Verfärbung sehen kann. Im warmen Wasser löst sich das Kaliumpermanganat schneller. Ebenso breitet sich die Verfärbung schneller aus.
b) Stoffebene: Die zum Wasser hinzugegebenen Stoffe lösen sich auf, bzw. es kommt zur Vermischung dieser mit dem Wasser. In heißem Wasser laufen derartige Prozesse schneller ab, was an der beschleunigten Ausbreitung der Färbung zu erkennen ist.
Teilchenebene: Durch den Zusammenstoß von Wasser-Molekülen mit Kalium- und Permanganat-Ionen bzw. Farbstoff-Molekülen kommt es zur Diffusion. Im warmen Wasser bewegen sich die Wassermoleküle schneller. Dadurch kommt es häufiger zu Zusammenstößen, die gleichzeitig heftiger sind. Damit lösen sich pro Zeit mehr Kalium- und Permanganat-Ionen aus dem Kristallgitter; der Kristall löst sich schneller. Im warmen Wasser bewegen sich sowohl die Ionen als auch die Farbstoff-Moleküle schneller, was zu einer größeren Diffusionsgeschwindigkeit führt.

c) Eine ähnliche Zeichnung finden Sie in Chemie heute NRW 8/9, S.116. Die grauen Kugeln stellen in diesem Fall die Kalium-Ionen, die grünen die Permanganat-Ionen dar.

d) Der Kaliumpermanganatkristall würde sich sehr langsam lösen. Die Verfärbung würde sich in beiden Fällen nur langsam ausbreiten.

e) individuelle Lösung

A117.1

a) Partner A:
Das erste Bild entspricht der Abb.2 ① auf S. 117 in Chemie heute NRW 8/9.
Im zweiten Bild lagern sich die Wasser-Moleküle um den Traubenzuckerkristall. Das Glucose-Molekül und das Wasser-Molekül bilden aufgrund ihrer polaren OH-Gruppen Wasserstoffbrückenbindungen aus, allerdings ist das Glucose-Molekül noch teilweise mit dem Traubenzuckerkristall verbunden. Die Wasserstoffbrückenbindungen innerhalb des Glucose-Moleküls werden gelockert und das Glucose-Molekül löst sich aus dem Traubenzuckerkristall.
Das dritte Bild entspricht der Abb.2 ② auf S. 117 in Chemie heute NRW 8/9.

Partner B: Die OH-Gruppen im Glucose-Molekül stellen stark polare Gruppen dar, an denen sich Wasserstoffbrückenbindungen zu den Wasser Molekülen ausbilden können. Der C-Grundkörper des Moleküls hingegen ist unpolar. Eine Abbildung der Strukturformel der Glucose befindet sich auf S. 117 in Chemie heute NRW 8/9.

b) individuelle Lösung

c) Weder Traubenzucker (Glucose) noch Kochsalz (Natriumchlorid) lösen sich in Waschbenzin. Glucose-Moleküle enthalten viele Gruppen mit polaren Bindungen und bilden untereinander Wasserstoffbrücken aus. Der Natriumchloridkristall besteht aus positiv und negativ geladenen Ionen. Die Moleküle im Waschbenzin weisen dagegen nur unpolare Bindungen auf. Die schwachen Van-der-Waals-Wechselwirkungen reichen nicht aus, um die starken Wasserstoffbrücken beziehungsweise die Ionenbindungen aufzubrechen.

A117.2

Das Phänomen der Volumenkontraktion beruht darauf, dass im Wasser zwischen den Molekülen noch Hohlräume sind. Um die Ionen des Salzes bilden sich Hydrathüllen. Dadurch wird der durchschnittliche Abstand zwischen den Wasser-Molekülen kleiner und das Gesamtvolumen der Lösung nimmt ab.

A117.3

a) *endotherm:*
Natriumchlorid: $+4\ \frac{kJ}{mol}$
Kaliumchlorid: $+13\ \frac{kJ}{mol}$
Calciumsulfat: $+74\ \frac{kJ}{mol}$
Ammoniumchlorid: $+15\ \frac{kJ}{mol}$

exotherm:
Natriumhydroxid: $-45\ \frac{kJ}{mol}$

b) Natriumchlorid-, Kaliumchlorid-, Calciumsulfat- und Ammoniumchlorid-Lösung kühlen sich (z. T. unmerklich) ab. Natriumhydroxid-Lösungen erwärmen sich. Calciumsulfat ist nur schlecht löslich, da der Lösevorgang stark endotherm ist.

A119.1

In Hexan-Molekülen liegen unpolare C–C-Bindungen und sehr schwach polare C–H-Bindungen vor. Zudem sind die Moleküle symmetrisch gebaut. Die Moleküle sind unpolar. Das Lösemittel Hexan ist lipophil und hydrophob. Ethanol-Moleküle dagegen besitzen eine stark polare Hydroxy-Gruppe und können dadurch wie Wasser-Moleküle Wasserstoffbrücken ausbilden. Das Lösemittel Ethanol ist hydrophil.

A119.2

a) In Fleckenwasser sind unpolare Lösemittel und Alkohole enthalten.

b) Die Zusammensetzung variiert von Hersteller zu Hersteller.
Lösungsbeispiel: >30% aliphatische Kohlenwasserstoffe, Pentan, 2-Propanol, Orangenterpen, (Duftstoffe).

c) Fleckenwasser enthält lipophile Lösemittel, die aus unpolaren Molekülen wie Hexan bestehen. Zwischen diesen und den unpolaren Fett-, Farbstoff- und Teer-Molekülen bilden sich Van-der-Waals-Wechselwirkungen aus. In Fleckenwasser werden zudem Alkohole als Lösemittel eingesetzt. Diese haben wie Ethanol-Moleküle eine stark polare Hydroxy-Gruppe und einen unpolaren Anteil, den Alkyl-Rest. Als Alleskönner können sie mit den unpolaren Flecken-Molekülen Van-der-Waals-Wechselwirkungen, mit den polaren Farbstoff-Molekülen Wasserstoffbrücken ausbilden.

A119.3

Iod besteht aus unpolaren I_2-Molekülen und löst sich daher in unpolaren, hydrophoben Lösemitteln wie Hexan. Kaliumiodid hingegen ist eine Ionenverbindung, die sich nur in polaren, hydrophilen Lösemitteln wie Wasser löst.

A119.4

a) % Vol. steht für Volumenprozent. Es ist ein Maß für den Anteil eines Stoffes an einem Gemisch bezogen auf das Volumen. Bei Glasreiniger beispielsweise entspricht der Anteil an Ethanol im Gemisch 10 %, 100 ml enthalten also 10 ml Ethanol.

b) Wasser als polares Lösemittel löst nur polare Verschmutzungen. Ethanol als Alleskönner kann sowohl unpolaren als auch polaren Schmutz lösen.

c) Die Schmelztemperatur des Wassers liegt bei 0 °C. An Tagen mit Frost würde es in der Scheibenwischanlage des Autos und auf den Scheiben gefrieren. Alkohol erstarrt erst bei Temperaturen unter –114 °C.

A119.5

Aceton besitzt eine polare Doppelbindung zwischen dem Kohlenstoff-Atom und dem Sauerstoff-Atom. So kann es viele polare Stoffe lösen. Im Vergleich mit Wasser ist seine Polarität aber wesentlich geringer. Zudem verfügt es über unpolare Anteile (Methyl-Gruppen), weshalb es auch viele unpolare Stoffe lösen kann.

V120.1

a) Aceton und Brennspiritus vermischen sich sowohl mit Wasser als auch mit Speiseöl. Reinigungsbenzin bildet mit Wasser zwei Phasen und mischt sich mit Speiseöl.

b)

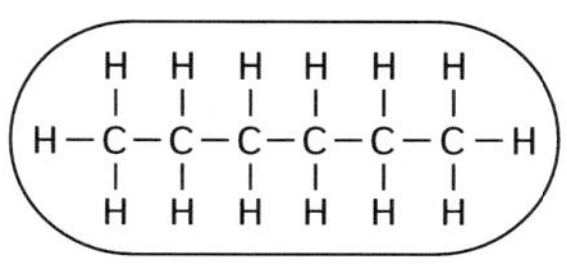

Hexan

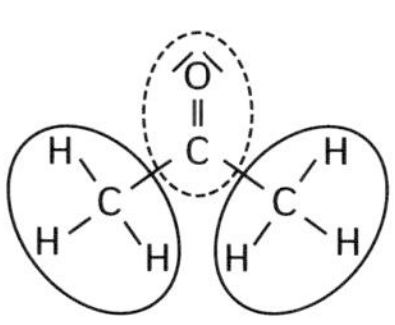

Aceton

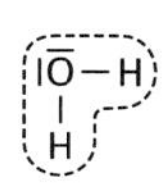

Wasser

—— unpolar ----- polar

c)

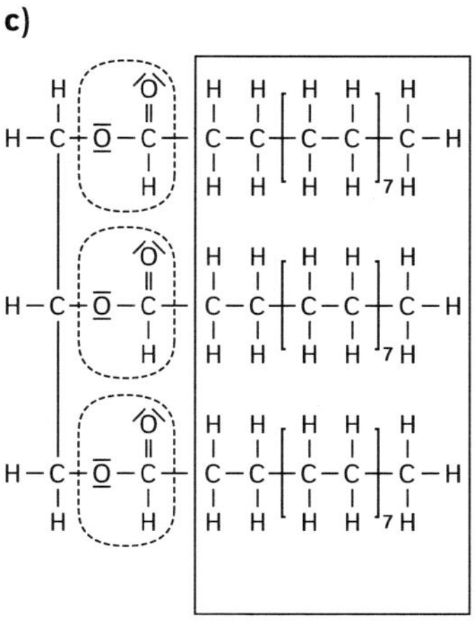

—— unpolar ----- polar

Sowohl das Hexan-Molekül als auch das Fett-Molekül besitzen lange und ausgedehnte unpolare Bereiche. Hier bilden sich zwischen den Molekülen Van-der-Waals-Wechselwirkungen aus.

d) Die Regel besagt, dass sich Stoffe mit ähnlichem Aufbau (polar/unpolar) miteinander mischen lassen. Mithilfe der Regel lassen sich die Beobachtungen des Versuches deuten: Es konnte festgestellt werden, dass sich Stoffe mit ähnlichem molekularem Aufbau ineinander lösen.

V120.2

a)

Probe	Wasser	Brennspiritus	Reinigungsbenzin	Aceton
Kochsalz	löst sich	löst sich nicht	löst sich nicht	löst sich nicht
Zucker	löst sich	löst sich nicht	löst sich nicht	löst sich nicht
farbiges Kerzenwachs	löst sich nicht	löst sich nicht	Farbstoff löst sich und färbt das Reinigungsbenzin	löst sich
Margarine	löst sich nicht	löst sich	löst sich	löst sich
Speiseöl	löst sich nicht	löst sich	löst sich	löst sich
Kaffee	einige Bestandteile lösen sich	löst sich wenig	löst sich nicht	löst sich nicht
Nagellack	löst sich nicht	löst sich wenig	löst sich nicht	löst sich

b) Als Lösemittel für den Nagellackentferner kommt Aceton und für den Filzstift kommen Aceton und Spiritus in Frage, weil diese in der Lage sind unpolare Stoffe zu lösen. Sowohl der Nagellack als auch der Filzstift sind wasserunlöslich, weshalb stark polare Lösemittel ungeeignet sind.

V120.3

a)

Lippenstift versetzt mit	Beobachtung
Nagellackentferner	löst nicht sich
Brennspiritus	löst sich etwas
Shampoo	löst sich schlecht, verschmiert
Spülmittel	löst sich leicht
Reinigungsbenzin	löst sich

b)

Lösemittel	
Nagellackentferner	Hydrophile und hydrophobe Eigenschaften
Brennspiritus	Hydrophile und hydrophobe Eigenschaften
Shampoo	Hydrophile und hydrophobe Eigenschaften
Spülmittel	Hydrophile und hydrophobe Eigenschaften
Reinigungsbenzin	hydrophob

A123.B1

a – c): individuelle Lösungen

A123.B2

a) Auf der warmen Haut verdunstet die wässrig-alkoholische Lösung. Die dafür nötige Energie wird zum Teil der Haut entzogen. Deshalb fühlt sie sich kühl an.

b) Die Schale mit Ethanol ist schneller leer als die Schale mit Wasser. Ethanol verdunstet rascher als Wasser. Sowohl zwischen den Wasser- als auch zwischen den Ethanol-Molekülen wirken Wasserstoffbrücken. Während jedes Ethanol-Molekül nur eine Wasserstoffbrücke ausbilden kann, können Wasser-Moleküle zwei ausbilden. Zur Überwindung der zwischenmolekularen Kräfte zwischen den Ethanol-Molekülen ist also weniger Energie nötig.

c) Alkohol wirkt desinfizierend. Nach der Rasur werden Bakterien abgetötet, die in kleine Verletzungen eindringen und Entzündungen hervorrufen könnten.

d) Trockener Haut fehlen Feuchtigkeit und Fette. Durch Alkohol im Rasierwasser wird der Haut zusätzlich Fett entzogen. Zwischen den Ethyl-Resten des Ethanol-Moleküls und den unpolaren Molekülen von Fetten bilden sich Van-der-Waals-Wechselwirkungen aus. Die ohnehin schon trockene Haut verliert weiter an Fett, welches als Schutz dient. Somit kann die Haut noch leichter austrocknen.

A123.B3

a) Das Molekül ist bis auf die schwach polare Ester-Gruppe unpolar. Es ist deshalb ein gutes Lösemittel für Öle, Fette, Lacke und Kunstharze.

b) Die Flüssigkeit ist leicht flüchtig. Die Dämpfe reizen Atemwege und Augen. In höherer Konzentration wirken sie narkotisierend. Als organische Verbindung ist Essigsäureethylester brennbar, dementsprechend sind auch die Dämpfe brennbar. Somit besteht bei zu hohen Konzentrationen des Lösemittels in der Umgebungsluft eine Verpuffungsgefahr, wenn Zündquellen vorhanden sind.

A123.B4

a) Ähnliche Strukturen finden Sie in Chemie heute NRW 8/9, S. 159. $CH_3\text{-}(CH_2)_{16}\text{-}CH_3$

b) Wachs besteht aus Kohlenwasserstoffen. Kohlenwasserstoffe sind unpolare Moleküle. Daher lassen sich Wachsflecken auch mit unpolaren Lösemitteln wie beispielsweise Waschbenzin aus Textilien entfernen.

A124.B5

a) Das N-Atom besitzt fünf Außenelektronen,die auf vier Elektronenwolken verteilt sind. Eine Elektronenwolke ist doppelt besetzt, drei Wolken sind einfach besetzt. Das N-Atom kann daher drei bindende Elektronenpaare ausbilden.

b)

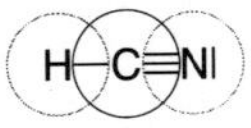

Die Kreise zeigen an, dass die Oktettregel erfüllt ist. Das H-Atom hat durch die Elektronenpaarbindung zwei Außenelektronen, das C- und das N-Atom haben jeweils acht Außenelektronen.

c) Nach dem EPA-Modell werden Mehrfachbindungen wie Einfachbindungen behandelt. Die H–C-Einfachbindung und die C≡N-Dreifachbindung stoßen sich ab und nehmen den größtmöglichen Abstand zueinander ein. Dadurch ergibt sich eine lineare Struktur.

A124.B6

a)

	Siedetemperatur in °C	molare Masse in u	ΔEN
NH_3	–33	17	0,8
PH_3	–88	34	0
AsH_3	–62	78	0
SbH_3	–17	124	0,1
H_2O	100	18	1,2
H_2S	–60	34	0,4
H_2Se	–41	81	0,4
H_2Te	–1	130	0,1

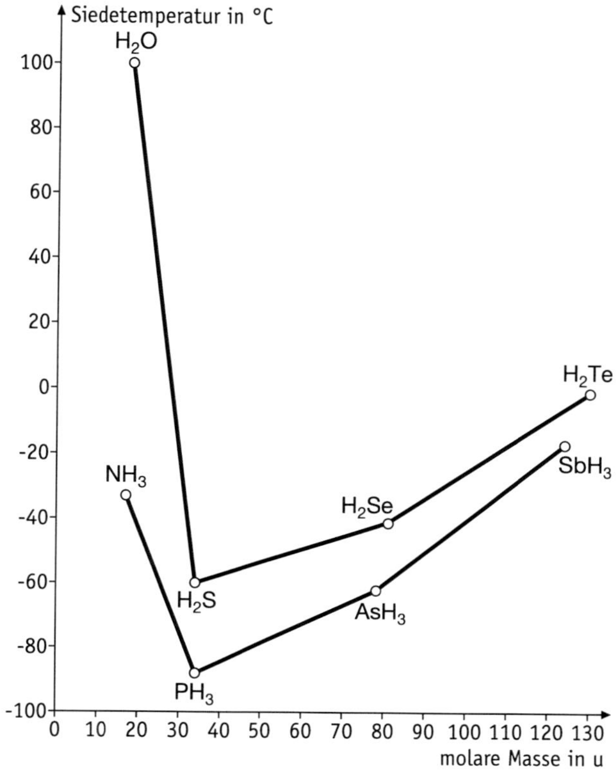

b) In den Reihen Ammoniak, Phosphorwasserstoff, Arsenwasserstoff, Antimonwasserstoff bzw. Wasser, Schwefelwasserstoff, Selenwasserstoff, Tellurwasserstoff nehmen die molaren Massen (und damit die Größe der Moleküle) vom Ammoniak zum Antimonwasserstoff bzw. vom Wasser zum Tellurwasserstoff zu.

Bei den Siedetemperaturen fällt auf, dass diese von Schwefelwasserstoff zum Tellurwasserstoff und vom Phosphorwasserstoff zum Antimonwasserstoff kontinuierlich ansteigen. Dies erklärt sich aus der zunehmenden Größe der Moleküle – die Bildung temporärer und induzierter Dipole wird dadurch erleichtert und die resultierenden Van-der-Waals-Wechselwirkungen sind stärker, was wiederum zu einer höheren Siedetemperatur führt.

Die Siedetemperaturen der Wasserstoffverbindungen der VI. Hauptgruppe (H_2S, H_2Se, H_2Te) liegen etwas höher als bei den Verbindungen der V. Hauptgruppe (PH_3, AsH_3, SbH_3). Die Elektronegativitätsdifferenzen sind etwas größer, dadurch haben die Moleküle einen schwachen Dipolcharakter. Die resultierenden Van-der-Waals-Wechselwirkungen sind stärker, was wiederum zu einer höheren Siedetemperatur führt.

Ammoniak und Wasser haben als erste Verbindung ihrer Reihe auffällig hohe Siedetemperaturen. Diese Moleküle bilden stabile Wasserstoffbrücken aus, die als starke zwischenmolekulare Bindungen die Siedetemperaturen deutlich erhöhen. Der Effekt ist bei Wasser stärker als bei Ammoniak, denn jedes Wasser-Molekül kann über seine beiden polar gebundenen H-Atome und die beiden freien Elektronenpaare Wasserstoffbrücken zu vier Nachbar-Molekülen eingehen. Ammoniak-Moleküle können im Schnitt nur zu zwei Nachbar-Molekülen Wasserstoffbrücken bilden.
Die Elektronegativitätsdifferenz ist bei beiden Molekülen deutlich stärker ausgeprägt, als bei den Vergleichsverbindungen der entsprechenden Reihe, weshalb die Verbindungen eine deutlich polarere Bindungssituation aufweisen, die die Ausbildung der Wasserstoffbrückenbindung erst ermöglicht.

A124.B7

a) Die S–H-Bindung ist nur schwach polar (ΔEN (S–H) = 0,4) und S-Atome sind größer als H-Atome. Die Polarität einer O–H-Bindung ist größer (ΔEN (O–H) = 1,4). Aufgrund der großen Teilladungen in den Wasser-Molekülen können sich zwischen ihnen Wasserstoffbrücken ausbilden; zwischen den Schwefelwasserstoff-Molekülen wirken hingegen nur schwache Dipol-Dipol-Wechselwirkungen. Aufgrund der Wasserstoffbrücken muss mehr Energie aufgewendet werden, um die Wasser-Moleküle voneinander zu trennen. Schwefelwasserstoff ist daher bei Raumtemperatur bereits gasförmig, Wasser flüssig.

b) Die Siedetemperaturen steigen vom Ethan zum Dekan an, da die Moleküle größer werden und somit ihre Oberfläche und ihre Elektronenzahl zunimmt. Allgemein gilt: Je größer die Oberfläche eines Moleküls ist, desto stärker sind die zwischen den Molekülen wirkenden Van-der-Waals-Wechselwirkungen. Moleküle mit vielen Elektronen lassen sich leichter polarisieren, so dass die Ausbildung von temporären Dipolen häufiger erfolgt. Zwischen diesen Molekülen wirken ebenfalls stärkere Van-der-Waals-Wechselwirkungen.

A124.B8

a) Das Ammoniak-Molekül besitzt polare Bindungen zwischen dem Stickstoff-Atom und den drei Wasserstoff-Atomen. Es kommt zur Bildung eines Dipol-Moleküls mit positiven Teilladungen an den Wasserstoff-Atomen und einer negativen Teilladung am Stickstoff-Atom. Durch seinen pyramidalen Aufbau bildet das Ammoniak-Molekül Wasserstoffbrücken aus. Salze lösen sich in flüssigem Ammoniak, da es zur Bildung von Dipol-Ionen-Wechselwirkungen kommt und sich um die Ionen eine Ammoniak-Molekül-Hülle bildet.

b)

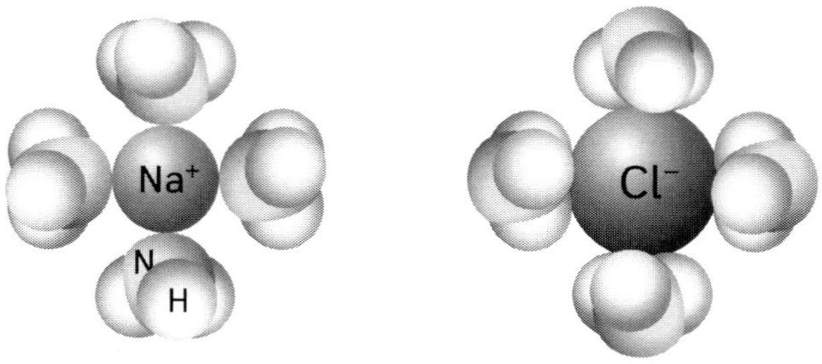

A124.B9

a) Beim Verdunsten des Wassers muss Energie aufgewendet werden, um die Wasserstoffbrücken zwischen den Wasser-Molekülen zu trennen. Diese Energie wird der Umgebung und somit auch der Cola selbst entzogen, daher kühlt die Dose ab.

b) Das Wasser erwärmt sich weniger als das Octan. Die zwischenmolekularen Wechselwirkungen sind beim Wasser aufgrund der stabilen Wasserstoffbrücken stärker als beim Octan. Im Octan liegen zwischen den Molekülen nur schwache Van-der-Waals-Wechselwirkungen vor. Dadurch ist die Wärmekapazität des Wassers, also die Energie, die notwendig ist, um das Wasser zu erwärmen, viel größer als die Wärmekapazität des Octans.

A124.B10

a) Beim Lösen von Kaliumnitrat handelt es sich um einen endothermen Vorgang. Die benötigte Energie wird dem Wasser entzogen und die Lösung kühlt sich ab. Das Lösen von Natriumhydroxid ist exotherm. Das Wasser nimmt die Energie auf und die Lösung erwärmt sich.

b) Sowohl beim Lithiumchlorid als auch beim Kaliumchlorid wird zunächst Energie für das Trennen der Ionen benötigt. Ebenso wird Energie beim Bilden der Hydrathülle frei. Beim Lithiumchlorid ist der Betrag der Hydratationsenergie größer, wodurch es sich um einen exothermen Lösungsvorgang handelt: $+848\ \frac{kJ}{mol} - 888\ \frac{kJ}{mol} = -39\ \frac{kJ}{mol}$
Beim Kaliumchlorid ist der Betrag der Gitterenergie größer, wodurch es sich um einen endothermen Lösungsvorgang handelt: $+718\ \frac{kJ}{mol} - 705\ \frac{kJ}{mol} = +13\ \frac{kJ}{mol}$

A124.B11

a) Aus der Molekülformel H_2O geht die räumliche Anordnung der Atome nicht hervor. Aus der Lewis-Formel ergibt sich, dass das Wasser-Molekül eine gewinkelte Struktur aufweist. Das räumliche Modell des Wasser-Moleküls zeigt, dass das zentrale Sauerstoff-Atom von zwei bindenden und zwei nichtbindenden Elektronenpaaren umgeben ist. Die vier Elektronenpaare richten sich nach den Ecken eines Tetraeders aus. An zwei Ecken des Tetraeders sind die Wasserstoff-Atome, die beiden nichtbindenden Elektronenpaare weisen in die noch freien Ecken. Da die acht Protonen des Sauerstoff-Atoms die gemeinsamen Elektronenpaare der OH-Bindungen viel stärker anziehen als das eine Proton des Wasserstoff-Atoms, kommt es zu einer Ladungsverschiebung in den Bindungen. Die Seite des Moleküls mit dem O-Atom ist negativ aufgeladen, die Seite, auf der sich die H-Atome befinden, positiv. Das Wasser-Molekül ist ein Dipol-Molekül. Aufgrund dieser Struktur kommt es zwischen den Wasser-Molekülen zu Wasserstoffbrückenbindungen. Ein H-Atom befindet sich zwischen einem O-Atom, an das es durch eine Elektronenpaarbindung gebunden ist und an einem O-Atom eines anderen Wasser-Moleküls, von dem es über ein freies Elektronenpaar angezogen wird. Im Eis ergibt sich so ein regelmäßig gebautes Gitter mit Hohlräumen zwischen den Wasser-Molekülen. Mit steigender Temperatur brechen Wasserstoffbrückenbindungen auf, das Eis schmilzt. Frei gewordene Wasser-Moleküle können dann Hohlräume besetzen, die Dichte nimmt daher bis 4 °C zu. Über 4 °C steigt der Anteil frei beweglicher Wasser-Moleküle an: die Dichte sinkt wieder. Zur Sprengung der Wasserflasche kommt es aufgrund der geringeren Dichte und des somit größeren Volumens des gefrorenen Wassers.

b) Festes Speiseöl hat eine höhere Dichte als flüssiges Speiseöl. Dies bedeutet, dass beim Erstarrungsvorgang das Volumen des Öls geringer wird, somit kommt es nicht zum Druckaufbau in der Vorratsflasche.

A125.C1

a) *Nonan:* Unpolare C–C-Bindungen (ΔEN = 0) und nahezu unpolare C–H-Bindungen (ΔEN = 0,4)
PER: Etwas polare C–Cl-Bindungen (ΔEN = 0,5)
CO_2: Polare C–O-Bindungen (ΔEN = 1,4)

b) *Nonan:* Die Bindungen im Nonan-Molekül sind (nahezu) unpolar, daher handelt es sich nicht um einen Dipol. Zwischen Nonan-Molekülen herrschen Van-der-Waals-Wechselwirkungen.
PER: PER hat etwas polare C–Cl-Bindungen. Durch die symmetrische Verteilung der Cl-Atome im Molekül heben sich die Wirkungen der polaren Elektronenpaarbindungen gegenseitig auf, es handelt sich nicht um ein Dipol-Molekül. Zwischen PER-Molekülen herrschen Van-der-Waals-Wechselwirkungen.
CO_2: Ähnlich wie beim PER heben sich die Wirkungen der polaren C=O-Bindungen gegenseitig durch die symmetrische Ladungsverteilung auf. Zwischen CO_2-Molekülen herrschen Van-der-Waals-Wechselwirkungen.

c) Öl ist hydrophob, also wasserabstoßend, daher kann man das Öl von der Faser nicht mit Wasser ablösen.

d) Alle drei Reinigungsmittel sind geeignet, denn sie sind alle drei lipophil. Die Moleküle sind jeweils unpolar.

e)

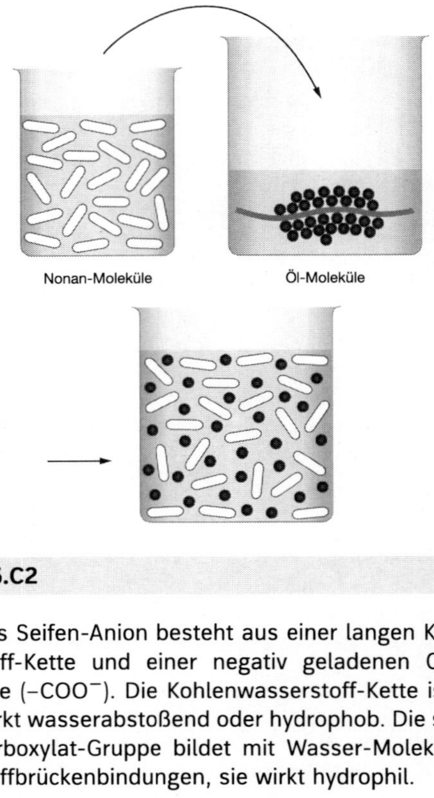

A125.C2

a) Das Seifen-Anion besteht aus einer langen Kohlenwasserstoff-Kette und einer negativ geladenen Carboxylat-Gruppe ($-COO^-$). Die Kohlenwasserstoff-Kette ist unpolar, sie wirkt wasserabstoßend oder hydrophob. Die stark polare Carboxylat-Gruppe bildet mit Wasser-Molekülen Wasserstoffbrückenbindungen, sie wirkt hydrophil.

b) Der unpolare Teil kann fetthaltige und ölige Verschmutzungen von den Textilfasern lösen. Der polare Teil ist in der Lage mit Wasser-Molekülen wechselzuwirken (Wasserstoffbrückenbindungen). Dementsprechend können ölige Verschmutzungen von der Faser abgelöst und in eine wässrige Phase überführt werden.

c)

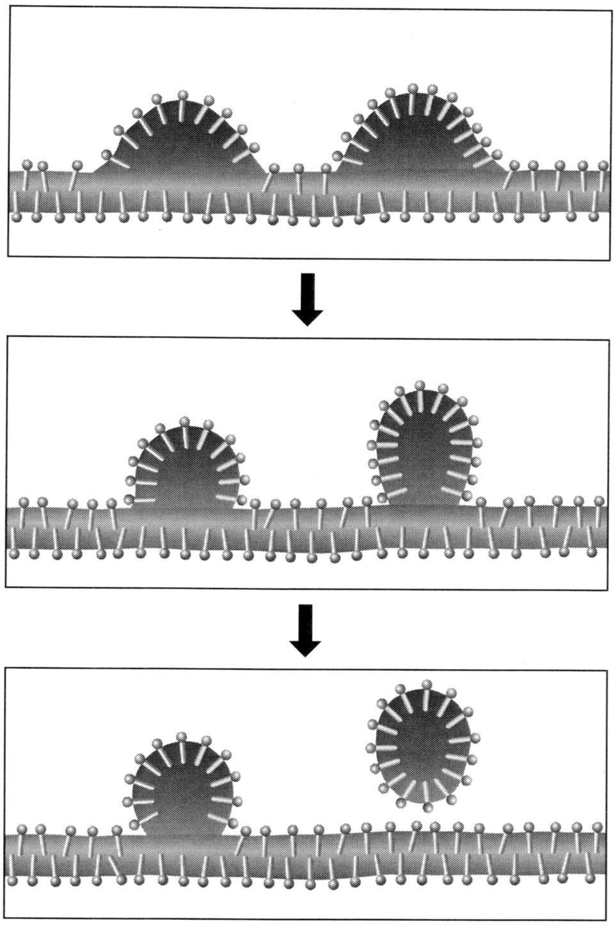

6 Saure und alkalische Lösungen

A129.1

a) Saure und alkalilsche Haushaltsreiniger lassen sich z. T. an ihrer Artikelbezeichnung erkennen: Die Etiketten der sauren Reiniger tragen deshalb häufig Bezeichnungen, wie z. B. „Essigreiniger" oder „reinigt mit Zitronenkraft".,

b) Haushaltsreiniger mit Etiketten, die Inhaltsstoffe wie Ameisensäure, Essigsäure, Citronensäure, Salzsäure, Phosphorsäure, Natriumhydrogensulfat oder Amidoschwefelsäure enthalten, sind saure Lösungen. Haushaltreiniger, die Natriumhydroxid oder Ammoniak enthalten, sind den alkalischen Lösungen zuzuordnen.

A129.2

Sorbinsäure, Benzoesäure, Essigsäure oder Milchsäure werden als Konservierungsmittel eingesetzt. Die Säuren senken den pH-Wert der Lebensmittel. In sauren Lösungen ist das Wachstum von Bakterien gehemmt, daher sind die Lebensmittel dann länger haltbar.

A129.3

Beide Seifen werden aus Fetten durch die Einwirkung von Laugen hergestellt. Um Kernseife zu erhalten, verwendet man Natronlauge. Zur Herstellung von Schmierseife wird Kalilauge verwendet.

	Kernseife	**Schmierseife**
Bestandteile	enthält Natriumsalze der Fettsäuren	enthält Kaliumsalze der Fettsäuren
Aggregatzustand	fest	flüssig bis halbfest
Eigenschaft	gute Waschkraft für fett- und ölhaltige Verschmutzungen	beliebig mit Wasser mischbar
Verwendung	Basisseife für Feinseifen	Reinigungsmittel für Oberflächen im Haushalt
Herstellung	höhere Fettsäuren (>C14) werden mit Natronlauge zur Reaktion gebracht, die sich bildende Seifenmasse wird durch Zugabe von NaCl abgetrennt (Aussalzen).	Fettsäuren (bis C14) werden mit Kaliumhydroxid umgesetzt. Die Rohseife wird von der wässrigen Phase getrennt und dann mit heißem Wasser gemischt.

A130.1

Alle sauren Lösungen enthalten Hydronium-Ionen. Diese bewirken die gemeinsamen Eigenschaften.

A130.2

Die Übersetzung für hydrochloric acid lautet *Chlorwasserstoffsäure*. Der Stoff, der die saure Lösung bildet, ist in der englischen Bezeichnung benannt.

A130.3

Bei dem Pulver handelt es sich um den Reinstoff Citronensäure. Im flüssigen Produkt wurde der Reinstoff in Wasser gelöst. Chemisch korrekt ist die Bezeichnung *Säure* nur bezogen auf den Reinstoff Citronensäure, also das feste Produkt. Das flüssige Produkt ist eine saure Lösung von Citronensäure.

A130.4

a) $HBr(g) + H_2O(l) \rightarrow H_3O^+(aq) + Br^-(aq)$; exotherm

b) $H_2C_2O_4(s) + H_2O(l) \rightarrow H_3O^+(aq) + HC_2O_4^-(aq)$; exotherm
untergeordnet aber möglich:
$HC_2O_4^-(aq) + H_2O(l) \rightarrow H_3O^+(aq) + C_2O_4^{2-}(aq)$; exotherm

c) $SO_3(g) + H_2O(l) \rightarrow H_2SO_4(aq)$;
Anmerkung Schwefelsäure dissoziiert nahezu vollständig in Wasser.
$H_2SO_4(aq) + H_2O(l) \rightarrow H_3O^+(aq) + HSO_4^-(aq)$
$HSO_4^-(aq) + H_2O(l) \rightarrow H_3O^+(aq) + SO_4^{2-}(aq)$

A130.5

a) Bei dem entstehenden Gas handelt es sich um Wasserstoff. Nach dem Verdampfen des Wassers bleibt das feste Metallsalz zurück.

b) $Zn(s) + 2\ HCl(aq) \rightarrow H_2(g) + ZnCl_2(aq)$; exotherm
$2\ Al(s) + 6\ HNO_3(aq) \rightarrow 3\ H_2(g) + 2\ Al(NO_3)_3(aq)$; exotherm

A132.1

Alle alkalischen Lösungen enthalten Hydroxid-Ionen. Diese bewirken die gemeinsamen Eigenschaften. Die Hydroxid-Ionen in alkalischen Lösungen sind negativ geladen und innerhalb der Lösung beweglich. Die Lösung ist somit elektrisch leitfähig.

A132.2

Wenn Laugen auf die Hornhaut des Auges treffen, werden die Fette der Zellwände und die Eiweiße in den Zellen teilweise aufgelöst. Die Folge ist eine Linsentrübung. Wird auch die Bindehaut angegriffen, führt dies zu Entzündungsreaktionen. Die Schäden sind teilweise nicht mehr reparabel.

A132.3

$Li_2O(s) + H_2O(l) \rightarrow 2\ Li^+(aq) + 2\ OH^-(aq)$; exotherm

$K_2CO_3(s) \xrightarrow{Wasser} 2\ K^+(aq) + CO_3^{2-}(aq)$;
$CO_3^{2-}(aq) + H_2O(l) \rightarrow HCO_3^-(aq) + OH^-(aq)$; exotherm

$MgO(s) + 2\ H_2O(l) \rightarrow Mg^{2+}(aq) + 2\ OH^-(aq)$; exotherm

$KOH(s) \xrightarrow{Wasser} K^+(aq) + OH^-(aq)$; exotherm

Anmerkung: Im engeren Sinne handelt es sich um einen exothermen Lösungsvorgang und keine chemische Reaktion.

A132.4

Die Brezellauge ist eine sehr stark verdünnte Natronlauge. Aus dem Backpulver wird während des Backvorgangs Kohlenstoffdioxid freigesetzt, das mit der Natronlauge zu ungefährlichem Natriumhydrogencarbonat (Natron) reagiert.
$CO_2(g) + NaOH(aq) \rightarrow NaHCO_3(s)$

A133.1

Stoff	Färbung mit Essig	Färbung mit Seifenlösung
Rotkohl/Blaukraut	rötlich	blauviolett
Rosenblätter	rötlich	blaugrün
Currygewürz	gelb	orange
echtes Lungenkraut	hellrot	dunkelblau

A133.2

Bei der subtraktiven Mischung der Farben Blau (Cyan) (Farbe im basischen Milieu) und Gelb (Yellow) (Farbe im sauren Milieu) bildet sich die Farbe Grün.

A133.3

Beispiel: Ein Universalindikator aus Methylorange und Bromthymolblau weist folgende Farbabstufungen auf. pH-Bereich 0 bis 3: rotorange; pH-Bereich 4 bis 6: gelb; pH-Bereich 7 bis 8 gelbgrün; 9 bis 14: grün.

V134.1

a)

	Beobachtung ...	
Stoff	**beim Lösen:**	**bei Zugabe von BTB**
Magnesiumoxid	nahezu keine Lösung	Blaufärbung
Calciumoxid	nahezu keine Lösung	Blaufärbung
Phosphorpentoxid	der Feststoff löst sich	Gelbfärbung
Kohlenstoffdioxid	Lösung kaum zu erkennen	Gelbfärbung

b) Metalloxide bilden beim Lösen in Wasser alkalische Lösungen und färben den Indikator Bromthymolblau blau. Nichtmetalloxide bilden beim Lösen in Wasser saure Lösungen und färben den Indikator Bromthymolblau gelb.

c) $CO_2(g) + H_2O(l) \rightarrow H_2CO_3(aq)$;
$H_2CO_3(aq) + H_2O(l) \rightarrow H_3O^+(aq) + HCO_3^-(aq)$
$CaO(s) + 2\ H_2O(l) \rightarrow Ca(OH)_2(aq)$; exotherm

V134.2

a) – c)
Proben der Haushaltsprodukte werden in Wasser gelöst und die Lösungen mit den Indikatoren geprüft.

Entkalker	sauer
Essig	sauer
Zitronensaft	sauer
Rhabarbersaft	sauer
Sauerkraut	sauer
Buttermilch	sauer
Joghurt	sauer
Kochsalz	neutral
Haushaltsreiniger	neutral
Natron	alkalisch
Waschpulver	alkalisch
Abflussreiniger	alkalisch

V134.3

a) – c) Man füllt von jeder Flüssigkeit eine kleine Probe in ein Reagenzglas und beschriftet die Reagenzgläser mit A bis D. Dann tropft man von jeder Flüssigkeit einen Tropfen in die drei anderen Flüssigkeiten, bis man die Phenolphthaleinlösung gefunden hat. Danach füllt man von den drei anderen Flüssigkeiten jeweils eine Probe in ein Reagenzglas und gibt einen Tropfen Phenolphthaleinlösung zu. Die Probe, die die Salzsäure enthält, bleibt farblos. Die Proben, die die unterschiedlich konzentrierten Natronlaugen enthalten, färben den Indikator rot. Nun füllt man je 10 ml der Natronlaugen in ein Reagenzglas und gibt vorsichtig 20 ml der Salzsäure zu. Danach prüft man beide Proben mit dem Indikator. Bei der höher konzentrierten Natronlauge schlägt der Indikator um. Die Lösung mit der geringer konzentrierten Natronlauge bleibt farblos.

V135.4

a) Bis auf Kupferpulver zeigen alle anderen Metalle eine Gasentwicklung. Die Calciumspäne reagieren am heftigsten, gefolgt von Magnesiumpulver, Zinkpulver und Eisenpulver.

b) Bei der Reaktion der Salzsäure mit unedlen Metallen bildet sich Wasserstoffgas und ein Metallsalz, das beim Eindampfen als festes Salz zurückbleibt. Kupferpulver reagiert nicht mit verdünnter Salzsäure.
$Ca(s) + 2\ HCl(aq) \rightarrow H_2(g) + CaCl_2(aq)$; exotherm
$Mg(s) + 2\ HCl(aq) \rightarrow H_2(g) + MgCl_2(aq)$; exotherm
$Zn(s) + 2\ HCl(aq) \rightarrow H_2(g) + ZnCl_2(aq)$; exotherm
$Fe(s) + 2\ HCl(aq) \rightarrow H_2(g) + FeCl_2(aq)$; exotherm

c) Die Reaktionsfreudigkeit steigt in folgender Reihe:
$Fe < Zn < Mg < Ca$

V135.5

a) In der Kochsalzlösung verändern sich die Gummibärchen nicht. In Salzsäure und noch stärker in Natronlauge lösen sich die Gummibärchen etwas auf.

b) Gummibärchen bestehen hauptsächlich aus Gelatine. Gelatine ist ein Eiweiß. Eiweiße bestehen aus langen Molekülketten von Aminosäuren. Eiweiße werden durch die Einwirkung von Säuren und Laugen in Aminosäuren gespalten und lösen sich auf.

Anmerkung: Die Schülerinnen und Schüler müssen sich zur Lösung der Teilaufgabe entweder zunächst in einer Recherche mit dem Aufbau von Eiweißen auseinandersetzen, oder die obige Information wird durch die Lehrperson zur Erleichterung der Bearbeitung vorab mitgeteilt.

V135.6

a) Aluminium löst sich unter Gasentwicklung in Natronlauge. Die Knallgasprobe mit dem entstehenden Gas ist positiv. Die Haare quellen in der Lösung auf und zersetzen sich langsam.

b) Haare bestehen aus Eiweißen. Diese werden von der Natronlauge chemisch zersetzt. Ein Abflussreiniger enthält Natriumhydroxid, um Haare und eiweißhaltige Verschmutzungen zu zersetzen. Manche Abflussreiniger enthalten zusätzlich Aluminiumpulver. Das durch die Reaktion mit der Natronlauge gebildete Wasserstoffgas führt zur Schaumbildung, was die Verschmutzungen auflockert und so die Oberfläche dieser vergrößert, so dass sie besser von der Natronlauge gelöst werden können.

V135.7

a) Salzsäure reagiert mit Marmor, Backpulver und Natron unter Gasentwicklung. Die Reaktion ist bei Marmor am schwächsten. Das entstehende Gas trübt den Kalkwassertropfen.

b) Salzsäure reagiert mit den drei Carbonaten unter Bildung von Kohlenstoffdioxid. Es bilden sich gelöste Chloride.
Nachweis von Kohlenstoffdioxid:
$Ca(OH)_2(aq) + CO_2(g) \rightarrow CaCO_3(s) + H_2O(l)$
$CaCO_3(s) + 2\ HCl(aq) \rightarrow CO_2(g) + H_2O(l) + CaCl_2(aq)$; exotherm
$NaHCO_3(s) + HCl(aq) \rightarrow CO_2(g) + H_2O(l) + NaCl(aq)$; exotherm
$Na_2CO_3(s) + 2\ HCl(aq) \rightarrow CO_2(g) + H_2O(l) + 2\ NaCl(aq)$; exotherm

A136.1

Der pH-Wert der gesunden Hautoberfläche liegt im schwach sauren Bereich bei pH-Werten zwischen 5 und 6. Hautneutrale Pflegemittel besitzen einen pH-Wert, der dem der Hautoberfläche entspricht.

A136.2

Durch längeres Kauen wird mehr Speichel gebildet. Der pH-Wert im Mund steigt an. Der Zahnschmelz wird weniger schnell angegriffen.

A136.3

Der Flüssigkeitsfilm der Haut wird durch Waschen mit Seifen abgewaschen. Wenn man sich häufig wäscht, kann dieser Säureschutzmantel nicht vollständig zurückgebildet werden. Die Haut ist weniger gegen Bakterien und Pilze geschützt.

A136.4

Kohlenstoffdioxid reagiert mit Wasser und bildet Kohlensäure, die den pH-Wert des Blutes senkt.

A137.1

Der pH-Wert beträgt 5. Die Stoffmengenkonzentration der Hydroxid-Ionen beträgt $10^{-9}\ \frac{mol}{l}$.

A137.2

Der pH-Wert einer neutralen Lösung beträgt 7. Die Konzentration der Hydronium- und der Hydroxid-Ionen beträgt je $10^{-7}\ \frac{mol}{l}$. Da die Konzentrationen beider Ionen gleich hoch sind, wird eine Lösung mit pH 7 als neutral bezeichnet.

A137.3

10 ml Natronlauge entsprechen 0,01 l. Wird diese Lösung auf 10 l verdünnt, sinkt die Konzentration der Hydroxid-Ionen um den Faktor 1000, also um drei Zehnerpotenzen. Der pH-Wert der Natronlauge sinkt demzufolge auf 11.

A138.1

Bei der Protolyse gibt ein Partner ein Proton ab. Dies ist der Donator. Der andere Partner nimmt das Proton auf. Dies ist der Akzeptor. Die Säure gibt ein Proton ab, die Base nimmt ein Proton auf.

A138.2

a) Die Ammonium-Ionen übertragen ein Proton auf die Wasser-Moleküle. So entstehen Hydronium-Ionen, die eine saure Lösung kennzeichnen.
$NH_4^+(aq) + H_2O(l) \rightarrow H_3O^+(aq) + NH_3(aq)$

b) Die Ammonium-Ionen übertragen ein Proton auf die Hydroxid-Ionen. Dabei entstehen Wasser-Moleküle und Ammoniak-Moleküle. Der entstehende Ammoniak entweicht aus der Lösung als Gas.
$NH_4^+(aq) + OH^-(aq) \rightarrow H_2O\ (l) + NH_3(g)$

A138.3

Säure	Base
Salpetersäure HNO_3	Nitrat-Ion NO_3^-
Ammonium-Ion NH_4^+	Ammoniak NH_3
Iodwasserstoff HI	Iodid-Ion I^-
Kohlensäure H_2CO_3	Hydrogencarbonat-Ion HCO_3^-
Hydrogencarbonat-Ion HCO_3^-	Carbonat-Ion CO_3^{2-}
Hydronium-Ion H_3O^+	Wasser H_2O
Wasser H_2O	Hydroxid-Ion OH^-

Schwefelsäure H_2SO_4	Hydrogensulfat-Ion HSO_4^-
Phosporsäure H_3PO_4	Dihydrogenphosphat-Ion $H_2PO_4^-$
Dihydrogenphosphat-Ion $H_2PO_4^-$	Hydrogenphosphat-Ion HPO_4^{2-}

A138.4

Das Hydrogensulfat-Ion kann sowohl ein Proton aufnehmen und ein Schwefelsäure-Molekül bilden, als auch ein Proton abgeben und ein Sulfat-Ion bilden.
$HSO_4^-(aq) + H^+(aq) \rightarrow H_2SO_4(aq)$
$SO_4^{2-}(aq) + H^+(aq) \rightarrow HSO_4^-(aq)$
Teilchen, die sowohl Protonen aufnehmen, als auch Protonen abgeben können, nennt man Ampholythe.

A138.5

Nur bei den Reaktionen b) und c) laufen Brönstedtsche Säure-Base-Reaktionen ab, da nur hier Protonen übertragen werden. Im Falle von a) läuft eine Redoxreaktion ab, bei d) handelt es sich um einen Lösungsvorgang.
b) $CO_3^{2-}(aq) + H_2O(l) \rightarrow HCO_3^-(aq) + OH^-(aq)$
c) $NH_4^+(aq) + H_2O(l) \rightarrow H_3O^+(aq) + NH_3(g)$

A141.1

Die neutrale Lösung, die bei einer Neutralisation entsteht, enthält Ionen in Form von gelösten Salzen. Daher leitet die Lösung den elektrischen Strom.

A141.2

Laugen greifen die Haut stark an. Daher ist es falsch, bei einem Säureunfall die betroffenen Hautstellen mit Lauge zu behandeln. Man würde die Haut nur noch weiter reizen oder verätzen. Zudem kann eine stark exotherme Neutralisationsreaktion auf der Haut zu Verbrennungen führen.

A141.3

a) $HCl(aq) + KOH(aq) \rightarrow H_2O(l) + KCl(aq)$; exotherm

b) $H_2SO_4(aq) + 2\ NaOH(aq) \rightarrow 2\ H_2O(l) + Na_2SO_4(aq)$; exotherm

c) $H_2CO_3(aq) + Ca(OH)_2(aq) \rightarrow 2\ H_2O(l) + CaCO_3(s)$; exotherm

d) $H_3PO_4(aq) + 3\ NaOH(aq) \rightarrow 3\ H_2O(l) + Na_3PO_4(aq)$; exotherm

e) $2\ HNO_3(aq) + Ba(OH)_2(aq) \rightarrow 2\ H_2O(l) + Ba(NO_3)_2(s)$; exotherm

A141.4

$H_3O^+(aq) + NO_3^-(aq) + K^+(aq) + OH^-(aq) \rightarrow H_2O(l) + K^+(aq) + NO_3^-(aq)$
$HNO_3(aq) + KOH(aq) \rightarrow H_2O(l) + KNO_3(aq)$; exotherm

A141.5

Schwefelsäure ist eine zweiprotonige Säure. Salzsäure ist eine einprotonige Säure. Beim Lösen von Schwefelsäure in Wasser entstehen pro Schwefelsäure-Molekül zwei H_3O^+-Ionen. Im Falle der Salzsäure entsteht pro HCl-Molekül aber nur ein H_3O^+-Ion. Daher ist zur Neutralisation die doppelte Menge an Lauge nötig.
$HCl(aq) + NaOH(aq) \rightarrow H_2O(l) + NaCl(aq)$; exotherm
$H_2SO_4(aq) + 2\ NaOH(aq) \rightarrow 2\ H_2O(l) + Na_2SO_4(aq)$; exotherm

A141.6

Bei der Neutralisation von konzentrierter Schwefelsäure mit konzentrierter Natronlauge entsteht so viel Wärme, dass sich die Lösung stark erhitzt und partiell zu sieden beginnt. Säurespritzer können Gegenstände in der näheren Umgebung beschädigen oder Menschen verletzten, wenn sie mit den Augen oder der Haut in Berührung kommen.

A141.7

a) Kaliumnitrat, Calciumsulfat, Calciumphosphat, Natriumhydrogensulfat

b) Na_2CO_3, $Al_2(SO_4)_3$, $MgSO_4$

A141.8

$2\ Al(s) + 6\ HCl(aq) \rightarrow 2\ AlCl_3(aq) + 3\ H_2(g)$; exotherm
$Al_2O_3(s) + 6\ HCl(aq) \rightarrow 2\ AlCl_3(aq) + 3\ H_2O(l)$; exotherm
$Al(OH)_3(aq) + 3\ HCl(aq) \rightarrow AlCl_3(aq) + 3\ H_2O(l)$; exotherm
$2\ Al(s) + 3\ Cl_2(g) \rightarrow 2\ AlCl_3(s)$; exotherm

V142.1

a) Die Phenolphthaleinlösung färbt die Natronlauge rötlich. Die eintropfende Salzsäure entfärbt die Lösung. Nach dem Eindampfen bleibt ein weißlicher Rückstand zurück. Bei der Titration von Kalkwasser sind die Beobachtungen gleich. Bei beiden Versuchen laufen Neutralisationsreaktionen ab. Es bildet sich das entsprechende Salz und Wasser.

b) $HCl(aq) + NaOH(aq) \rightarrow H_2O(l) + NaCl(aq)$; exotherm
$2\ HCl(aq) + Ca(OH)_2(aq) \rightarrow H_2O(l) + CaCl_2(aq)$; exotherm

c) Es handelt sich um eine neutralisierte Lösung, die nur Wasser und ungefährliche Salz gelöst enthält.

d) Der Indikator Bromthymolblau hat keinen scharfen Umschlagpunkt. Daher wird Phenolphthalein eingesetzt. Außerdem wäre bei der Verwendung von Bromthymolblau das entstehende Salz nach dem Eindampfen verfärbt.

V142.2

Durch die Zugabe von Calciumoxid steigt der pH-Wert der Lösung. Calciumoxid reagiert mit Wasser und bildet Calciumhydroxid. Die Hydroxid-Ionen reagieren mit den Hydronium-Ionen der Salzsäure zu Wasser-Molekülen.

V142.3

a) Bei der Zugabe aller Stoffe zeigt die Universalindikatorlösung einen höheren pH-Wert als zuvor an. Alle Stoffe reagieren demnach mit den Hydronium-Ionen der Salzsäure. Ihre Konzentration wird dadurch verringert. Daher steigt der pH-Wert an.

b) $Mg(OH)_2(aq) + 2\ HCl(aq) \rightarrow MgCl_2(aq) + 2\ H_2O(l)$; exotherm
$Al(OH)_3(aq) + 3\ HCl(aq) \rightarrow AlCl_3(aq) + 3\ H_2O(l)$; exotherm
$NaHCO_3(s) + HCl(aq) \rightarrow CO_2(g) + H_2O(l) + NaCl(aq)$; exotherm
$MgCO_3(s) + 2\ HCl(aq) \rightarrow CO_2(g) + H_2O(l) + MgCl_2(aq)$; exotherm

c) Beim Sodbrennen gelangt Magensäure in die Speiseröhre und führt dort zu Verätzungen, die als unangenehmes Brennen empfunden werden. Die Feststoffe dienen in Arzeneimitteln gegen Sodbrennen dazu, mit der Salzsäure aus dem Magen zu reagieren und neutralisieren diese.

d) Bei Verwendung von Natriumhydrogencarbonat und Magnesiumcarbonat bildet sich Kohlenstoffdioxid, das zu vermehrtem Aufstoßen führt.

V142.4

a) Im Falle von Magnesiumoxid bildet sich beim Eindampfen des farblosen Filtrats ein weißlicher Rückstand. Bei der Reaktion von Kupferoxid mit Schwefelsäure bildet sich eine blaue Lösung, die nach dem Eindampfen einen bläulichen Rückstand bildet.

b) Die Schwefelsäure reagiert mit beiden Oxiden. Es bilden sich Wasser und Magnesiumsulfat bzw. Kupfersulfat
$MgO(s) + H_2SO_4(aq) \rightarrow MgSO_4(aq) + H_2O\ (g)$; exotherm
$CuO(s\ ) + H_2SO_4(aq) \rightarrow CuSO_4(aq) + H_2O(g)$; exotherm

V143.5

a) Die Salzsäure reagiert mit Calcium und mit Magnesium unter Gasentwicklung. Es bildet sich ein brennbares Gas. In beiden Fällen bleibt nach dem Eindampfen ein weißlicher Rückstand zurück.

b) Salzsäure reagiert mit beiden Metallen unter Bildung von Wasserstoff und den Salzen Calciumchlorid bzw. Magnesiumchlorid.
$Ca(s) + 2\ HCl(aq) \rightarrow CaCl_2(aq) + H_2(g)$; exotherm
$Mg(s) + 2\ HCl(aq) \rightarrow MgCl_2(aq) + H_2(g)$; exotherm

V143.6

a) Gib zu der sauren Lösung eine Pipette Bromthylmolblau und füge portionsweise Natronlauge mit der Konzentration $c(NaOH) = 0{,}5$ mol/l zu, bis sich die Lösung grün färbt.

b) Der Indikator Bromthymolblau zeigt durch die Grünfärbung die Neutralisation an. Durch Verwendung der konzentrierten Natronlauge statt der verdünnten Natronlauge verringert sich die zugegebene Flüssigkeitsmenge. Kupferblech kann nicht verwendet werden, weil es nicht mit verdünnten Säuren reagiert. Die Verwendung von Magnesiumband ist zu teuer und es entstünde noch Wasserstoff. Marmorstücke setzen Kohlendioxid frei, die Kohlensäure bildet, so dass die Lösung nicht vollständig neutralisiert würde. Die Verwendung von Calciumoxid wäre eine Alternative.

V143.7

a) Das Bromwasser wird entfärbt und nach dem Filtrieren liegt eine farblose Lösung vor. Beim Eindampfen bildet sich ein weißlicher Rückstand.

b) Brom reagiert mit Zink unter Bildung von Zinkbromid.
$Zn(s) + Br_2(aq) \rightarrow ZnBr_2(aq)$;

$$ZnBr_2(aq) \xrightarrow{\text{Eindampfen}} ZnBr_2(s)$$

V143.8

a) Durch das Zutropfen der Salzsäure löst sich das Calciumcarbonat unter Gasentwicklung auf. Das Gas trübt Kalkwasser. Salzsäure reagiert mit Calciumcarbonat unter Freisetzung von Kohlenstoffdioxid. Es bilden sich gleichzeitig noch Wasser und gelöstes Calciumchlorid. Das gebildete Kohlenstoffdioxid reagiert mit dem Calciumhydroxid und bildet wieder Calciumcarbonat und Wasser.

$CaCO_3(s) + 2\ HCl(aq) \rightarrow CO_2(g) + H_2O(l) + CaCl_2(aq)$; exotherm
$Ca(OH)_2(aq) + CO_2(g) \rightarrow CaCO_3(s) + H_2O(l)$

b) Die Reaktion ist möglich, weil Carbonate von Säuren zersetzt werden. Die Carbonat-Ionen reagieren mit den Hydronium-Ionen der Salzsäure zu Wasser-Molekülen und Kohlenstoffdioxid-Molekülen:
$CO_3^{2-}(aq) + 2\ H_3O^+(aq) \rightarrow CO_2(g) + 3\ H_2O(l)$
Das gelöste Kohlenstoffdioxid entweicht beim Erhitzen als Gas. Zurück bleiben die Metall-Ionen und die Säurerest-Ionen.

A145.1

Salzsäure:

gebeben: $V(HCl(aq)) = 20{,}0$ ml
$c(HCl(aq)) = 1\ \frac{mol}{l}$
$c(KOH(aq)) = 0{,}5\ \frac{mol}{l}$

gesucht: $V(KOH(aq))$

2. Aufstellen der Reaktionsgleichung
$$H_3O^+(aq) + Cl^-(aq) + K^+(aq) + OH^-(aq) \rightarrow 2\ H_2O(l) + K^+(aq) + Cl^-(aq)$$

3. Berechnung von $V(KOH(aq))$
Am Äquivalenzpunkt gilt: $n(H_3O^+(aq)) = n(OH^-(aq))$;
mit $n = c \cdot V$ ergibt sich:
$c(H_3O^+(aq)) \cdot V(HCl(aq)) = c(OH^-(aq)) \cdot V(KOH(aq))$

Salzsäure ist eine einprotonige Säure. Es gilt:
$c(H_3O^+(aq)) = c(HCl(aq))$

$c(HCl(aq)) \cdot V(HCl(aq)) = c(OH^-(aq)) \cdot V(KOH(aq))$

$$V(KOH(aq)) = \frac{c(HCl(aq)) \cdot V(HCl(aq))}{c(OH^-(aq))}$$

$$V(KOH(aq)) = \frac{1\ \frac{mol}{l} \cdot 0{,}02\ l}{0{,}5\ \frac{mol}{l}} = 0{,}04\ l = 40\ ml$$

Das Volumen der Kaliumhydroxidlösung beträgt 40 ml.

Schwefelsäure:

1. Gegebene Werte und gesuchte Größen

gegeben: $V(H_2SO_4(aq)) = 20{,}0\ ml$

$c(H_2SO_4(aq)) = 1\ \frac{mol}{l}$

$c(KOH(aq)) = 0{,}5\ \frac{mol}{l}$

gesucht: $V(KOH(aq))$

2. Aufstellen der Reaktionsgleichung

$2\ H_3O^+(aq) + SO_4^{2-}(aq) + 2\ K^+(aq) + 2\ OH^-(aq) \rightarrow$
$4\ H_2O(l) + 2\ K^+(aq) + SO_4^{2-}(aq)$

3. Berechnung von $V(KOH(aq))$

Am Äquivalenzpunkt gilt: $n(H_3O^+(aq)) = n(OH^-(aq))$;
mit $n = c \cdot V$ ergibt sich:
$c(H_3O^+(aq)) \cdot V(H_2SO_4(aq)) = c(OH^-(aq)) \cdot V(KOH(aq))$
Schwefelsäure ist eine zweiprotonige Säure. Es gilt:
$\frac{1}{2} \cdot c(H_3O^+(aq)) = c(H_2SO_4(aq))$ und
$c(H_3O^+(aq)) = 2 \cdot c(H_2SO_4(aq))$
$2 \cdot c(H_2SO_4(aq)) \cdot V(H_2SO_4(aq)) = c(OH^-(aq)) \cdot V(KOH(aq))$

$$V(KOH(aq)) = \frac{2 \cdot c(H_2SO_4(aq)) \cdot V(H_2SO_4(aq))}{c(OH^-(aq))}$$

$$V(KOH(aq)) = \frac{2 \cdot 1\ \frac{mol}{l} \cdot 0{,}02\ l}{0{,}5\ \frac{mol}{l}} = 0{,}08\ l = 80\ ml$$

Das Volumen der Kaliumhydroxidlösung beträgt 80 ml.

Alternativer Rechenweg:
Salzsäure

1. Gegebene Werte und gesuchte Größen

gegeben: $V(HCl(aq)) = 20{,}0\ ml$

$c(HCl(aq)) = 1\ \frac{mol}{l}$

$c(KOH(aq)) = 0{,}5\ \frac{mol}{l}$

gesucht: $V(KOH(aq))$

2. Aufstellen der Reaktionsgleichung

$HCl(aq) + KOH(aq) \rightarrow H_2O(l) + KCl(aq)$

3. Aufstellung der Stoffmengenverhältnis zwischen gegebenen und gesuchten Stoff

$\frac{n(HCl(aq))}{n KOH(aq))} = \frac{1}{1}$; $1 \cdot n(KOH(aq)) = 1 \cdot n(HCl(aq))$

4. Einsetzen der Größengleichung $n = c \cdot V$

$c(KOH(aq)) \cdot V(KOH(aq)) = c(HCl(aq)) \cdot V(HCl(aq))$

$$V(KOH(aq)) = \frac{c(HCl(aq)) \cdot V(HCl(aq))}{c(KOH(aq))}$$

$$V(KOH(aq)) = \frac{1\ \frac{mol}{l} \cdot 0{,}02\ l}{0{,}5\ \frac{mol}{l}} = 0{,}04\ l = 40\ ml$$

Das Volumen der Kaliumhydroxidlösung beträgt 40 ml.

Schwefelsäure:

1. Gegebene Werte und gesuchte Größen

gegeben: $V(H_2SO_4(aq)) = 20{,}0\ ml$

$c(H_2SO_4(aq)) = 1\ \frac{mol}{l}$

$c(KOH(aq)) = 0{,}5\ \frac{mol}{l}$

gesucht: $V(KOH(aq))$

2. Aufstellen der Reaktionsgleichung

$H_2SO_4(aq) + 2\ KOH(aq) \rightarrow 2\ H_2O(l) + K_2SO_4(aq)$

3. Aufstellung der Stoffmengenverhältnis zwischen gegebenen und gesuchten Stoff

$\frac{n(H_2SO_4(aq))}{n(KOH(aq))} = \frac{1}{2}$; $1 \cdot n(KOH(aq)) = 2 \cdot n(H_2SO_4(aq))$

4. Einsetzen der Größengleichung $n = c \cdot V$

$1 \cdot c(KOH(aq)) \cdot V(KOH(aq)) = 2 \cdot c(H_2SO_4(aq)) \cdot V(H_2SO_4(aq))$

$$V(KOH(aq)) = \frac{2 \cdot c(H_2SO_4(aq)) \cdot V(H_2SO_4(aq))}{1 \cdot c(KOH(aq))}$$

$$V(KOH(aq)) = \frac{2 \cdot 1\ \frac{mol}{l} \cdot 0{,}02\ l}{0{,}5\ \frac{mol}{l}} = 0{,}08\ l = 80\ ml$$

Das Volumen der Kaliumhydroxidlösung beträgt 80 ml.

A145.2

1. Gegebene Werte und gesuchte Größen

gegeben: $V(HCl(aq)) = 15{,}0\ ml$

$c(HCl(aq)) = 0{,}01\ \frac{mol}{l}$

$V(NaOH(aq)) = 10\ ml$

gesucht: $c(NaOH(aq))$

2. Aufstellen der Reaktionsgleichung

$H_3O^+(aq) + Cl^-(aq) + Na^+(aq) + OH^-(aq) \rightarrow$
$2\ H_2O(l) + Na^+(aq) + Cl^-(aq)$

3. Berechnung von $c(NaOH(aq))$

Am Äquivalenzpunkt gilt: $n(H_3O^+(aq)) = n(OH^-(aq))$;
mit $n = c \cdot V$ ergibt sich:
$c(H_3O^+(aq)) \cdot V(HCl(aq)) = c(OH^-(aq)) \cdot V(NaOH(aq))$
Salzsäure ist eine einprotonige Säure. Es gilt:
$c(H_3O^+(aq)) = c(HCl(aq))$

$c(HCl(aq)) \cdot V(HCl(aq)) = c(OH(aq)) \cdot V(NaOH(aq))$

$$c(OH^-(aq)) = \frac{c(HCl(aq)) \cdot V(HCl(aq))}{V(NaOH(aq))}$$

$$c(OH^-(aq)) = \frac{0{,}01\ \frac{mol}{l} \cdot 0{,}015\ l}{0{,}01\ ml} = 0{,}015\ \frac{mol}{l}$$

Die Konzentration der Natriumhydroxidlösung beträgt $0{,}015\ \frac{mol}{l}$.

A145.3

1. Gegebene Werte und gesuchte Größen

gegeben: $V(\text{Rhabarbersaft}) = V(H_2C_2O_4(aq)) = 50{,}0\ ml$

$V(NaOH(aq)) = 0{,}0195\ ml$

$c(NaOH(aq)) = 1\ \frac{mol}{l}$

gesucht: $c(H_2C_2O_4(aq))$

2. Aufstellen der Reaktionsgleichung

$2\ H_3O^+(aq) + C_2O_4^{2-}(aq) + 2\ Na^+(aq) + 2\ OH^-(aq) \rightarrow 4\ H_2O(l) + 2\ Na^+(aq) + C_2O_4^{2-}(aq)$

3. Berechnung von $V(KOH(aq))$

Am Äquivalenzpunkt gilt: $n(H_3O^+(aq)) = n(OH^-(aq))$;
mit $n = c \cdot V$ ergibt sich:
$c(H_3O^+(aq)) \cdot V(H_2C_2O_4(aq)) = c(OH^-(aq)) \cdot V(NaOH(aq))$

$$c(H_3O^+(aq)) = \frac{c(OH^-(aq)) \cdot V(NaOH(aq))}{V(H_2C_2O_4(aq))}$$

$$c(H_3O^+(aq)) = \frac{1\ \frac{mol}{l} \cdot 0{,}0195\ l}{0{,}05\ l} = 0{,}39\ \frac{mol}{l}$$

Oxalsäure ist eine zweiprotonige Säure. Es gilt: $c(H_2C_2O_4(aq)) = \frac{1}{2} \cdot c(H_3O^+(aq)) = 0{,}195\ \frac{mol}{l}$
Die Konzentration der Oxalsäure im Rhabarbersaft beträgt $0{,}195\ \frac{mol}{l}$.

A146.1

In der wässrigen Lösung einer starken Säure haben alle Säure-Moleküle ihre Protonen auf Wasser-Moleküle übertragen und Hydronium-Ionen gebildet. Je schwächer eine Säure ist, desto weniger Säure-Moleküle haben ihre Protonen auf Wasser-Moleküle übertragen.

A146.2

Salzsäure und Kohlensäure sind beides Säuren und besitzen einen pH-Wert unter 7. Die Salzsäure protolysiert als starke Säure vollständig und besitzt auch noch eine höhere Konzentration als die schwache Säure Kohlensäure. Die

Salzsäure besitzt die höchste Konzentration an Hydronium-Ionen und damit den niedrigsten pH-Wert. Die drei Laugen haben pH-Werte größer als 7. Ammoniak ist eine schwache Base. Kalium- und Natriumhydroxid sind starke Basen, aber die Kalilauge besitzt die höhere Konzentration. Die Konzentration der Hydroxid-Ionen ist in der Kalilauge höher als in der Natronlauge und dort wiederum höher als in der Ammoniaklösung. Die Konzentration der Hydronium-Ionen verhält sich umgekehrt. Der pH-Wert der Lösungen steigt in folgender Reihenfolge:
pH (Salzsäure) < pH (Kohlensäure) < pH (Ammoniaklösung) < pH (Natronlauge) < pH (Kalilauge)

V147.1

individuelle Lösung

V147.2

individuelle Lösung
Calciumhydroxid ist schlecht in Wasser löslich. Bei 20 °C lösen sich etwa 1,7 g in 1 l Wasser.

V147.3

a), b) Individuelle Lösung. Anmerkung: Die Rhabarbersaftlösung wird vorgelegt, mit Wasser verdünnt und mit wenig Phenolphthaleinlösung versetzt. Dann wird mit der Natronlauge gegentitriert. Sobald der Indikator in der Vorlage eine rötlich Farbe zeigt, ist die Titration beendet. Mithilfe des umgesetzten Volumens an Natronlauge, kann die Konzentration der Oxalsäure im Rhabarbersaft errechnet werden. Zu beachten ist, dass Oxalsäure eine zweiprotonige Säure ist.

Am Äquivalenzpunkt gilt: $n(H_3O^+(aq)) = n(OH^-(aq))$;
mit $n = c \cdot V$ ergibt sich:
$c(H_3O^+(aq)) = 2\ c(H_2C_2O_4(aq))$

$$c(H_3O^+(aq)) \cdot V(H_2C_2O_4(aq)) = c(OH^-(aq)) \cdot V(NaOH(aq))$$

$$2\ c(H_2C_2O_4(aq)) \cdot V(H_2C_2O_4(aq)) = c(OH^-(aq)) \cdot V(NaOH(aq))$$

$$c(H_2C_2O_4(aq)) = \frac{\frac{1}{2}\ c(OH^-(aq)) \cdot V(NaOH(aq))}{V(H_2C_2O_4(aq))}$$

c) Durch die Zugabe von Wasser wird die Anzahl der Hydronium- beziehungsweise der Hydroxid-Ionen nicht verändert. Daher hat die Verdünnung mit Wasser keinen Einfluss auf das Titrationsergebnis.

B149.1

a) – c) individuelle Lösung

B149.2

a) Durch das Zutropfen der Salzsäure löst sich das Calciumcarbonat unter Gasentwicklung auf. Salzsäure reagiert mit Calciumcarbonat unter Freisetzung von Kohlenstoffdioxid.

Calciumcarbonat + Salzsäure →
Kohlenstoffdioxid + Wasser + Calciumchlorid

$CaCO_3(s) + 2\ HCl(aq) \rightarrow CO_2(g) + H_2O(l) + CaCl_2(aq)$;
exotherm

b) Es werden Protonen von den Hydronium-Ionen der Salzsäure (Protonendonator) auf die Carbonat-Ionen (Protonenaktzeptor) übertragen. Es bilden sich Kohlensäure-Moleküle, die in Wasser-Moleküle und Kohlenstoffdioxid-Moleküle zerfallen. Es handelt sich also bei dieser Reaktion um eine Säure-Base-Reaktion nach Brönsted.

B149.3

Aluminium ist ein unedles Metall und reagiert mit der Oxalsäure. Das Aluminium wird dabei zersetzt. Unter Wasserstoffentwicklung entsteht Aluminiumoxalat.

B149.4

a) Der Farbstoff der Hortensie ist ein Indikatorfarbstoff, der je nach pH-Wert seine Farbe ändert. Im sauren Bereich hat der Indikator eine andere Farbe als im neutralen oder schwach alkalischen Bereich.

b) $Al_2(SO_4)_3(aq) + 2H_2O \rightarrow [Al_2(SO_4)_3OH]^-(aq) + H_3O^+(aq)$

c) Da sich Hydronium-Ionen bilden, müssen einzelne Wasser-Moleküle als Protonenakzeptoren regieren. Zeitgleich reagieren andere Wasser-Moleküle als Protonendonatoren. Die gebildeten Hydroxid-Ionen werden vom Aluminiumsulfat aufgenommen.

B149.5

Natriumhydrogensulfat reagiert mit Wasser und bildet eine saure Lösung. Die Hydrogensulfat-Ionen übertragen je ein Proton auf Wasser-Moleküle. So bilden sich Hydronium-Ionen.
$NaHSO_4(s) + H_2O(l) \rightarrow Na^+(aq) + H_3O^+(aq) + SO_4^{2-}(aq)$

B149.6

a) Das Wort *neutral* bedeutet, dass der pH-Wert bei 7 liegt. Der pH-Wert der Haut liegt aber zwischen 5 und 6.

b) Lösungen von normaler Seife besitzen einen pH-Wert, der im alkalischen Bereich etwa bei 10 liegt. Durch diesen hohen pH-Wert wird der Säureschutzmantel der Haut angegriffen. Der pH-Wert hautneutrale Seifen entspricht etwa dem pH-Wert der Haut. Der Säureschutzmantel bleibt beim Verwenden dieser Produkte erhalten.

B150.7

Es liegt eine einfache Apparatur zur Überprüfung der elektrischen Leitfähigkeit vor. Eine Spannungsquelle ist über eine Glühlampe mit zwei Elektroden verbunden, die in eine saure Lösung eintauchen. Im ersten Versuch wird die elektrische Leitfähigkeit verdünnter Essigsäure und im zweiten von konzentrierter Essigsäure untersucht.
Saure Lösungen sind leitfähig, weil sie Ionen enthalten. Bei der Reaktion von Essigsäure-Molekülen mit Wasser-Molekülen werden Protonen von den Essigsäure-Molekülen auf die Wasser-Moleküle übertragen. Es bilden sich Hydronium-Ionen und Acetat-Ionen. Die Glühlampe leuchtet also wenn verdünnte Essigsäure im Becherglas ist. Bei 100-prozentiger Essigsäure ist kein Leuchten zu beobachten, weil nur Essigsäure-Moleküle und keine Ionen mehr vorliegen.

B150.8

Salzsäure ist eine starke Säure und liegt in verdünnter wassriger Lösung vollständig dissoziiert vor. Die Konzentration an Hydronium-Ionen entspricht daher der Konzentration an Chlorwasserstoff-Molekülen, die eingewogen wurden. Essigsäure ist eine schwache Säure. In verdünnter wässriger Lösung liegen daher neben den Hydronium- und Acetat-Ionen noch Essigsäure-Moleküle vor. Die Konzentration an Hydronium-Ionen ist deshalb geringer als die Konzentration der eingewogenen Essigsäure-Moleküle. Der pH-Wert der Salzsäure gleicher Konzentration ist somit geringer als der pH-Wert der Essigsäure.

B150.9

a) Zwischen der Masse einer Substanz und ihrer Stoffmengenkonzentration besteht folgender Zusammenhang:

$\frac{\text{Masse}}{\text{Molare Masse}}$ = Stoffmengenkonzentration · Volumen;

$\frac{m(\text{NaOH})}{M(\text{NaOH})} = c(\text{NaOH(aq)}) \cdot V(\text{NaOH(aq)})$

$m(\text{NaOH}) = c(\text{NaOH(aq)}) \cdot V(\text{NaOH(aq)}) \cdot M(\text{NaOH})$;

$m(\text{NaOH}) = 0{,}5\ \frac{\text{mol}}{\text{l}} \cdot 2\ \text{l} \cdot 40\ \frac{\text{g}}{\text{mol}} = 40\ \text{g}$

Es müssen 40 g Natriumhydroxid gelöst werden.

b) 1. Gegebene Werte und gesuchte Größen

gegeben: $V(\text{HCl(aq)}) = 10{,}0\ \text{ml}$
$c(\text{HCl(aq)}) = 0{,}1\ \frac{\text{mol}}{\text{l}}$
$V(\text{NaOH(aq)}) = 25\ \text{ml}$

gesucht: $c(\text{NaOH(aq)})$

2. Aufstellen der Reaktionsgleichung

$H_3O^+(aq) + Cl^-(aq) + Na^+(aq) + OH^-(aq) \rightarrow 2\ H_2O(l) + Na^+(aq) + Cl^-(aq)$

3. Berechnung von $c(\text{NaOH(aq)})$

Am Äquivalenzpunkt gilt: $n(H_3O^+(aq)) = n(OH^-(aq))$;

mit $n = c \cdot V$ ergibt sich:

$c(H_3O^+(aq)) \cdot V(\text{HCl(aq)}) = c(OH^-(aq)) \cdot V(\text{NaOH(aq)})$

Salzsäure ist eine einprotonige Säure.

Es gilt: $c(H_3O^+(aq)) = c(\text{HCl(aq)})$

$c(\text{HCl(aq)}) \cdot V(\text{HCl(aq)}) = c(\text{NaOH(aq)}) \cdot V(\text{NaOH(aq)})$

$c(OH^-(aq)) = \frac{c(\text{HCl(aq)}) \cdot V(\text{HCl(aq)})}{V(\text{NaOH(aq)})}$

$c(OH^-(aq)) = \frac{0{,}1\ \frac{\text{mol}}{\text{l}} \cdot 0{,}01\ \text{l}}{0{,}025\ \text{ml}} = 0.4\ \frac{\text{mol}}{\text{l}}$

Die Konzentration der Natriumhydroxidlösung beträgt $0{,}4\ \frac{\text{mol}}{\text{l}}$ und ist damit geringer als die gewünschte Konzentration von $0{,}5\ \frac{\text{mol}}{\text{l}}$.

c) Wenn das pH-Messgerät einen pH-Wert unter 7 meldet, wird solange Lauge zugegeben, bis der pH-Wert den Wert 7 erreicht hat. Bei gemessenen pH-Werten über 7 wird entsprechend Säure zugegeben. Die zweite Messonde dient der nachträglichen Kontrolle des Neutralisationsergebnisses.

B150.10

$H_3O^+(aq) + Cl^-(aq) + K^+(aq) + OH^-(aq) \rightarrow$
Säure 1 Base 2
$H_2O(l) + H_2O(l) + K^+(aq) + Cl^-(aq)$
Säure 2 Base 1

$2\ H_3O^+(aq) + SO_4^{2-}(aq) + 2\ Na^+(aq) + 2\ OH^-(aq) \rightarrow$
Säure 1 Base 2
$2\ H_2O(l) + 2\ H_2O(l) + 2\ Na^+(aq) + SO_4^{2-}(aq)$
Säure 2 Base 1

$2\ H_3O^+(aq) + CO_3^{2-}(aq) + Ca^2+(aq) + 2\ OH^-(aq) \rightarrow$
Säure 1 Base 2
$2\ H_2O(l) + 2\ H_2O(l) + Ca^{2+}(aq) + CO_3^{2-}(aq)$
Säure 2 Base 1

$3\ H_3O^+(aq) + PO_4^{3-}(aq) + 3\ Na^+(aq) + 3\ OH^-(aq) \rightarrow$
Säure 1 Base 2
$3\ H_2O(l) + 3\ H_2O(l) + 3\ Na^+(aq) + PO_4^{3-}(aq)$
Säure 2 Base 1

$2\ H_3O^+(aq) + 2\ NO_3^-(aq) + Ba^{2+}(aq) + 2\ OH^-(aq) \rightarrow$
Säure 1 Base 2
$2\ H_2O(l) + 2\ H_2O(l) + Ba^{2+}(aq) + 2\ NO_3^-(aq)$
Säure 2 Base 1

B150.11

1: $Zn(s) + 2\ HNO_3(aq) \rightarrow Zn(NO_3)_2(aq) + H_2(g)$; exotherm
2: $MgO(s) + 2\ HCl(aq) \rightarrow MgCl_2(aq) + H_2O(l)$; exotherm
3: $Ba(OH)_2(aq) + H_2SO_4(aq) \rightarrow BaSO_4(s) + 2\ H_2O(l)$; exotherm
4: $2\ Na(s) + Cl_2(g) \rightarrow 2\ NaCl(s)$

B150.12

a), b) Die Konzentration der Hydronium-Ionen in der Salzsäure beträgt $10^{-2} = 0{,}01\ \frac{\text{mol}}{\text{l}}$. Die Stoffmenge der Hydronium-Ionen beträgt:

$n(H_3O^+(aq)) = c(H_3O^+(aq)) \cdot V(H_3O^+(aq)) = 0{,}01\ \frac{\text{mol}}{\text{l}} \cdot 0{,}5\ \text{l} = 0{,}005\ \text{mol}$

Die Konzentration der Hydroxid-Ionen in der Natronlauge beträgt $10^{-2} = 0{,}01\ \frac{\text{mol}}{\text{l}}$. Die Stoffmenge der Hydroxid-Ionen beträgt:

$n(OH^-(aq)) = c(OH^-(aq)) \cdot V(OH^-(aq)) = 0{,}01\ \frac{\text{mol}}{\text{l}} \cdot 1\ \text{l} = 0{,}01\ \text{mol}$

Die Stoffmenge der Hydroxid-Ionen ist doppelt so groß wie die Stoffmenge der Hydronium-Ionen. Der Indikator wird die Farbe blau annehmen. Es müssen noch einmal 0,5 Liter Salzsäure zur Neutralisation zugefügt werden.

B150.13

a) $2\ Li(s) + 2\ H_2O(l) \rightarrow 2\ LiOH(aq) + H_2(g)$; exotherm

b) gegeben: $V(\text{HCl(aq)}) = 3{,}0\ \text{ml}$
$c(\text{HCl(aq)}) = 0{,}1\ \frac{\text{mol}}{\text{l}}$
$V(\text{LiOH(aq)}) = 25\ \text{ml}$

gesucht: $m(\text{LiOH(aq)})$

Berechnung von $n(\text{HCl(aq)})$

Bis zur Neutralisation wurden 0,003 l Salzsäure verbraucht. Die benötigte Stoffmenge ergibt sich aus der Beziehung:

$n(\text{HCl(aq)}) = c(\text{HCl(aq)}) \cdot V(\text{HCl(aq)})$

$n(\text{HCl(aq)}) = 0{,}1\ \frac{\text{mol}}{\text{l}} \cdot 0{,}003\ \text{l} = 0{,}0003\ \text{mol}$

Da nur 25 ml titriert wurden, wird zur Neutralisation von 50 ml LiOH (aq) dementsprechend 0,0006 mol HCl (aq) benötigt.

Aus der Neutralisationsgleichung geht hervor, dass Salzsäure und Lithiumhydroxid im Stoffmengenverhältnis 1 : 1 stehen.

$LiOH(aq) + HCl(aq) \rightarrow LiCl(aq) + H_2O(g)$; exotherm

Dementsprechend sind in 50 ml der Lösung auch 0,0006 mol LiOH enthalten.
Aus der Bildungsreaktionsgleichung für die LiOH (aq) Lösung geht hervor, dass LiOH (aq) und Li (s) im Stoffmengenverhältnis 1 : 1 stehen. Dementsprechend sind in 50 ml Lösung auch 0,0006 mol Li (s) gelöst worden.

Berechnung der eingesetzten Masse:
$m(Li) = n(Li) \cdot M(Li) = 0{,}0006 \text{ mol} \cdot 6{,}94 \frac{g}{mol} = 0{,}0042 \text{ g}$

Es wurden also 0,0042 g Lithium in 50 ml Wasser gelöst.

C151.1

a) $Ca_3(PO_4)_2(s) + 6\ HCl(aq) \rightarrow 2\ H_3PO_4(aq) + 3\ CaCl_2(aq)$
$Ca_3(PO_4)_2(s) + 3\ H_2SO_4(aq) \rightarrow 2\ H_3PO_4(aq) + 3\ CaSO_4(aq)$
$Ca_3(PO_4)_2(s) + 6\ HNO_3(aq) \rightarrow 2\ H_3PO_4(aq) + 3\ Ca(NO_3)_2(aq)$

b) $CaCO_3(s) + 2\ HCl(aq) \rightarrow H_2CO_3(aq) + CaCl_2(aq)$
$H_2CO_3(aq) \rightarrow CO_2(g) + H_2O(l)$

c) Die Säurestärke von Phosphorsäure und Kohlensäure ist nicht hoch genug, um aus Chloriden, Sulfaten und Nitraten die entsprechenden Säuren freizusetzen.

d) Die stärkere Säure vertreibt die schwächere Säure aus ihrem Salz.

e) Schwefelsäure und die Halogenwasserstoffsäuren weisen in etwa die gleichen Säurestärken auf. Diese Regel gilt nicht, wenn die säurebildende Substanz gasförmig ist. Sowohl Chlorwasserstoff als auch Bromwasserstoff sind gasförmig.

C151.2

a) Durch das Erhitzen wird Kohlenstoffdioxid vollständig aus der Lösung entfernt. Es kann sich keine Kohlensäure mehr bilden, die das Messergebnis verfälschen würde.

b) Die Phosphorsäure ist etwas stärker als die Citronensäure und verursacht einen niedrigeren pH-Wert.

c) $H_3C_6H_5O_7\ (s) + 3\ H_2O(l) \rightarrow C_6H_5O_7^{3-}(aq) + 3\ H_3O^+(aq)$

d) 1. Gegebene Werte und gesuchte Größen
gegeben:
$V(\text{Zitronenlimonade}) = V(H_3C_6H_5O_7(aq)) = 50{,}0$ ml
$V(NaOH(aq)) = 0{,}0075$ ml
$c(NaOH(aq)) = 0{,}1$ mol/l
gesucht: $c(H_3C_6H_5O_7(aq))$

2. Aufstellen der Reaktionsgleichung
$3\ H_3O^+(aq) + C_6H_5O_7^{3-}(aq) + 3\ Na^+(aq) + 3\ OH^-(aq) \rightarrow$
$6\ H_2O(l) + 3\ Na^+(aq) + C_6H_5O_7^{3-}(aq)$

3. Berechnung von $c(H_3C_6H_5O_7(aq))$
Am Äquivalenzpunkt gilt: $n(H_3O^+(aq)) = n(OH^-(aq))$;
mit $n = c \cdot V$ ergibt sich:
$c(H_3O^+(aq)) \cdot V(H_3C_6H_5O_7(aq)) = c(OH^-(aq)) \cdot V(NaOH(aq))$

$$c(H_3O^+(aq)) = \frac{c(OH^-(aq)) \cdot V(NaOH(aq))}{V(H_3C_6H_5O_7(aq))}$$

$$c(H_3O^+(aq)) = \frac{0{,}1 \frac{mol}{l} \cdot 0{,}0075\ l}{0{,}05\ l} = 0{,}015 \frac{mol}{l}$$

Citronensäure ist eine dreiprotonige Säure. Es gilt:
$c(H_3C_6H_5O_7(aq)) = \frac{1}{3} \cdot c(H_3O^+(aq)) = 0{,}005 \frac{mol}{l}$

Die Konzentration der Citronensäure in der Zitronenlimonade beträgt $0{,}005 \frac{mol}{l}$.

4. Massenberechnung
Zwischen der Masse der Citronensäure und ihrer Stoffmengenkonzentration besteht folgender Zusammenhang:

$$\frac{\text{Masse}}{\text{Molare Masse}} = \text{Stoffmengenkonzentration} \cdot \text{Volumen};$$

$$\frac{m(H_3C_6H_5O_7)}{M(H_3C_6H_5O_7)} = c(H_3C_6H_5O_7(aq)) \cdot V(H_3C_6H_5O_7(aq));$$

Es sind in 50 ml Zitronenlimonade 0,048 g Citronensäure enthalten.

alternativer Rechenweg:

1. Gegebene Werte und gesuchte Größen
gegeben:
$V(\text{Zitronenlimonade}) = V(H_3C_6H_5O_7(aq)) = 50{,}0$ ml
$V(NaOH(aq)) = 0{,}0075$ ml
$c(NaOH(aq)) = 0{,}1 \frac{mol}{l}$
gesucht: $c(H_3C_6H_5O_7(aq))$

2. Aufstellen der Reaktionsgleichung
$H_3C_6H_5O_7(aq) + 3\ NaOH(aq) \rightarrow 3\ H_2O(l) + Na_3C_6H_5O_7(aq)$

3. Aufstellung der Stoffmengenverhältnis zwischen gegebenen und gesuchten Stoff

$$\frac{n(H_3C_6H_5O_7)(aq))}{n(NaOH(aq))} = \frac{1}{3};\ 1 \cdot n(KOH)(aq)) = 3 \cdot n(H_3C_6H_5O_7(aq))$$

4. Einsetzen der Größengleichung $n = c \cdot V$
$1 \cdot c(NaOH(aq)) \cdot V(NaOH(aq)) =$
$3 \cdot c(H_3C_6H_5O_7(aq)) \cdot V(H_3C_6H_5O_7(aq))$

$$c(H_3C_6H_5O_7(aq)) = \frac{1 \cdot c(NaOH(aq)) \cdot V(NaOH(aq))}{3 \cdot V(H_3C_6H_5O_7(aq))}$$

$$c(H_3C_6H_5O_7(aq)) = \frac{0{,}1 \frac{mol}{l} \cdot 0{,}0075\ l}{3 \cdot 0{,}05\ l} = 0{,}08\ l = 0{,}005 \frac{mol}{l}$$

Die Konzentration der Citronensäure in der Zitronenlimonade beträgt $0{,}005 \frac{mol}{l}$.

5. Einsetzen der Größengleichung $n = \frac{m}{M}$

$$1 \cdot c(NaOH(aq)) \cdot V(NaOH(aq)) = \frac{3 \cdot m(H_3C_6H_5O_7)}{M(H_3C_6H_5O_7)}$$

$$m(H_3C_6H_5O_7) = \frac{1 \cdot c(NaOH(aq)) \cdot V(NaOH(aq)) \cdot M(H_3C_6H_5O_7)}{3}$$

$$= \frac{0{,}1 \frac{mol}{l} \cdot 0{,}0075\ l \cdot 192\ mol}{3} = 0{,}048\ g$$

Es sind in 50 ml Zitronenlimonade 0,048 g Citronensäure enthalten.

e) 1. Gegebene Werte und gesuchte Größen
gegeben: $V(H_3PO_4(aq)) = 50{,}0$ ml
$V(NaOH(aq)) = 0{,}018$ l
$c(NaOH(aq)) = 0{,}1 \frac{mol}{l}$
gesucht: $m(H_3PO_4(aq))$

2. Aufstellen der Reaktionsgleichung
$2\ H_3O^+(aq) + HPO_4^{2-}(aq) + 2\ Na^+(aq) + 2\ OH^-(aq) \rightarrow$
$4\ H_2O(l) + 2\ Na^+(aq) + HPO_4^{2-}(aq)$

3. Berechnung von $c(H_3PO_4(aq))$
Am Äquivalenzpunkt gilt: $n(H_3O^+(aq)) = n(OH^-(aq))$;
mit $n = c \cdot V$ ergibt sich:

$c(H_3O^+(aq)) \cdot V(H_3PO_4(aq)) = c(OH^-(aq)) \cdot V(NaOH(aq))$

$c(H_3O^+(aq)) = \frac{c(OH^-(aq)) \cdot V(NaOH(aq))}{V(H_3PO_4(aq))}$

$c(H_3O^+(aq)) = \frac{0{,}1\ \frac{mol}{l} \cdot 0{,}018\ l}{0{,}05\ l} = 0{,}036\ \frac{mol}{l}$

Phosphorsäure reagiert bei dieser Titration als zweiprotonige Säure.
Es gilt:

$(H_3PO_4(aq)) = ½ \cdot c(H_3O^+(aq)) = 0{,}018\ \frac{mol}{l}$

Die Konzentration der Phosphorsäure beträgt $0{,}018\ \frac{mol}{l}$.

4. Massenberechnung
Zwischen der Masse der Phosphorsäure und ihrer Stoffmengenkonzentration besteht folgender Zusammenhang:

$m(H_3PO_4) = c(H_3PO_4(aq)) \cdot V(H_3PO_4(aq)) \cdot M(H_3PO_4);$

$m(H_3PO_4) = 0{,}018\ \frac{mol}{l} \cdot 0{,}05\ l \cdot 98\ \frac{g}{mol} = 0{,}0882\ g$

$\frac{n(H_3PO_4(aq))}{n(NaOH(aq))} = \frac{1}{2};\ 1 \cdot n(NaOH(aq)) = 2 \cdot n(H_3PO_4(aq))$

Es sind in 50 ml der Probe 0,0882 g = 88,2 mg Phosphorsäure enthalten. Bezogen auf 1 Liter Probe sind es 20 · 88,2 mg = 1764 mg. Damit wäre der Grenzwert von 700 $\frac{mg}{l}$ deutlich überschritten.

alternativer Rechenweg

1. Gegebene Werte und gesuchte Größen

gegeben: $V(H_3PO_4(aq)) = 50{,}0$ ml
$V(NaOH(aq)) = 0{,}018$ ml
$c(NaOH(aq)) = 0{,}1\ \frac{mol}{l}$

gesucht: $m(H_3PO_4(aq))$

2. Aufstellen der Reaktionsgleichung
$H_3PO_4(aq) + 2\ NaOH(aq) \rightarrow 2\ H_2O(l) + Na_2HPO_4(aq)$

3. Aufstellung der Stoffmengenverhältnis zwischen gegebenen und gesuchten Stoff

$\frac{n(H_3PO_4\ (aq))}{n(NaOH\ (aq))} = \frac{1}{2};\ 1 \cdot n(NaOH(aq)) = 2 \cdot n(H_3PO_4\ (aq))$

4. Einsetzen der Größengleichung $n = \frac{m}{M}$

$1 \cdot c(NaOH(aq)) \cdot V(NaOH(aq)) = 2\ \frac{m(H_3PO_4)}{M(H_3PO_4)}$

$m(H_3PO_4) = \frac{1 \cdot c(NaOH(aq)) \cdot V(NaOH(aq)) \cdot M(H_3PO_4)}{2}$

$m(H_3PO_4) = \frac{0{,}1\ \frac{mol}{l} \cdot 0{,}018\ l \cdot 98\ \frac{g}{mol}}{2} = 0{,}0882\ g$

Es sind in 50 ml der Probe 0,0882 g = 88,2 mg Phosphorsäure enthalten.
Bezogen auf 1 Liter Probe sind es 20 · 88,2 mg = 1764 mg. Damit wäre der Grenzwert von 700 $\frac{mg}{mol}$ deutlich überschritten.

7 Mobilität – Kraftstoffe heute und morgen

A155.1

Unter Mobilität versteht man die räumliche Beweglichkeit von Menschen und Gütern. Arbeitnehmer fahren mit Autos, Bussen oder Zügen bis 20 km und mehr zu ihren Arbeitsplätzen. Güter werden über Meere und Kontinente transportiert, um vor Ort verbraucht oder weiterverarbeitet zu werden.

A155.2

Durch die zunehmende Mobilität steigt der Verbrauch an Kraftstoffen. Die Vorräte an Erdöl und Erdgas sind begrenzt und werden durch die wachsende Mobilität schnell dezimiert. Außerdem entstehen beim Verbrennen von Kraftstoffen in Motoren Schadstoffe wie Kohlenstoffmonooxid, Stickoxide und Kohlenstoffdioxid. Letzteres ist Hauptursache des anthropogenen Treibhauseffekts.

A155.3

individuelle Lösung

mögliche Antworten:
- Weltweiter Handel mit und Nachfrage nach Gütern aus fernen Regionen zum Konsum (Bananen, Ananas) oder zur Weiterverarbeitung (Metallerze, Kohle, Erdöl)
- Produktionsstandortverlagergungen deutscher Firmen in Länder, in denen günstiger Waren produziert werden können
- Wachsende Tourismusbranche, Urlaubsreisen in ferne Länder

A155.4

Die Speicherkapazität der Akkumulatoren ist momentan noch nicht hoch genug. Mit einem vollen Kraftstofftank kann ein Auto mit Benzinmotor deutlich mehr Kilometer zurücklegen als ein Elektroauto mit einem voll geladenem Akku. Das Auftanken mit Kraftstoff dauert wenige Minuten, das Laden des Akkus mehrere Stunden. Tankstellen gibt es fast überall. Aufladestationen für Elektroautos sind nur selten öffentlich verfügbar. Würden nur noch Elektroautos fahren, wäre es zurzeit noch nicht möglich, den dazu nötigen Strom komplett aus erneuerbaren Energiequellen zu gewinnen. Man müsste den steigenden Strombedarf mit Kohlekraftwerken oder Atomkraftwerken decken.

A157.1

Plankton sinkt nach dem Absterben auf den Meeresboden. Dort wird es von Sedimentschichten abgedeckt und zersetzt sich unter Luftabschluss und steigendem Druck zu einem Faulschlamm. Dieser wird im Laufe der Zeit von Gesteinsschichten überdeckt. Der Faulschlamm hat einen großen Anteil an Kohlenwasserstoffen. Einsickerndes Wasser verdrängt die Kohlenwasserstoffe und lässt sie in höhere Gesteinsschichten aufsteigen, es bildet sich eine Erdöllagerstätte. Durch Bohrungen in die Lagerstätte kann das Rohöl abgepumpt werden.

A157.2

Durch fraktionierte Destillation wird ein Gemisch in einem Destillationsvorgang in verschiedene Anteile (Fraktionen) zerlegt. Hierzu verwendet man eine Destillationskolonne. Das ist eine aufrecht stehende Röhre, die in Böden unterteilt ist. Die Dämpfe des Gemischs steigen in der Kolonne auf und kondensieren je nach ihrer Siedetemperatur in verschiedener Höhe. Im unteren Bereich verflüssigen sich die Anteile mit höherer Siedetemperatur, weiter oben kondensieren die niedriger siedenden Anteile.

A157.3

Erdölbestandteil	Verwendungsbeispiel
Petrolether	Fleckenentferner, Lösungsmittel
Benzin	Kraftstoff für Autos
Ligroin	Lösungsmittel, Waschbenzin
Petroleum/Kerosin	Flugzeugkraftstoff
Gasöl	Dieselkraftstoff, Heizöl
Schweröl	Maschinenöl, Kraftstoff für große Schiffsmotoren
Bitumen	Straßenbau, Abdichtungen

A157.4

Erdöl und Erdgas werden in Deutschland fast ausschließlich im Norddeutschen Tiefland und vor der Norddeutschen Küste gefunden. Da Öl und Gas vor vielen Millionen Jahren aus Überresten von Meereslebewesen entstanden sind, müssen dort zu dieser Zeit Meere gewesen sein. Das Meer erstreckte sich also bis in die Norddeutsche Tiefebene hinein. Anhand der Förderstellen kann der ungefähre Verlauf der früheren Küstenlinie erkannt werden.

A157.5

Die Vakuumdestillation kann bei niedrigerer Temperatur durchgeführt werden als eine normale Destillation. Dadurch können auch Kohlenwasserstoffe aus längeren Molekülen voneinander getrennt werden, die bei höheren Temperaturen zerstört würden.

A157.6

Octan (genauer: Isooctan bzw. 2,2,4-Trimethyl-Pentan) hat die Formel C_8H_{18} und siedet bei einer Temperatur von 99 °C. Hexadecan mit der Formel $C_{16}H_{34}$ siedet bei 287 °C. Zwischen den längeren Hexadekan-Molekülen wirken stärkere Anziehungskräfte als zwischen den kürzeren Octan-Molekülen. Dadurch kommen die unterschiedlichen Siedetemperaturen zustande.

A157.7

Bitumen ist wasserundurchlässig. Der Anstrich verhindert, dass Sickerwasser von außen in das Mauerwerk und damit in die Kellerräume eindringt.

A157.8

Erdöl ist aus Überresten von Meereslebewesen (Plankton u. a.) entstanden, die zuvor Biomasse durch Fotosynthese aufgebaut hatten. Bei der Fotosynthese werden mit Hilfe von Sonnenlicht energiereiche Stoffe erzeugt. Die Sonnenenergie ist in diesen Stoffen in chemischer Form gespeichert.

A158.1

Man multipliziert die Anzahl der Kohlenstoff-Atome mit 2 und addiert 2. So erhält man die Anzahl der Wasserstoff-Atome. Die Molekülformel berechnet sich also nach der Formel C_nH_{2n+2}.

A158.2

a) Es ergibt sich ein Molekül der Formel C_6H_{14}.

b) Es ergibt sich ein Molekül der Formel C_6H_{12}. Das zweite Molekül enthält also zwei Wasserstoff-Atome weniger als das erste.

A158.3

Die Kohlenstoff-Atome bilden Ketten, die auch verzweigt sein können. Wegen der vier Außenelektronen eines Kohlenstoff-Atoms kann jedes C-Atom vier Einfachbindungen oder eine Doppelbindung und zwei Einfachbindungen oder zwei Doppelbindungen oder eine Dreifachbindung und eine Einfachbindung eingehen. Bindungsmöglichkeiten, die nach der Bildung der Kohlenstoffkette noch frei sind, werden mit je einem Wasserstoff-Atom besetzt. Da Wasserstoff-Atome nur ein Außenelektron besitzen, können sie nur eine Bindung (zu einem Kohlenstoff-Atom) eingehen. Innerhalb des Kohlenwasserstoff-Moleküls befinden sich um jedes C-Atom 8 Außenelektronen und um jedes H-Atom 2 Außenelektronen. Damit ist die Oktettregel erfüllt.

A160.1

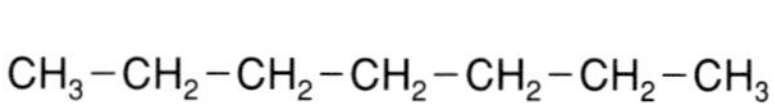

n-Heptan

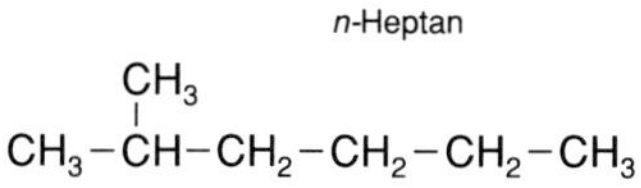

2-Methylhexan

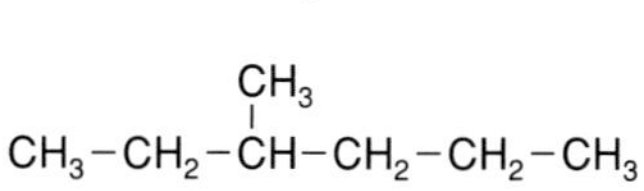

3-Methylhexan

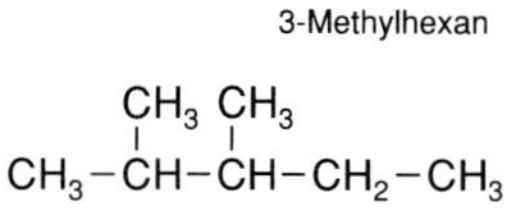

2,3-Dimethylpentan

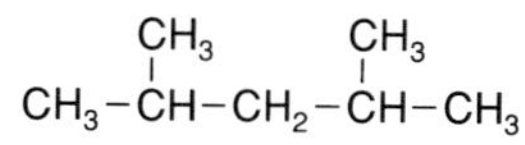

2,4-Dimethylpentan

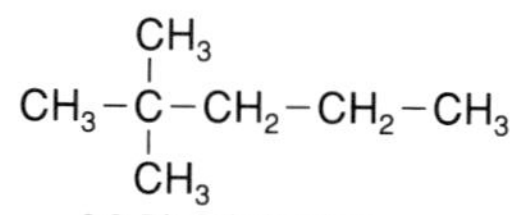

2,2-Dimethylpentan

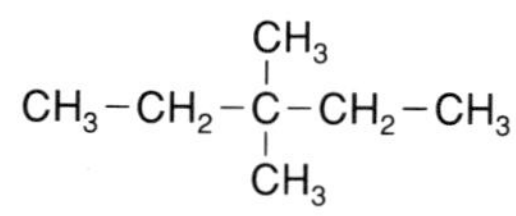

3,3-Dimethylpentan

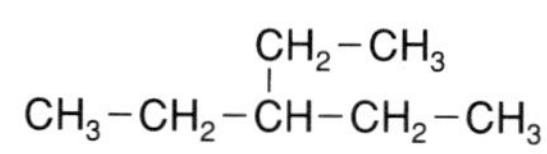

3-Ethylpentan

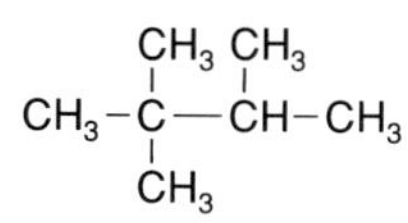

2,2,3-Trimethylbutan

Isomere des Octans:
1.) n-Octan
2.) 2-Methylheptan
3.) 3-Methylheptan
4.) 4-Methylheptan
5.) 2,2-Dimethylhexan
6.) 2,3-Dimethylhexan
7.) 2,4-Dimethylhexan
8.) 2,5-Dimethylhexan
9.) 3,3-Dimethylhexan
10.) 3,4-Dimethylhexan
11.) 3-Ethylhexan
12.) 2,2,3-Trimethylpentan
13.) 2,2,4-Trimethylpentan (iso-Octan)
14.) 2,3,3-Trimethylpentan
15.) 2,3,4-Trimethylpentan
16.) 3-Ethyl-2-methylpentan
17.) 3-Ethyl-3-methylpentan
18.) 2,2,3,3-Tetramethylbutan

A160.2

2,2-Dimethylpropan besteht aus 5 Kohlenstoff und 12 Wasserstoffatomen, das gesuchte Isomer hat dementsprechend die Formel C_5H_{12}. Da die Atome im gesuchten Isomer in einer Kette ohne Verzweigung angeordnet sind, muss es sich um n-Pentan handeln.

A160.3

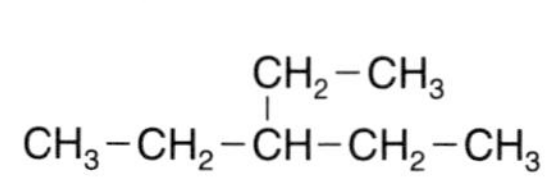

3-Ethylpentan

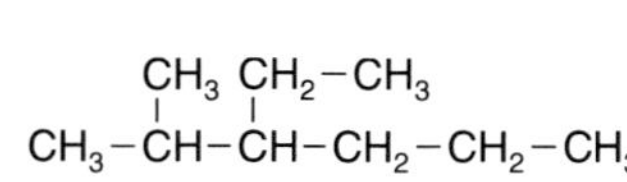

3-Ethyl-2-methylhexan

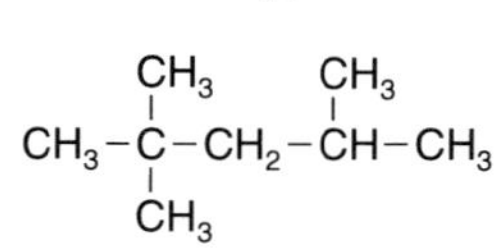

2,2,4-Trimethylpentan

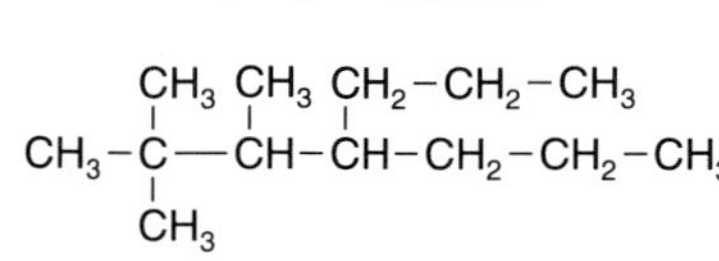

2,2,3-Trimethyl-4-propylheptan

A160.4

a) 2,3-Dimethylhexan

b) 2,3,3,4-Tetramethylpentan

c) 3-Ethyl-2-methyl-4-*iso*-propylheptan

A161.1

Es ergeben sich drei Isomere: *n*-Pentan, 2-Methylbutan und 2,2-Dimethylpropan.

A161.2

Mit nur drei Kohlenstoff-Atomen lässt sich keine Kette mit Verzweigung(en) konstruieren.

A161.3

Erläuterung des Vorgehens: Alle Alkane, deren Moleküle gleich viele Kohlenstoff-Atome besitzen, sind Isomere. Deshalb muss lediglich die Anzahl der Kohlenstoff-Atome der genannten Verbindungen bestimmt werden. Dazu addiert man die Anzahl der C-Atome der längsten Kette zu den Anzahlen der C-Atome aller Seitenketten.
a) Anzahl der C-Atome: 1+1+6 = 8
b) Anzahl der C-Atome: 2+2+5 = 9
c) Anzahl der C-Atome: 2+1+5 = 8
d) Anzahl der C-Atome: 1+1+1+1+4 = 8
e) Anzahl der C-Atome: 9
Damit sind die Verbindungen a, c und d und die Verbindungen b und e zueinander isomer.

A161.4

n-Butan siedet bei der höheren Temperatur, weil zwischen den linear gebauten Molekülen stärkere Van-der-Waals-Kräfte herrschen als zwischen den verzweigten Molekülen des Isobutans. Also siedet *n*-Butan bei −1 °C und Isobutan (2-Methylpropan) bereits bei −12 °C.

A161.5

Zwischen den Molekülen beider Verbindungen bilden sich etwa gleich starke Van-der-Waals-Kräfte aus. Der lineare Bau der Kohlenwasserstoffkette des *n*-Heptans bewirkt stärkere Kräfte als der verzweigte Bau des Trimethylpentans, die geringere Anzahl der Atome des *n*-Heptans (C_7H_{16}) sorgt für geringere Kräfte im Vergleich zum Trimethylpentan (C_8H_{18}). Beide Wirkungen gleichen sich in etwa aus.

A161.6

a) Die Strukturformel des Cyclohexan-Moleküls finden Sie in Chemie heute NRW 8/9, S. 159
Molekülformel: C_6H_{12}

b) Isomere des Cyclohexans sind alle Hexene, wie beispielsweise Hex-1-en, Hex-2-en, sowie Hexen-Moleküle mit verzweigten Ketten, genauso wie einige Cycloalkane, beispielsweise Methylcyclopentan, Ethylcyclobutan, 1,2- und 1,3-Dimethylcyclobutan und 1,2,3-Trimethylcyclopropan.

c) Normalerweise beträgt der Winkel zwischen zwei Einfachbindungen an einem Kohlenstoff-Atom etwa 109° (Tetraederwinkel). Beim Cyclopropan sind es nur 60° (Dreieckswinkel), beim Cyclobutan 90° (Viereckswinkel). Dadurch stoßen sich die Elektronen, die die Bindungen ausbilden, stärker ab, sodass die Bindungen leichter gelöst werden können.

A163.1

Das Erdöl enthält zu wenige Bestandteile, aus denen Benzin oder Dieselöl gewonnen werden können (49 %), und zu viele, die als Rückstand anfallen und nur noch als Bitumen zu gebrauchen sind (48%). Gewünscht sind jedoch Benzin und Dieselölanteile von 80 % und Bitumenanteile von nur 15 %.

A163.2

Die vier Takte eines Verbrennungsmotors:

1. Ansaugen (oder durch einen Turbolader Einpressen): Ein Gemisch aus Benzindämpfen und Luft (beim Ottomotor) oder nur Luft (beim Dieselmotor) wird in den Verbrennungsraum gesaugt oder gepresst. Der Kolben bewegt sich abwärts.
2. Verdichten: Das Gemisch beziehungsweise die Luft wird zusammengedrückt. Der Kolben geht aufwärts.
3. Arbeiten: Das Gemisch wird durch einen Funken der Zündkerze entzündet (beim Ottomotor) beziehungsweise es wird Dieselöl eingespritzt und entzündet sich in der heißen Luft (beim Dieselmotor). Die Abgase werden sehr heiß und dehnen sich aus. Der Kolben wird abwärts gedrückt.
4. Ausstoßen: Die Abgase werden herausgedrückt. Der Kolben bewegt sich aufwärts.

A163.3

Klopfen (nur beim Ottomotor): Das Benzin-Luft-Gemisch entzündet sich bereits, bevor es von der Zündkerze gezündet werden soll. Die dabei entstehenden Explosionsgeräusche hört man als Klopfen oder Klingeln. Kolben und Lager erhalten dabei während der Aufwärtsbewegung einen Schlag nach unten, wodurch insbesondere die Lager stark beschädigt werden können.

A163.4

Ein Kraftstoff mit der Oktanzahl 103 ist besonders klopffest. Seine Klopffestigkeit ist höher als die von reinem 2,2,4-Trimethylpentan, das die Oktanzahl 100 besitzt und als Referenz verwendet wird.

A163.5

a) Schweröldämpfe werden auf 500 °C erhitzt und in einen Reaktor mit umherwirbelnden Katalysatorperlen geleitet. An der Oberfläche der Perlen erfolgt die Spaltung der langkettigen Kohlenwasserstoffe, wobei sich u. a. Ruß abscheidet. In einem Regenerator wird der Ruß mithilfe von heißer Luft zu Kohlenstoffdioxid verbrannt. Die gereinigten Katalysatorperlen werden in den Reaktor zurückgeführt.

b) Beispiel:
$C_{10}H_{22} \rightarrow \bullet CH_3 + \bullet C_2H_4\bullet + \bullet C_5H_{10}\bullet + \bullet C_2H_5 \dashrightarrow$
$CH_4 + C_2H_4 + C_5H_{10} + C_2H_6$
Methan Ethen Penten/Cyclohexan Ethan

c) Der zugefügte Wasserstoff reagiert mit den Radikalen. Dadurch wird die Ausbeute an niedriger siedenden Kohlenwasserstoffen erhöht und gleichzeitig die Rußbildung vermindert. Außerdem enthält das Produktgemisch weniger Alkene und Cycloalkane.

A163.6

Beispiel Verzweigung:
$C_7H_{16} \rightarrow (CH_3)_2CH\text{-}CHCH_3\text{-}CH_2\text{-}CH_3$

Beispiele Cyclisierung:
a) $C_7H_{16} \rightarrow C_6H_{12} + CH_4$
b) $C_7H_{16} \rightarrow C_5H_{10} + C_2H_6$
c) $C_7H_{16} \rightarrow C_4H_8 + C_3H_8$

A165.1

Beim Verbrennen des Biokraftstoffs wird genau soviel Kohlenstoffdioxid freigesetzt wie beim Wachstum der Pflanzen gebunden wurde, aus denen der Kraftstoff gewonnen wurde.

A165.2

individuelle Lösungen
Es sollten vorkommen:
zur Herstellung von Biodiesel: Raps, Palmen, eventuell andere Pflanzen, die ölhaltige Samen bilden
zur Herstellung von Bioethanol: Zuckerrüben und Zuckerrohr, neuerdings auch Stroh und Holzabfälle

A165.3

individuelle Lösungen

A165.4

Pro-Argumente: CO_2-Neutralität, die Biokraftstoffe setzen bei der Verbrennung nur soviel CO_2 frei, wie die Pflanzen in der Wachstumsphase aufgenommen haben. Daher erhöht sich die CO_2-Konzentration der Atmosphäre nicht.

Contra-Argumente: Die Biomasse, aus denen die Kraftstoffe gewonnen werden, muss erst angebaut, gepflegt und geerntet werden, bevor daraus Biokraftstoff gemacht werden kann. Hierzu sind riesige Ackerflächen nötig, auf denen dann keine anderen Nutzpflanzen, insbesondere zur Lebensmittelherstellung, angebaut werden können. Außerdem müssen die Pflanzen für eine hohe Ausbeute gedüngt und mit Schädlignsbekämpfungsmittel behandelt werden. Diese Mittel müssen natürlich zuvor auch hergestellt werden, was bei der CO_2-Gesamtbilanz berücksichtigt werden muss.

Mindmap: individuelle Lösung

A165.5

E10 ist ein Gemisch aus 90 % Benzin und 10 % Ethanol, E100 besteht zu 100 % aus Ethanol.
Kraftstoffe mit einem Ethanolgehalt von mehr als 50% werden z. B. in den USA, Brasilien, Schweden und Tschechien verkauft.

A165.6

Heizwert Benzin: $31\ \frac{MJ}{l}$
Heizwert Ethanol: $21\ \frac{MJ}{l}$

Bei der Verbrennung von 8 Litern Benzin wird folgende Energiemenge freigesetzt:
$E = 31\ \frac{MJ}{l} \cdot 8\ l = 248\ MJ$

Um die gleiche Energiemenge freizusetzen, müsste man folgendes Volumen an Ethanol verbrennen:
$V = \frac{248\ MJ}{21\ \frac{MJ}{l}} \approx 12\ l$
Wenn das Auto auf 100 km 8 Liter Benzin verbraucht, würde es für die gleiche Strecke rund 12 Liter Ethanol verbrauchen.

A165.7

a) Es wird ein größerer Anteil der im Abgas enthaltenen Wärme genutzt. Dabei kühlt das Abgas ab, so dass auch ein Teil des Wasserdampfes aus dem Abgas zu flüssigem Wasser kondensiert. Die dabei frei werdende Kondensationswärme wird zusätzlich zum Heizen genutzt.

b) Beispiele: Pellets aus Holzresten, Biogas

A165.8

Biodiesel ist ein Ester aus Rapsöl und Methanol oder Ethanol. Dieser kann durch Kleinstlebewesen im Boden zersetzt und vollständig abgebaut werden.
Dieselöl ist ein Kohlenwasserstoff, der kaum und nur sehr langsam abgebaut werden kann. Er behindert die Wasseraufnahme von Pflanzen und kann tierische Lebewesen und Mikroorganismen vergiften.

A165.9

Beispiele für subventionierte Kraftstoffe: E10 (Benzin), Biodiesel, Autogas

Art der Subventionierung: (Biokraftstoffe) Vorgabe eines festen Anteils der Kraftstoffe an den insgesamt verkauften Kraftstoffe; (Autogas) geringere Besteuerung des Kraftstoffes an der Tankstelle

Begründung für die Subventionierung: (Biokraftstoffe) Reduktion des Ausstoßes von klimaschädlichem Kohelnstoffdioxid; (Autogas) im Vergleich zu Benzin und Diesel ist Autogas vergleichsweise klimafreundlich, weil es sauberer verbrannt werden kann

Kurzvortrag: individuelle Lösungen

V166.1

Aufgabe zu Durchführung 1:
Beobachtung: leuchtende Flamme und schwarzer Rauch
Hypothese: Der Rauch besteht aus Kohlenstoff.

Aufgabe zu Durchführung 2:
Beobachtung: Das Kalkwasser trübt sich.
Mithilfe des Kalkwassers wird Kohlenstoffdioxid nachgewiesen. Da bei der Verbrennung Benzin mit Luft reagiert, die Luft aber nahezu keine Kohlenstoff-Atome enthält, müssen diese aus dem Benzin stammen. Die Sauerstoff-Atome des Kohlenstoffdioxids stammen aus der Luft.

Aufgabe zu Durchführung 3:
Beobachtung: farbloser Beschlag aus kleinen Tröpfchen an der Innenwand des Becherglases
Hypothese: Es hat sich Wasser gebildet.

Aufgabe zu Durchführung 4:
Beobachtung: Das Watesmo-Papier wird blau.
Es wurde Wasser nachgewiesen, das bei der Verbrennung entstanden sein muss. Da in der Luft nahezu keine Wasserstoff-Atome enthalten sind, müssen diese aus dem Benzin stammen. Die Sauerstoff-Atome des Wassers stammen aus der Luft.
Beantwortung der Forschungsfrage: Benzin-Moleküle bestehen aus Kohlenstoff- und Wasserstoff-Atomen.

V166.2

Beobachtung: Das Benzin wird durch das brennende Streichholz entzündet. Im Paraffinöl (als Ersatz für Dieselöl) erlischt die Streichholzflamme.
Erklärung: Bei Zimmertemperatur ist der Flammpunkt von Dieselöl noch nicht erreicht, es bildet sich kein zündfähiges Gemisch. Der Flammpunkt von Benzin ist deutlich überschritten, das Benzin-Luft-Gemisch lässt sich entzünden.

V167.3

Aufgabe zu Durchführung 1:
Beobachtung: Je nach Tropfengröße verläuft die Verbrennung mit 3 – 5 Tropfen Benzin in etwa 500 ml Luft am schnellsten.

Aufgabe zu Durchführung 2:
Die Masse der 2 ml Benzin wird durch die Anzahl der Tropfen dividiert. Man erhält die Masse eines Tropfens.
2 ml werden durch die Anzahl der Tropfen dividiert. Man erhält das Volumen eines Tropfens.

Aufgabe zu Durchführung 3:
a) Beispielrechnung für den Fall, dass
- die optimale Verbrennung mit drei Tropfen Benzin erfolgte (Durchführung 1)
- 2 mL Benzin 130 Tropfen enthielten (Durchführung 2)
- der Standzylinder 470 mL Luft enthielt (Durchführung 3)

- Anzahl der Benzintropfen in 1 l = 130 · 500 = 65 000
- Umrechnungfaktor = $\frac{65\,000}{3}$ = 21 667
- Luftvolumen für 1 Liter Benzin = 21 667 · 470 ml ≈ 10 183 000 ml = 10 183 l ≈ 10 m^3

b) Da die Masse von 2 ml Benzin ermittelt wurde, kann daraus die Masse eines Liters Benzin berechnet werden, indem mit 500 multipliziert wird.
Die Masse des zugehörigen Luftvolumens wird berechnet, indem das Volumen mit der Dichte der Luft (1,3 $\frac{g}{l}$) multipliziert wird.
Um das Benzin-Luft-Verhältnis zu ermitteln, dividiert man die Masse der Luft durch die Masse des Benzins.
Die konkreten Werte hängen von den experimentellen Ergebnissen ab, die durch die verwendeten Geräte (Pipetten, Standzylinder) bestimmt werden.

c) $2\ C_6H_6 + 15\ O_2 \rightarrow 12\ CO_2 + 6\ H_2O$
- 2 mol eines Stoffes mit der Molekülformel C_6H_6 besitzen eine Masse von 156 g
- 15 mol O_2 nehmen bei Raumtemperatur ein Volumen von 15 · 24 l = 360 l ein. Da die Luft zu 21 % aus Sauerstoff besteht, befinden sich 360 l Sauerstoff in 1719 l Luft. Dieses Luftvolumen besitzt eine Masse von 2235 g.
- 156 g Benzin benötigen also 2235 g Luft zur Verbrennung.
- Man benötigt rund 14 mal so viel Luftmasse wie Benzinmasse. Dieses Verhältnis wird mit dem Ergebnis des Experiments verglichen.

A168.1

Elektrische Energie kann in Batterien, Akkumulatoren oder in Brennstoffzellen gespeichert werden. In allen drei Fällen handelt es sich um galvanische Zellen, die durch Redoxreaktionen chemische Energie in elektrische Energie umwandeln können. Die Redoxreaktionen in Akkumlatoren können durch Aufladen des Akkus umgekehrt werden. Durch Zufuhr elektrischer Energie mittels einer Spannungsquelle werden also im Akkumulator die vor dem Entladen vorhandenen Stoffe wieder hergestellt. Somit kann der Akku nach Benutzung mehrfach wieder aufgeladen werden. Die Redoxreaktionen, die in einer Batterie ablaufen, sind nicht so leicht umkehrbar. Eine Batterie kann daher nach ihrer Entladung nicht wieder aufgeladen werden. Bei einer Brennstoffzelle müssen die Reaktionspartner Wasserstoff und Sauerstoff ständig zugeführt werden, um die Redoxreaktion dauerhaft ablaufen zu lassen.

A168.2

a) Elektroautos erzeugen während der Fahrt keinerlei Abgase. Würden ausschließlich Elektroautos fahren, gäbe es in den Städten keine Probleme mehr mit Luftverschmutzung. Allerdings muss die elektrische Energie zunächst von Kraftwerken zur Verfügung gestellt werden. Geschieht dies durch Wind- oder Solarkraft, ist das Elektroauto eine umweltfreundlichere Alternative verglichen zu Fahrzeugen mit Verbrennungsmotoren. Wird der Strom allerdings durch Kohle- oder Atomkraftwerke erzeugt, wird auch hier die Umwelt deutlich belastet. Autos mit Verbrennungsmotoren erzeugen Abgase bei jeder Fahrt. Die Abgase zur Stromerzeugung beispielsweise durch Kohlekraftwerke entstehen lokal im Kraftwerk und können dort besser gereinigt werden, als bei Verbrennungsmotoren in jedem einzelnen Auto während der Fahrt.

b) individuelle Lösung

V169.1

a) Man misst in allen Fällen eine Spannung zwischen 0,8 und 0,9 Volt – je nach Zustand des Elektrolyten. Saure Pflanzensäfte erzielen meist leicht höhere Spannungswerte.

b) Kupfer bildet den Pluspol, Zink den Minuspol.

c) Das Obst bzw. Gemüse bildet jeweils das Reaktionsgefäß, der Pflanzensaft dient als Elektrolyt.

V169.2

a) Es lässt sich eine Spannung von etwa 0,8 V pro Element ablesen. Bei mehreren übereinandergelegten Elementen vervielfacht sich die Spannung entsprechend.

b) Die Säure dient als Reaktionspartner für das unedle Metall, da die für die chemische Reaktion benötigten Kationen aus ihr durch die Protolyse erzeugt werden. Weiterhin bildet sie den Elektrolyten.
Das Papier immt die Elektrolytflüssigkeit auf und trennt Anode und Kathode voneinander. Sie lässt eine Ionenwanderung zu und schließt damit den Stromkreis.

c) Die Spannung nimmt mit der Anzahl der Elemente linear zu. Durch eine Erhöhung oder Erniedrigung der Anzahl der Elemente kann dies nachgewiesen werden.

d) Eine 5-Cent-Münze besteht an der Oberfläche aus Kupfer. Eine 10-Cent-Münze besteht an der Oberfläche aus einer Legierung, die hauptsächlich Kupfer enthält. Also sollte sich beim Tausch der Unterlegscheibe durch eine 10-Cent-Münze keine bzw. eine deutlich vermidnerte Spannung messen lassen (Anmerkung: messbar sind ca. 35 mV).

V169.3

a) Es ist eine Spannung von 1,5 V messbar.

b) Mangandioxid bildet den Pluspol, Zink den Minuspol.

c) Das Graphitpulver leitet den elektrischen Strom, es dient als großflächige Elektrode, die Stärke dickt den Elektrolyten ein, so dass das Element als Trockenbatterie gut zu transportieren ist. Die Extraktionshülse verhindert die Vermischung der beiden breiartigen Massen, lässt aber Ionenwanderung zu und schließt damit den Stromkreis.

d) Die Stromstärke nimmt mit der Elektrodengröße zu.

A171.1

a) – c) individuelle Lösungen.

A171.2

Die Daniell-Zelle erzeugt einen Elektronenfluss. Dieser entsteht durch den gleichzeitigen Ablauf einer Oxidations- und einer Reduktionsreaktion in zwei räumlich voneinander getrennten Halbzellen. Die Redoxreaktionen finden an den Elektroden statt (Zink- und Kupfer-Elektrode). Zink-Atome werden zu Zink-Ionen oxidiert und Kupfer-Ionen zu Kupfer-Atomen reduziert. Die Elektronen wandern über den elektrischen Leiter von der Zink-Halbzelle zur Kupfer-Halbzelle. Zwischen den Halbzellen findet ein Ionenstrom statt, der dem Ladungsausgleich dient, somit ist der Stromkreis geschlossen.

A171.3

Die Kupfer-Elektrode nimmt an Masse zu, weil sich an dieser im Verlauf der Reaktion Kupfer-Ionen aus der Lösung zu Kupfer-Atomen abscheiden.

A171.4

Der Name Alkali-Mangan-Batterie suggeriert, dass als Elektroden „Alkali“ und „Mangan“ verwendet werden. Alkali bezieht sich hier allerdings auf den alkalischen Elektrolyten: Kalilauge (KOH). Zudem wird auch nicht „Mangan“ reduziert, sondern Braunstein (Mangandioxid); oxidiert wird Zink. Korrekter müsste die Batterie daher Zink-Braunstein-Batterie oder Zink-Mangandioxid-Batterie heißen. Hinweis: Der Begriff Zink-Braunstein-Batterie wird häufig für die Leclanché-Batterie verwendet. Diese wird mit einem sauren Elektrolyten betrieben. Ganz korrekt müsste die Alkali-Mangan-Batterie daher Zink-Braunstein-Batterie mit alkalischem Elektrolyten heißen.

A171.5

Ladung (Kapazität) der Alkali-Mangan-Batterie $Q = 1{,}3$ Ah
Preis einer Batterie: etwa 0,50 €
Preis für 1 kWh beim örtlichen Stromanbieter: etwa 0,26 €
Elektrische Arbeit der Batterie:
$W = U \cdot Q = 1{,}5\ \text{V} \cdot 1{,}3\ \text{Ah} = 2{,}0\ \text{Wh}$
Für die Energie von 1 kWh würde man 500 Batterien benötigen, die insgesamt etwa 250 € kosten würden.

A171.6

Die Aussage ist falsch. Richtig wäre: die möglichen Redoxreaktionen sind vollständig abgelaufen. Bei der Alkali-Mangan-Batterie ist zum Beispiel das Mangandioxid vollständig zu Manganoxidhydroxid abreagiert. Hier können also keine weiteren Elektronen aufgenommen werden.

A171.7

a) Die Zink-Atome im Zink-Pulver geben Elektronen ab und werden zu Zink-Ionen oxidiert. Die Elektronen fließen über den Ableitnagel zur Metallplatte (Minuspol) und von dort über einen Draht durch den Verbraucher (z. B. Glühlampe) zum Metallbecher (Pluspol). Über diesen gelangen die Elektronen zum Braunstein-Graphit-Gemisch. Hier reduzieren die Elektronen Mangandioxid (Braunstein) zu Manganoxidhydroxid.

b) Die äußere Folie isoliert den Metallbecher der Batterie nach außen. Da der gesamte Metallbecher leitend ist, könnte es ohne die Folie leicht zu einem Kurzschluss kommen. Das Überdruckventil ermöglicht es den durch Nebenreaktionen entstehenden Gasen (z. B. Wasserstoffgas) nach außen zu entweichen. Ohne das Überdruckventil würde die Batterie sich aufblähen und könnt ggf. platzen.

A173.1

Bleiakkus enthalten mehrere 2-V-Zellen. Eine einzelne 2-V-Zelle besteht aus einem Plattenblock, der wiederum aus negativen und positiven Plattensätzen aufgebaut ist. Die negativen Platten der Plattensätze bestehen aus Blei

(Pb), die positiven aus Bleioxid (PbO_2). Die Platten bilden die Elektroden des Bleiakkus. Als Elektrolyt dient 38%ige Schwefelsäure. Die einzelnen Platten in einem Plattenblock sind durch säurefeste Separatoren voneinander getrennt.

Im Lithium-Polymer-Akku sind eine Graphitelektrode und eine Elektrode aus Cobaltoxid über eine Polymermembran leitend miteinander verbunden. Dabei ist die Graphitelektrode beim Entladen der Minuspol, die Cobaltoxidelektrode ist der Pluspol. In der gelartigen Kunststoffmembran sind Lithiumsalze gelöst. Die Li^+-Ionen können durch die zwischen den Polen befindliche Membran hindurchgelangen, für die Anionen sind die Poren zu klein. Die Elektrodenmaterialien weisen feinste Hohlräume auf, in welche die Li^+-Ionen eingelagert werden können.

A173.2

individuelle Lösung

A173.3

Der Irrglaube ist insbesondere auf Nickel-Cadmium-Akkus (NiCd) und zum Teil auch auf Nickel-Metallhybrid-Akkus (NiMH) zurückzuführen. Vor allem bei NiCd-Akkus bilden sich beim Aufladen nach geringer bzw. nicht vollständiger Entladung Kristalle auf den Elektroden, die die Ladekapazität des Akkus verringern (Memory-Effekt). Es scheint, als ob sich der NiCd-Akku das Level zu dem dieser entladen wurde, merken würde. Das vollständige Entladen dieser Akkus reduziert die Bildung der Kristalle.
Li-Ionen-Akkus besitzen keinen Memory-Effekt. Diese komplett zu entladen ist daher nicht sinnvoll und kann den Akku sogar schädigen. Zudem sollten Li-Ionen Akkus direkt vom Ladegerät getrennt werden, nachdem der Akku vollständig aufgeladen ist (95 - 100 %). Ein längeres Laden lässt den Akku schneller altern und kann unter Umständen sogar dazu führen, dass sich der Akku entzündet. Li-Ionen Akkus sollten daher nicht über Nacht oder unbeobachtet geladen werden. In neueren Akkus schützt ein Sicherungssystem vor Überladung. Dieses verlangsamt bzw. verhindert das Laden des Akkus, wenn dieser fast vollständig geladen ist. Zusammenfassend sollte ein Li-Ionen Akku in einem Ladezustand zwischen 20 % und 80 % gehalten werden. Das ist sicher und schont den Akku.
Li-Ionen Akkus sollten nicht bei zu hohen (> 45 °C) oder zu niedrigen (< 0 °C) Temperaturen genutzt und insbesondere nicht bei extremen Temperaturen geladen werden. Die ideale Temperatur liegt bei Zimmertemperatur.

A173.4

Energiedichte Bleiakku: $110\ \frac{kJ}{kg}$

Energiedichte Lithiumakku: $550\ \frac{kJ}{kg}$

benötigte Energie für 1000 km: 650 MJ = 650000 kJ

Gewicht des Bleiakkus: $\frac{650000\ kJ}{110\ kJ/kg} = 5909\ kg$

Gewicht des Lithiumakkus: $\frac{650000\ kJ}{550\ \frac{kJ}{kg}} = 1182\ kg$

A174.1

Batterien sind in der Herstellung und im Preis billiger. Man benötigt kein Ladegerät. Sie sind sofort einsetzbar.

A174.2

a) *Blei:* Giftiges, graues Schwermetall, leicht verformbar, Atommasse: 207,2 u, hohe Dichte $\left(11{,}3\ \frac{g}{cm^3}\right)$, Schmelztemperatur: 327 °C, Siedetemperatur: 1746 °C. Das wichtigste Bleierz ist Bleiglanz (Bleisulfid, PbS).
Bleistaub und Bleiverbindungen sind giftig. Chronische Vergiftungen führen zu Kopfschmerzen, Müdigkeit, Muskel- und Gelenkschmerzen und Unfruchtbarkeit. Selbst geringe Konzentrationen können bei Kindern zu Entwicklungsstörungen führen. Im Extremfall kann eine Bleivergiftung zum Tode führen. Außerdem ist Blei umweltgefährlich.

Cadmium: Weiches, silbriggraues Übergangsmetall, Atommasse: 112,41 u, Dichte: $8{,}65\ \frac{g}{cm^3}$, Schmelztemperatur: 321 °C, Siedetemperatur: 767 °C. Wichtigste Erze: CdS, $CdCO_3$.
Cadmium, besonders eingeatmeter Cadmiumstaub, ist sehr giftig. Auch Cadmiumverbindungen sind gesundheitsschädlich. Es besteht begründeter Verdacht auf krebsauslösende Wirkung beim Menschen. Cadmium kann sich in Spuren im Körper über eine lange Zeit anreichern und chronische Vergiftungserscheinungen auslösen. Symptome sind Durchfall und Schädigungen an Lunge, Leber und Niere.

Nickel: Silbrig glänzendes, magnetisches Übergangsmetall, Atommasse: 58,69 u, Dichte: $8{,}9\ \frac{g}{cm^3}$, Schmelztemperatur: 1455 °C, Siedetemperatur: 2880 °C. Wichtigste Erze: Nickelsilicate.
Metallisches Nickel ist ein häufiger Auslöser für Kontaktallergien. Nickelverbindungen können Lungen- und Luftröhrenkrebs hervorrufen.

b) Batterien können giftige Schwermetalle wie Blei oder Cadmium enthalten. Andererseits sind viele Bestandteile wertvolle Rohstoffe. Batterien dürfen daher nicht in den Hausmüll, sie können beim Handel zurückgegeben werden. Allerdings beträgt der Rücklauf in Deutschland nur etwa 50 % der verkauften Batterien und Akkus.
Die gesammelten Batterien werden in Verwertungsanlagen sortiert. Zink-Kohle-Batterien machen den größten Anteil der handelsüblichen Batterien aus, sie dienen in Hochöfen als Reduktionsmittel. Andere Batteriearten werden getrennt recycelt, so wird von Nickel-Cadmium-Batterien das Cadmium abdestilliert. Lithiumbatterien werden per Vakuumdestillation wiederverwertet.

A175.1

Am Minuspol geben Wasserstoff-Moleküle Elektronen an die Elektrode ab. Die dabei gebildeten hydratisierten Wasserstoff-Ionen wandern durch eine Membran zum Pluspol. Hier nehmen Sauerstoff-Moleküle Elektronen auf und reagieren zu Oxid-Ionen (O^{2-}). Die Wasserstoff-Ionen bilden mit den Oxid-Ionen Wasser-Moleküle.

Minuspol: $H_2(g) \rightarrow 2\ H^+(aq) + 2\ e^-$ | · 2
Pluspol: $O_2(g) + 4\ e^- \rightarrow 2\ O^{2-}(g)$

Redoxreaktion: $2\ H_2(g) + O_2(g) \rightarrow 2\ H_2O(g)$

A175.2

Batterien, Akkus und Brennstoffzellen sind Energiewandler, die chemische in elektrische Energie umwandeln. In Akkus lässt sich zudem elektrische Energie in Form von chemischer Energie speichern. Batterien und Brennstoffzellen können im Allgemeinen nach dem Entladen nicht wieder neu geladen werden und sind daher keine Energiespeicher in diesem Sinne. „Leere" Batterien müssen ersetzt werden. Die Reaktionspartner von Brennstoffzellen, Wasserstoff und Sauerstoff, müssen kontinuierlich zugeführt werden.

A175.3

- Auf-/Ausbau eines flächendeckenden Pipeline-Netzes für Wasserstoff-Tankstellen.
- Erzeugung von Wasserstoff mit Hilfe von nachhaltigen Energien (z. B. Wind und Photovoltaik).
- Einbindung der Nanotechnologie zur Verbesserung der Katalysatoren und der Speicherung von Wasserstoffgas.
- Ersetzen von Platin durch kostengünstigere Metalle.
- Förderung von Forschungsvorhaben zur Verbesserung der Brennstoffzellentechnik.

A175.4

Verbrennungsmotoren:
Vorteile: gute Infrastruktur, viele Tankstellen, um Benzin oder Diesel zu tanken; etablierte Technologie, sicher, relativ einfach zu reparieren; preiswert
Nachteile: Abhängigkeit von begrenzten, fossilen Energieträgern; starke Belastung der Umwelt; geringer Wirkungsgrad; die meiste Energie aus dem Kraftstoff wird in Wärme umgewandelt und nur ein Bruchteil kann für den Antrieb (ca. 20 %) genutzt werden.
Elektromotoren betrieben durch Brennstoffzellen:
Vorteile: umweltfreundlich, beim Fahren wird nur Wasser freigesetzt; Wasserstoff hat eine hohe massebezogene Energiedichte; keine Abhängigkeit von begrenzten, fossilen Energieträgern; hoher Wirkungsgrad; sehr leise
Nachteile: keine Infrastruktur, hohe Kosten, um flächendeckend Wasserstoff anbieten zu können; Platin ist sehr teuer; hoher Forschungs- und Entwicklungsbedarf; Technologie unzureichend erprobt; derzeit hohe CO_2-Freisetzung bei der Produktion von Wasserstoff; ggf. schwierig zu reparieren/Ersatzteile könnten teuer sein
Elektromotoren betrieben durch Batterien:
Vorteile: umweltfreundlich; keine Freisetzung von Emissionen beim Fahren; keine Abhängigkeit von begrenzten, fossilen Energieträgern; hoher Wirkungsgrad; sehr leise
Nachteil: mäßige Infrastruktur, wenig Ladesäulen und ggf. lange Ladezeiten; Abhängigkeit von seltenen Erden; aktuell noch relativ geringe Energiedichte der Akkus, geringe Reichweite; Es fehlt an Langzeitstudien, es ist ungewiss, wie lange Akkus halten; ggf. schwierig zu reparieren

A179.B1

a) – **c)** individuelle Lösung

A179.B2

Durch die Zersetzung organischen Materials unter Luftabschluss kann es zur Bildung von Methan kommen.

A179.B3

Es handelte sich um tropische Meere mit großen Mengen an tierischem und pflanzlichem Plankton im Meerwasser.

A179.B4

a) Eines der Verbrennungsprodukte ist Wasserdampf. Dieser kondensiert an der kalten Glaswand, sodass das Glas von innen beschlägt.
Während der Verbrennung wird der Sauerstoff der Luft im Glas verbraucht. Sobald nicht mehr genug Sauerstoff zur Verfügung steht, erlischt die Flamme.

b) Die Sauerstoff-Zufuhr muss unterbunden werden, z. B. mit einer Löschdecke, Sand, Kohlenstoffdioxid oder Löschschaum.

A179.B5

Kohlenstoff-Atome nehmen Sauerstoff-Atome aus den Wasser-Molekülen auf und bilden dadurch Kohlenstoffmonooxid. Von den Wasser-Molekülen bleibt Wasserstoff in Form von H_2-Molekülen zurück:
$C + H_2O \rightarrow CO + H_2$

Kohlenstoffmonooxid und Wasserstoff sind brennbare Gase.

A180.B6

im Wesentlichen individuelle Lösungen

Grundlagen: Hauptsächlich sind Kohlenstoffdioxid-Emissionen aus Kraftwerken betroffen, aber auch aus Hochöfen und der chemischen Industrie. Gehandelt werden Berechtigungen zur Emission von Kohlenstoffdioxid und teilweise auch anderer Treibhausgase.
Probleme: Energieintensive Unternehmen erhielten zum Teil so viele kostenlose Emissionsberechtigungen, dass sie durch deren Verkauf zusätzliche Gewinne erzielen konnten.

A179.B7

Bei starker Kälte scheiden sich Paraffinkristalle ab. Dadurch werden Filter verstopft, sodass die Kraftstoffversorgung des Motors unterbrochen wird.

A179.B8

Beim Verbrennen regenerativer Energieträger wird nur so viel Kohlenstoffdioxid freigesetzt, wie die Pflanzen während der Wachstumsphase aus der Atmosphäre aufgenommen haben. Daher wird der Kohlenstoffdioxidanteil in der Atmosphäre nicht erhöht. Beim Verbrennen von fossilen Brennstoffen wie Erdöl oder Erdgas wird zusätzliches Kohlenstoffdioxid freigesetzt, das in den Energieträgern langzeitgespeichert war. Der Kohlenstoffdioxidanteil in der Atmosphäre steigt an.

A179.B9

a) Benzin verdunstet viel leichter als Dieselöl, sodass sich über der Benzinlache mehr brennbares Gas befindet als über einer Dieselöllache. Außerdem lässt sich Benzindampf bei einer niedrigeren Temperatur entzünden als Dieselöl (niedriger Flammpunkt). Aus beiden Gründen gilt Benzin als leichtentzündlich (F), Dieselöl nicht.

b) Vor dem Entzünden muss eine genügend hohe Konzentration von Dieselöldampf in der Luft erzeugt werden. Das kann man z. B. durch Aufsaugen und Verdunsten mit Hilfe eines Dochtes erreichen, durch Erwärmen oder durch Versprühen zu einem feinen Nebel, aus dem das Öl schnell verdunstet.

A179.B10

Alle Gegenstände aus Kunststoff, von Möbeln über elektrische Geräte und Sportartikel sowie Schulranzen und Kleinteile wie Kugelschreiber, Filzstifte, Mäppchen, sind Produkte aus Erdöl. Und nicht zu vergessen der Brennstoff der Ölheizung, der uns im Winter angenehme Temperaturen beschert.

A179.B11

a) individuelle Lösung wegen schnell veränderlicher Preise Etwa ein Viertel des Kraftstoffpreises entfällt auf die Kosten für den Ausgangsstoff Rohöl. Ein Liter Benzin kostet etwa 20 % mehr als ein Liter Dieselkraftstoff.

b) Kosten fallen an durch Transport und Aufbereitung des Rohöls zu Kraftstoffen. Ein wesentlicher Teil des Kraftstoffpreises entfällt auf Energie- und Mehrwertsteuer. Dabei wird Benzin höher besteuert als Dieselkraftstoff.

A179.B12

individuelle Lösung
Vorkommen sollten als Ottokraftstoffe Benzin, Bioethanol, Biogas, und BtL-Kraftstoffe, als Dieselkraftstoffe Dieselöl und Biodiesel (Rapsmethylester und Rapsethylester).

A179.B13

Pro-Argumente:
- Regenerative Energiequelle und damit fast unbegrenzt verfügbar,
- Verwertung von Gülle und organischen Abfällen,
- Gewinnung von Energie in der Nähe der Verbraucher,
- zusätzliche Einnahmequelle für Landwirte,
- das bei der Verbrennung erzeugte Kohlenstoffdioxid wurde zuvor von den Pflanzen durch Photosynthese gebunden, daher keine Nettozunahme der Konzentration an Kohlenstoffdioxid in der Atmosphäre.

Contra-Argumente:
- Bau der Anlagen kostet Energie und erzeugt zusätzliches Kohlenstoffdioxid,
- Verschwendung wertvoller Bodenressourcen für den Anbau von Pflanzen speziell für die Verwertung in Biogasanlagen,
- Transport der Rohstoffe zu den Biogasanlagen erzeugt Kohlenstoffdioxid,
- Biogas lässt sich nicht einfach als Alternative für Erdgas in das Gasnetz einspeisen, sondern muss davor kostspielig veredelt werden,
- In Biogasanlagen entstehen neben dem gewünschten Methan auch Schwefelwasserstoff und Ammoniak, die abgetrennt werden müssen.

A179.B14

a) individuelle Lösung

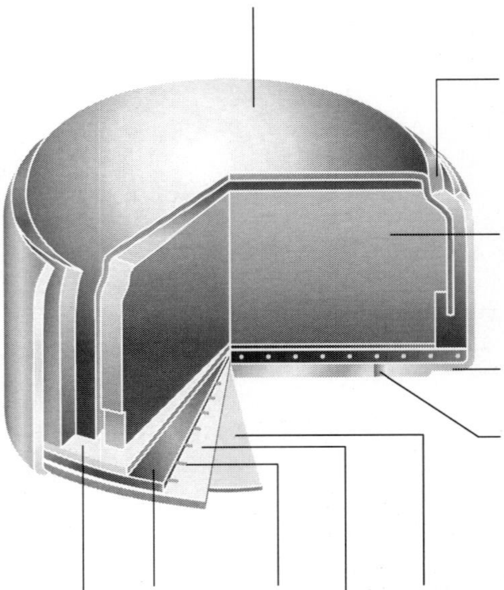

b)
Minuspol:
$2\ Zn\ (s) \rightarrow 2\ Zn^{2+}(aq) + 4\ e^-$

Pluspol:
$O_2\ (g) + 2H_2O\ (l) + 4\ e^- \rightarrow 4\ OH^-\ (aq)$

c) Damit der Reaktionspartner Sauerstoff zutreten kann, muss der Aufklkeber entfernt werden. Die Reaktion findet mit dem Sauerstoff aus der Luft statt.

A180.B15

Es muss der Pluspol der ersten Batterie mit dem Pluspol der zweiten Batterie verbunden werden. Gleiches gilt für den Minuspol.

A180.B16

Feuchtigkeit kann bei undichter Schutzhülle zu einer heftigen Reaktion mit dem Lithium führen (Wasserstoffgasbildung).
Kinder können z. T. nicht lesen und damit die Sicherheitshinweise befolgen, es könnten die angegebenen Sicherheitshinweise nicht beachtet werden.
Überhitzung der Batterie führt zu heftigen chemischen Reaktionen bis hin zum Entflammen der Batterie.
Ein Kurzschluss führt zu einer Schnellentladung und damit zum Überhitzen der Batterie.
Beim Öffnen kommt man mit dem Lithium in Kontakt, was zu einer Verätzung führen kann, weiterhin kann es zum Kurzschluss kommen.
Der Versuch des Aufladens kann die beim Entladen abgelaufenen chemischen Reaktionen nicht umkehren. Der Ladestrom führt lediglich zu einer Überhitzung der Batterie.

A180.B17

a)

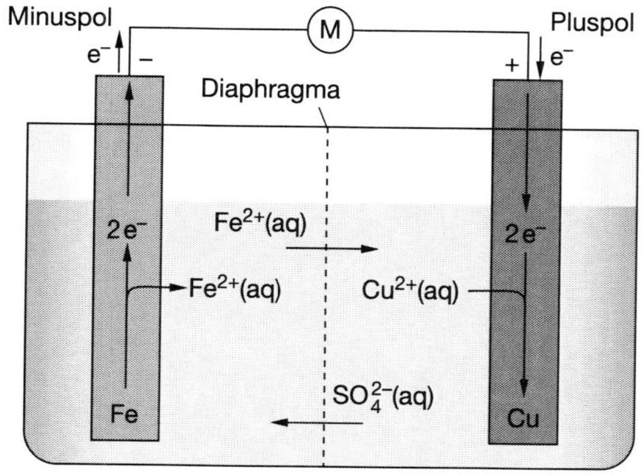

b) Eisen ist der Minuspol, da das Metall unedler ist, während das edlere Kupfer als Pluspol dient.

c) Minuspol: $Fe(s) \dashrightarrow Fe^{2+}(aq) + 2\ e^-$
Pluspol: $Cu^{2+}(aq) + 2\ e^- \dashrightarrow Cu(s)$

d) Die Elektronen bewegen sich vom Eisenstab durch das Kabel zum Kupferstab. Eisen-(II)-Ionen bewegen sich von der Halbzelle mit dem Eisenstab durch den Separator zur Halbzelle mit dem Kupferstab. Sulfat-Ionen bewegen sich in entgegengesetzter Richtung. Kupfer-(II)-Ionen bewegen sich zum Kupferstab und werden dort abgeschieden.

e) Wird der Separator entfernt, so durchmischen sich die Eisensulfat- und die Kupfersulfat-Lösungen. Kupfer-Ionen werden an dem Eisenstab zu Kupfer-Atomen reduziert, ohne dass die Elektronen durch den elektrischen Leiter zum Kupferstab fließen. Es kommt zu einem Kurzschluss. Die Lampe leuchtet nicht.
Wird zu dem ersten Separator ein weiterer Separator hinzugefügt, so wird der Ionenfluss reduziert. Der Ladungsausgleich wird erschwert. Die elektrochemische Reaktion läuft sehr langsam ab. Wenn überhaupt, dann leuchtet die Lampe nur sehr schwach.

A180.B18

a) Ethylencarbonat ist über Dipol-Ionen-Wechselwirkungen in der Lage Li-Salze zu lösen. Die Kohlenstoff-Sauerstoff-Bindungen in dem Molekül sind stark polar. Sauerstoff-Atome ziehen aufgrund ihrer hohen Elektronegativität die Elektronen der Bindung stärker zu sicher heran als Kohlenstoff-Atome. Es entsteht ein Dipol mit einem negativ und einem positiv polarisierten Ende. Das negativ polarisierte Ende kann mit den positiv geladenen Li-Ionen wechselwirken.

b) Metallisches Lithium ist sehr reaktionsfreudig. Es besitzt eine geringe Elektronegativität und gibt leicht Elektronen ab. Mit Wasser würde metallisches Lithium in einer exothermen Reaktion zu Lithiumhydroxid und Wasserstoffgas reagieren:
$2\ Li(s) + 2\ H_2O \rightarrow 2\ LiOH(aq) + H_2(g)$
Das Wasserstoffgas ist im Gemisch mit Sauerstoff explosionsgefährlich (Knallgas).

A180.B19

Vorteile: kein Memory-Effekt; geringe Selbstentladung und daher gute Lagerfähigkeit; hohe Energiedichte; hohe Spannung; lassen sich häufig laden und entladen
Nachteile: empfindlich gegenüber Tiefentladungen und Überladungen (in der Praxis häufig Schutz durch Sicherungssystem); nicht geeignet für sehr tiefe (< 0°C) oder sehr hohe Temperaturen (> 45°C); empfindlich gegenüber Temperaturschwankungen; zum Teil noch hoher Preis

A180.B20

Lithiumakkus findet man heute in vielen alltäglichen technischen Geräten wie beispielsweise Mobiltelefonen. Bleiakkumulatoren befinden sich fast ausschließlich als Starterbatterien in Kraftfahrzeugen. Unfälle passieren meist durch falschen Umgang mit den Akkus wie Überladen oder durch mechanische Defekte. Mit der Autobatterie hat man meist wenig Berührung. Ist sie defekt, wird sie von der Werkstatt ausgetauscht. Geräte mit Lithiumakkus werden häufig aufgeladen und transportiert. Daher kommt es hierbei häufiger zu Umfällen. Prinzipiell gefährlich ist der Bleiakku auch, denn er enthält verdünnte Schwefelsäure als Elektrolyt, die ätzend ist. Beim Überladen eines Bleiakkus entsteht Wasserstoff, der austreten und sich entzünden kann.

A180.B21

a) Die Infrastruktur für Elektroautos ist derzeit deutlich besser ausgebaut, als diejenige für Wasserstoffautos. Wenn für die Dichte der Ladestationen im Land das gleiche gilt wie für die Wasserstofftankstellendichte, dann müsste eine flächendeckende Versorgung bereits gewährleistet sein. Im Vergleich zur Tankstellendichte liegt die Infrastruktur für Elektroautos aktuelle aber immer noch weit zurück.

b) Die Tankstellenanzahl im Land kann als Indikator für die Anzahl an Fahrzeugen gesehen werden. Je mehr Tankstellen vorhanden sind, desto mehr Fahrzeuge können bedient werden. Nur wenn Tankstellen ausgelastet sind, können sie auch wirtschaftlich gewinnbringend betrieben werden. Da die Anzahl konventioneller Tankstellen diejenige von Wasserstofftankstellen bzw. Ladestationen für Elektroautos bei weitem übertrifft ist erkennbar, dass die beiden letztgenannten Technologien noch nicht besonders weit entwickelt sind.

c) Die Verbereitung der Fahrzeuge wird auch von Faktoren wie dem Kaufpreis und der weiteren zur Verfügung stehenden Infrastruktur (Händler, Werstätten etc.) bestimmt. Nur wenn eine Gesamtinfrastruktur vorhanden ist, die einen gleichwertigen Nutzen bietet, werden die Anzahlen der Fahrzeuge die gleichen Werte erreichen.

A180.B22

a) Die Energiedichte ist ein Maß für das Energiespeichervermögen eines Stoffes. Je höher die Energiedichte des Akkus mit dem ein Elektroauto betrieben wird, umso weiter kann mit dem Auto gefahren werden, ohne, dass der Akku geladen werden muss.

b) Die Energiedichte von flüssigem Wasserstoff ist höher als die von gasförmigen Wasserstoff, wenn diese als Kapazität pro Volumen gemessen wird (volumetrische Energiedichte). Die massebezogene Energiedichte (gravimetrische Energiedichte) unterscheidet sich dagegen nicht. Im Vergleich zu Kraftstoffen wie Benzin und Diesel ist die volumetrische Energiedichte von flüssigem und gasförmigem Wasserstoff sehr gering; die massenspezifische Energiedichte von Wasserstoff ist dagegen sehr hoch. Wird allerdings auch der Wasserstofftank bei dieser Betrachtung berücksichtigt, dann liegt auch die massenspezifische Energiedichte von Wasserstoff unter der von Benzin und Diesel.

A180.B23

Günstige elektrische Zahnbürste: NiMH-Akku verwenden, weil dieser preiswert ist und häufig wieder aufgeladen werden kann. Zudem ist der Akku relativ unempfindlich gegenüber Überladung. Das ist wichtig, da die Zahnbürste häufig in der Ladestation gelagert wird. Ein geeigneter Li-Ionen-Akku ist aktuell noch zu teuer für eine günstige elektrische Zahnbürste.
Akkuschrauber oder Akkubohrer: Li-Ionen Akku verwenden, weil dieser die für die Geräte notwendige hohe Spannung liefert und häufig wieder aufgeladen werden kann.
Hörgerät: Zink-Luft-Batterie verwenden, weil diese eine sehr hohe Energiedichte besitzt. Batterien für Hörgeräte sollten klein und leicht sein. Da Hörgeräte nur wenig Strom verbrauchen, ist es nicht tragisch, dass diese sehr langlebige Batterie nicht wieder aufgeladen werden kann.
Notstromversorgung für den Operationssaal in einem Krankenhaus: Blei-Akku verwenden, weil dieser technologisch ausgereift und damit sicher und zuverlässig ist. Die geringe Energiedichte ist nicht tragisch, da in einem Krankenhaus ausreichend Möglichkeiten zur Verfügung stehen, den schweren Akku zu lagern.
Stromspeicher für eine Photovoltaikanlage: Blei-Akku verwenden. Analoge Argumentation zur Notstromversorgung im Krankenhaus. Allerdings werden zunehmend Li-Ionen-Akkus verwendet.
Powerbank für ein Handy: Li-Ionen-Akku verwenden, weil dieser eine hohe Energiedichte besitzt. Die Powerbank soll leicht und klein sein.
Fernbedienung für das Fernsehgerät: Zink-Kohle- oder Alkali-Mangan-Batterie, weil eine Fernbedienung nur wenig Strom verbraucht und häufig sehr preiswert ist. Ein teurer Akku rentiert sich hier nicht.
Teure Armbanduhr: Silberoxidbatterie, da diese langlebig ist und deren Spannung lange konstant bleibt. Der hohe Preis der Batterie fällt bei einer teuren Armbanduhr nicht ins Gewicht. Alternativ wäre auch eine Lithiumbatterie (nicht Li-Ionen-Akku) geeignet. Zusätzlich zu den Vorteilen der Silberoxidbatterie ist die Lithiumbatterie in einem relativ großen Temperaturbereich gut funktionsfähig und damit beispielweise für Fernreisen geeignet.

A181.C1

a) Butan hat eine Siedetemperatur von −0,5 °C. Das Butan verdunstet nicht und ist so nicht zündfähig.

b) Er kann es in seine Hosentasche stecken und warten, bis seine Körperwärme das Feuerzeug auf über 0 °C erwärmt hat.

c) Streichhölzer oder Benzinfeuerzeug

d) Propan hat eine Siedetemperatur von −42 °C. Bei tieferen Temperaturen verdunstet Propan nicht und kann so nicht entzündet werden.

e) Benzingeräte besitzen Generatoren, die unter Druck gesetzt werden (Pumpmechanismus) und durch Zerstäubung ein zündfähiges Benzin/Luft-Gemisch liefern. Durch die aufwendigere Bauweise sind sie teurer.

f) Das Benzin hat Umgebungstemperatur (−45 °C) und zerstört so die Haut. Flüssiges Wasser kann nie kälter als 0 °C sein.

A181.C2

a) Dargestellt ist die Entwicklung verschiedener Akkus in Hinblick auf deren massenspezifische Energiedichte in $\frac{kJ}{kg}$ in Abhängigkeit von ihrer Entwicklungszeit in Jahren. Daten liegen von 1980 bis 2013 vor. Die Energiedichte für die Jahre 2013 bis 2020 wurde von den Autoren geschätzt.
Die Energiedichte des Nickel-Cadmium-Akkus (NiCd-Akku) und des Blei-Akkus steigt von 1980 bis 2013 nur sehr gering an. 2013 beträgt sie für beide Akkus ca. 180 $\frac{kJ}{kg}$. Die Energiedichte des Nickel-Cadmium-Akkus ist geringfügig höher als die des Blei-Akkus. Bis 2020 wird für beide Akkus keine weitere Steigerung erwartet.
Der Nickel-Metallhydrid-Akku (NiMH-Akku) wurde ca. 1990 in den Markt eingeführt. Damals betrug die Energiedichte ca. 150 $\frac{kJ}{kg}$. Bis 2015 konnte diese auf ca. 370 $\frac{kJ}{kg}$ gesteigert werden.
Lithium-Ionen-Akkus kamen ebenfalls um 1990 auf den Markt. Bereits damals war ihre Energiedichte mit ca. 360 $\frac{kJ}{kg}$ vergleichsweise hoch. Bis 2013 konnte die Energiedichte durch Weiterentwicklung der Akkus stetig gesteigert werden. 2013 beträgt die Energiedichte hochmoderner Li-Ionen Akkus ca. 900 $\frac{kJ}{kg}$. Die Energiedichte von Li-Ionen-Akkus, die in moderne Elektroautos verwendet werden, ist allerdings wesentlich geringer (ca. 400 $\frac{kJ}{kg}$). Bis 2017 wird erwartet, dass die Energiedichte von Li-Ionen-Akkus bis ca. 1150 $\frac{kJ}{kg}$ gesteigert werden kann.
Höhere Energiedichten werden in ferner Zukunft von Magnesium-Ionen- (1440 $\frac{kJ}{kg}$), Lithium-Schwefel- (> 1500 $\frac{kJ}{kg}$) und Lithium-Sauerstoff-Akkus (3600 $\frac{kJ}{kg}$) erwartet. Der Lithium-Schwefel-Akku scheint dabei als erstes die Marktreife zu erreichen.

b) Folgende Schlussfolgerungen lassen sich aus der Grafik ableiten:
1. Das verbleibende Weiterentwicklungspotenzial älterer Akku-Technologien (Blei-, NiCd-, NiMH-Akku) ist gering.
2. Die Energiedichte des Li-Ionen-Akkus lässt sich praktisch nicht über 1150 $\frac{kJ}{kg}$ steigern. Das Weiterentwicklungspotenzial scheint bis 2020 ausgeschöpft zu sein.
3. Akku-Technologien in denen metallisches Lithium eingesetzt wird, scheinen ein hohes Potenzial in Hinblick auf ihre Energiedichte zu besitzen.
4. Magnesium-Ionen scheinen in Hinblick auf die Energiedichte von Akkus eine mögliche Alternative zu Lithium-Ionen darzustellen. Hier scheint allerdings noch hoher Forschungs- und Entwicklungsbedarf zu bestehen.

d) Der Nickel-Metallhydrid-Akku bietet eine viel geringere Dichte als die von Lithium-Ionen-Akkus. Dementsprechend ist bei einer Weiterenticklung nicht zu erwarten, dass die Leistungsfähigkeit dieses Akkus die von Lithium-Ionen Akkus übersteigt. Dementsprechend ist er wirtschaftlich gesehen zunehmend uninteressant.

e) Zweifach positiv geladene Magnesium-Ionen können doppelt so viele Ladungen transportieren wie die einfach positiv geladenen Lithium-Ionen. Obwohl sich die kleineren Lithium-Ionen leichter durch den Elektrolyten und die Elektroden bewegen können als die größeren und schweren Magnesium-(II)-Ionen, kann in Summe mit Magnesium-(II)-Ionen wesentlich mehr elektrische Energie freigesetzt werden.
In Lithium-Sauerstoff-Akkus werden zwei Elemente miteinander kombiniert, die eine höhere Elektronegativitätsdifferenz aufweisen. Allein aus diesem Grund sollte eine höhere Spannung erwartet werden. Dies lässt sich auch durch die Stellung der Elemente Schwefel und Sauerstoff in der Redoxreihe der Nichtmetalle ablesen. Die geringere Atommasse von Sauerstoff gegenüber der von Schwefel kann als weiteres Argument für eine erhöhte Enrgiedichte des Lithium-Sauerstoff-Akkus angeführt werden.

f)
- Stickstoff, Wasserdampf und Kohlenstoffdioxid aus der Umgebungsluft können zu ungewollten Nebenreaktionen führen und den Akku schädigen. Insbesondere Wasserdampf stellt eine Explosionsgefahr dar.
- Kohlenstoffdioxid kann zur irreversiblen Bildung von Lithiumcarbonat (Li_2CO_3) führen, das die Poren der Luftelektrode (Kathode) zusetzt. Mit jedem Zyklus verliert der Akku dadurch an Kapazität.
- Das Lösemittel (Elektrolyt) des Akkus könnte an der Luft verdampfen.

g) individuelle Lösung, z. B.:
- staatliche Subventionierung von E-Autos (dürfen z. B. Busspuren benutzen; kostenfrei parken)
- strengere Regularien für konventionelle Kraftfahrzeuge mit Verbrennungsmotor/Verschärfung von Emissionsgesetzen
- Erhöhung der Benzinsteuer
- Standardisierung von Ladetechnologien
- Ausbau des bestehenden Ladesäulen-Netzwerkes (ggf. Nutzung der Hochspannungsnetze von Stadtbussen und Bahn)
- staatliche Förderung von Forschung und Entwicklung für Ladetechnologien und Akkus.

8 Vom Naturstoff zum Kunststoff

A185.1

Traubenzucker (Glucose) kommt in grünen Pflanzen vor. Fruchtzucker (Fructose) kommt in Obst und Honig vor. Haushaltszucker (Saccharose) kommt in Zuckerrohr und Zuckerrüben vor. Stärke (Vielfachzucker) kommt in Getreide und Kartoffeln vor. Cellulose (Vielfachzucker) kommt in Pflanzenzellen vor und Glykogen (Vielfachzucker) kommt in tierischen Zellen vor.

A185.2

Stärke beziehungsweise Cellulose

A185.3

Fructose hat in weiten Teilen die gleichen Eigenschaften wie andere Zucker, die als Süßungsmittel eingesetzt werden und kann allein deshalb als Ersatzstoff dienen. Aufgrund seine etwa 20 % höheren Süßkraft als Glucose braucht man wesentlich weniger, um die gleiche Süße wie bei Glucose zu erreichen.

A185.4

Pflanzen erzeugen aus Kohlenstoffdioxid und Wasser mit Hilfe von Sonnenlicht Sauerstoff und Zucker. Diese Stoffe werden von Pflanzen, Tieren und Menschen aufgenommen und zur Energiegewinnung verstoffwechselt. Dabei entstehen daraus wieder Kohlenstoffdioxid und Wasser, die erneut in den Kreislauf eingebracht werden können.

A185.5

Dextrose ist Traubenzucker. Traubenzucker liefert sehr schnell relativ viel Energie. Im Sport ist dies für die Leistung und Ausdauer von Bedeutung.

A185.6

In einem gut sortierten Supermarkt findet man in der Regel Maisstärke, Kartoffelstärke, Reisstärke, Tapiokastärke (Maniokstärke) und Weizenstärke.

A187.1

Reife Trauben werden in einer Mühle zur Maische gemahlen. Maische besteht aus Saft, Fruchtfleisch und Schalen. In der Kelter wird die Maische zu Most gepresst, der anschließend mit Hefe in Gärfässern zu Alkohol vergoren wird. Dabei entsteht mithilfe von Hefezellen aus dem Traubenzucker der Früchte Kohlenstoffdioxid und Alkohol (Wein).

A187.2

Unter Most versteht man den Saft, den man erhält, wenn man ganze Früchte zuvor gepresst und gekeltert hat.

A187.3

Bei einem höheren Alkoholgehalt würden die Hefezellen, die man für den Gärprozess benötigt, absterben.

A187.4

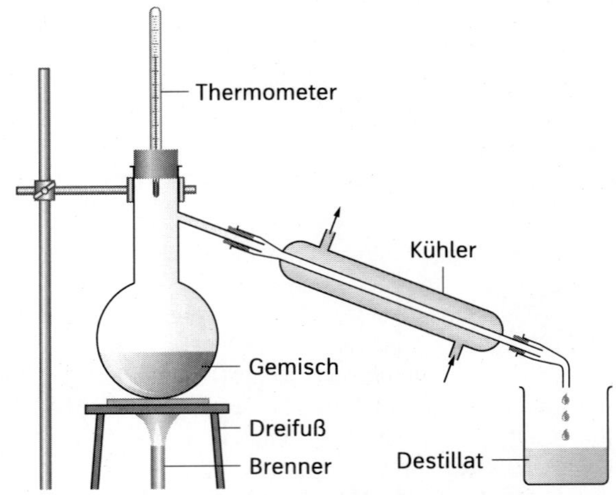

A187.5

Beispiele: Genussmittel, Desinfektionsmittel, Reinigungsmittel, Energieträger, Lösemittel, Brennstoff

A187.6

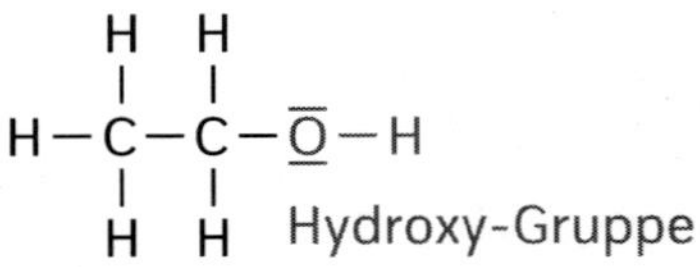

Ethyl-Rest

A187.7

Für Ethanol/Brennspiritus gilt:
H225: Flüssigkeit und Dampf leicht entzündbar.
H319: Verursacht schwere Augenreizung.
P210: Von Hitze, Funken, offener Flamme, heißen Oberflächen fernhalten, nicht rauchen.
P240: Behälter und zu befüllende Anlage erden.
P305+351+338: Bei Kontakt mit den Augen: Einige Minuten lang behutsam mit Wasser ausspülen. Eventuell vorhandene Kontaktlinsen nach Möglichkeit entfernen. Weiter ausspülen.
P403: An einem gut belüfteten Ort aufbewahren.
P233:Behälter dicht verschlossen halten.

Gebrauchsanleitung: Die Ethanolflasche nie neben Glut, heißen Flächen oder offenen Flammen öffnen. Ethanol nie auf Holzkohleglut gießen. Beim Arbeiten mit Ethanol nicht rauchen. Sollte Ethanol in die Augen gelangen, mit viel Wasser ausspülen. Behälter an einem gut belüfteten Ort, dicht geschlossen aufbewahren. Nicht trinken.

A187.8

a) Die Stärke im Mehl wird zu Traubenzucker umgesetzt, welcher dann von der Hefe zu Alkohol und Kohlenstoffdioxid vergoren wird. Diesen Alkohol kann man dann im Blut des Hundes nachweisen.
Hinweis: Beim Hund kommt noch hinzu, dass seine Alkoholdehydrogenase (ADH) eine sehr geringe Aktivität zeigt. Daher wird der Alkohol nur sehr langsam abgebaut.

b) Das Backen von Brot oder Kuchen findet in der Regel bei Temperaturen ab 160 °C statt. Bei diesen Temperaturen ist das Ethanol verdampft, da die Siedetemperatur des Ethanols bei 78 °C liegt. Daher ist im fertigen Gebäck kein Alkohol mehr enthalten.

A187.9

Beispiele: Alkohol, Trinkalkohol, Brennspiritus, vergällter Alkohol, Spiritus, Ethylalkohol, Agraralkohol, Bioethanol

A187.10

a) Im unteren Drittel des Reagenzglases befindet sich mit Ethanol getränkter Sand, etwas darüber liegen Magnesiumspäne, in der Reagenzglasöffnung steckt ein durchbohrter Stopfen mit Winkelrohrspitze. Die Magnesiumspäne werden mit der Brennerflamme stark erhitzt und überziehen sich mit einem weißen Stoff. An der Winkelrohrspitze brennt eine Flamme.

$C_2H_5OH(g) + Mg(s) \rightarrow MgO(s) + 3\ H_2(g) + 2\ C(s)$

Hinweis: Außer Wasserstoff können sich auch Kohlenwasserstoffe wie Ethan und Ethen bilden.

b) Beim Erhitzen verdrängt zunächst Ethanoldampf im Reagenzglas die Luft. Trotzdem reagiert Magnesium heftig zu weißem Magnesiumoxid. Die Sauerstoff-Atome müssen also aus Ethanol-Molekülen stammen.

A187.11

Die Moleküle von Alkohol und Wasser sind ähnlich aufgebaut. Beide haben polare OH-Gruppen, die in der Lage sind, H-Brücken, sowohl untereinander, als auch mit anderen polaren Verbindungen, einzugehen. Zwischen den Alkohol- und den Wasser-Molekülen bilden sich Wasserstoffbrücken, was zur guten Mischbarkeit führt.

A187.12

Unter Vergällung versteht man den Zusatz von Hilfsstoffen, um den Geschmack, den Geruch oder das Aussehen eines Stoffes zu verändern.

Beispiel	**Grund**
Ethanol	Befreiung von Alkoholsteuer
Erdgas, Propan, Butan	zum besseren Erkennen, um Unfälle zu verhindern
diverse geschmacks- und geruchlose Gifte	zum besseren Erkennen, um Unfälle zu verhindern
Streusalz	Befreiung von der Salzsteuer (1993)
Butterschmalz	um Subventionsbetrug entgegen zu wirken
Heizöl	Steuerrechtliche Gründe: geringere Steuer als bei Diesel

A187.13

Wasser- und Ethanol-Moleküle können aufgrund ihrer OH-Gruppen Wasserstoffbrücken ausbilden und sind deshalb miteinander mischbar. Wasser-Moleküle sind kleiner als Ethanol-Moleküle und können in die Lücken zwischen den Ethanol-Molekülen rutschen. Dies erklärt die Volumenabnahme.

A187.14

In dem noch nicht filtrierten Traubenmost befinden sich noch aktive Hefezellen. Diese vergären den restlichen Zucker weiterhin unter Bildung von Alkohol und Kohlenstoffdioxid. Kohlenstoffdioxid als Gas muss nach außen abgegeben werden, da sich sonst zunehmend der Druck erhöhen würde und die Flasche platzen kann.

A187.15

Hygroskopisch heißt auch wasserziehend. Zu diesen Stoffen gehören neben dem Kupfersulfat unter anderem noch Calciumchlorid, Eisen(III)chloride, Schwefelsäure, Glycerin oder Sorbit.

A187.16

Da man Methanol als Holzgeist aufgrund seiner Herstellung aus Holz bezeichnet, könnte man annehmen, dass Ethanol Weingeist heißt, da dieses aus Weintrauben hergestellt wird und demnach im Wein vorhanden ist.
Hinweis: Auch andere Vermutungen sind denkbar, z. B. dass der Name aus der Zeit der Alchemisten stammt.

A187.17

$2\ C_2H_5OH + 2\ Na \rightarrow 2\ \underset{\text{Natriumethylat}}{C_2H_5ONa} + H_2$

A189.1

Beispiele:
Pro-Argumente: Alkohol ist in Maßen genossen ein Genussmittel (Schwarzwälder Kirschtorte, Rotweinsoße, Pralinen, Bier, Wein), Alkohol ist eine in der westlichen Gesellschaft allgemein legalisierte Droge, der Konsum unterliegt demnach kaum einer Beschaffungskriminalität.
Contra-Argumente: Alkohol beeinträchtigt das Verhalten. Menschen werden nach übermäßigem Alkoholgenuss leichtsinnig und unkontrolliert. Alkohol beeinträchtigt die Gesundheit. Gehirn, Herz, Verdauungs- und Nervensystem werden geschädigt, insbesondere bei Alkoholabhängigkeit. Alkohol ist eine Droge.

A189.2

Nachdem man Alkohol aufgenommen hat, wird dieser im Magen und Darm resorbiert und mit dem Blut zur Leber transportiert. Dort erfolgt der Abbau des Alkohols. Die Abbauprodukte werden zu den Nieren und der Blase transportiert und von diesen ausgeschieden.

A189.3

a) Wer ein Fahrzeug im Straßenverkehr mit 0,5‰ oder mehr führt, begeht eine Ordnungswidrigkeit (auch dann, wenn keine Ausfallerscheinungen zu Tage treten). Diese Bestimmung gilt auch für Mofas, Mopeds und Kleinkrafträder, nicht hingegen für Fahrräder.
Folgen: Beim ersten Verstoß: Bußgeld 500 €, Fahrverbot 1 Monat, 2 Punkte im Verkehrszentralregister in Flensburg. Beim zweiten Verstoß: Bußgeld 1000 €, Fahrverbot 3 Monate, 2 Punkte. Beim dritten Verstoß: Bußgeld 1500 €, Fahrverbot 3 Monate, 2 Punkte.

b) Wer mit weniger als 0,5‰ im Verkehr ein Fahrzeug führt, macht sich nicht strafbar. Kommt es aber zu einem Unfall und es gelingt den Strafverfolgungsbehörden, nachzuweisen, dass alkoholbedingte Ausfallerscheinungen erkennbar waren, die den Unfall bedingt haben könnten, ist eine Bestrafung möglich. Dies gilt auch für Radfahrer. Wer mit weniger als 0,3‰ im Verkehr ein Fahrzeug führt, macht sich nicht strafbar.

c) Wird ein Fahrzeug mit mehr als 1,1 Promille geführt, liegt aufgrund der absoluten Fahruntüchtigkeit eine Trunkenheitsfahrt vor. Konsequenzen sind eine Geldstrafe, drei Punkte in Flensburg und mindestens sechs Monate die Entziehung der Fahrerlaubnis.

A189.4

Sowohl die Masse an Alkohol als auch die Volumenkonzentration sind in Cocktails höher als in der gleichen Menge Wein. In Cocktails tritt der strenge Alkoholgeschmack nur nicht so deutlich zutage, weil die Getränke einen hohen Anteil an Zucker und Fruchtsäften enthalten. Wein enthält deutlich weniger Zucker, sodass der Geschmack des Alkohols deutlich stärker wahrgenommen wird.

A189.5

Über 95% des Ethanols wird in der Leber abgebaut. Ethanol ist ein Zellgift. In der Leber sind verschiedene Enzymsysteme am stufenweisen Abbau des Ethanols beteiligt. Mithilfe des Enzyms Alkoholdehydrogenase (ADH) entsteht unter anderem Acetaldehyd als giftiges Zwischenprodukt. Acetaldehyd ist für den „Kater" nach übermäßigem Alkoholkonsum verantwortlich. Acetaldehyd wird anschließend zu ungiftigem Acetat oxidiert. Als Endprodukte des Abbaus von Ethanol entstehen Kohlenstoffdioxid und Wasser.

Alkohol wirkt schon in kleinen Mengen auf die Blutgefäße in der Haut und erweitert diese. Deshalb bekommen viele Menschen nach dem Genuss von alkoholischen Getränken rote Wangen. Alkohol führt nur zu einem subjektiven Wärmegefühl. Warmes Blut aus dem Körperinneren wird in die erweiterten Blutgefäße der Haut gepumpt und kühlt dort schnell ab. Es fließt gekühlt in den Körperkern zurück. Der Effekt ist eine Unterkühlung des gesamten Körpers.

V190.1

a) Nach etwa zwei bis drei Tagen steigen kleine Gasbläschen auf und das Kalkwasser trübt sich zunehmend. Nach einer Woche wird die Gasentwicklung weniger und der Saft riecht schwach nach Alkohol.
Die Hefezellen, die in den Äpfeln vorkommen, vergären den enthaltenen Traubenzucker. Dabei bildet sich Kohlenstoffdioxid, welches als Gasbläschen im Gärröhrchen sichtbar wird und das Kalkwasser zunehmend trübt. Als weiteres Produkt fällt Ethanol (Alkohol) an, den man am Geruch erkennen kann. Nach etwa 10 Tagen ist die Reaktion beendet.

b) Der Zuckergehalt im Fruchtsaft bewirkt, dass dieser eine höhere Dichte als Wasser hat. Das Mostgewicht wird in der Einheit Grad Oechsle (°Oe) angegeben. Ein Grad Oechsle entspricht den ersten drei Nachkommastellen des Zahlenwertes der Dichte ρ des Saftes. Dabei gilt die Beziehung: Mostgewicht = $(\rho - 1) \cdot 1000\,°\mathrm{Oe}$. Weiterhin nimmt man an, dass 1°Oe etwa 2,6g Glucose pro Liter entsprechen. Mit Hilfe der Dichte des Saftes und der Näherungsformel für das Mostgewicht lassen sich daraus die Grad Oechsle und die Massenkonzentration des Zuckers berechnen. Über die Dichte des Alkohols lässt sich der Volumenanteil des Alkohols berechnen.

V190.2

Proben	Gasvolumen im Gärrörchen/Dauer
Glucose	relativ viel/sehr schnell
Saccharose	mäßig/langsam
Stärke	nicht messbar

Anmerkung: Ergebnisse der Gärung als Darstellung in einer Tabelle mit individuellen Werten.

Glucose ist ein Einfachzucker, der von der Hefe direkt zu Kohlenstoffdioxid und Ethanol abgebaut werden kann. Pro Mol Glucose entstehen bei vollständiger Vergärung (wird im Experiment nicht erreicht werden) gemäß der Reaktionsgleichung 1 Mol Kohlenstoffdioxid und 2 Mol Ethanol.
Saccharose ist ein Zweifachzucker aus einem Fructose- und einem Glucoseteilchen. Saccharose muss zunächst in die entsprechenden Einfachzucker gespalten werden, die dann vergärt werden (Hefezellen besitzen in der Regel die dafür notwendigen Enzyme). Die Gasentwicklung ist zunächst nur mäßig und setzt wesentlich später ein.
Stärke ist ein Vielfachzucker aus sehr vielen Glucoseteilchen. Die Stärke muss demnach in viele Glucoseteilchen zerlegt werden, die dann vergärt werden. Bäckerhefe kann Enzyme, die die Stärke in Glucoseteilchen spalten, nicht bilden. Daher ist hier keine Gasentwicklung zu erkennen.
Hinweis: Stärke kann vergärt werden, wenn man Hefekulturen verwendet, die die entsprechenden Enzyme bilden. Es dauert aber länger, bis man eine Gasentwicklung beobachten kann.

V190.3

1. individuelle Lösung
Beispiel: Zuckerlösungen und Gärröhrchen in entsprechend temperiertes Wasserbad stellen

2. individuelle Lösung
Beispiel: für eine Zuckerlösung mit unterschiedlichen Konzentrationen das Gärverhalten bei Raumtemperatur untersuchen

Bei 20 °C bis 27 °C herrschen optimale Bedingungen für die Hefe vor, so dass die Gärung besser erfolgt. Bei Temperaturen ab 60 °C stirbt die Hefe ab, und die Gärung findet nicht mehr statt.

Ändert man die Konzentration der einzelnen Lösungen, so stellt man fest, dass die Gärung umso stärker verläuft, je höher man die entsprechende Konzentration wählt. Jedoch läuft die Reaktion langsamer ab, wenn zu hohe Zuckerkonzentrationen gewählt werden und sich die konservierenden Eigenschaften dementsprechend auswirken.

V190.4

Alkanol	**Mischbarkeit mit Wasser**	**Mischbarkeit mit Heptan**
Methanol	Es entsteht eine Lösung. Begründung: Die polare OH-Gruppe der Methanol-Moleküle bildet mit Wasser-Molekülen Wasserstoffbrückenbindungen aus.	Methanol ist mit Heptan nur geringfügig mischbar. Nach einigen Tropfen bildet sich eine Emulsion. *Begründung:* Die Wechselwirkungen des sehr kleinen Methyl-Restes des Methanol-Moleküls mit der Kohlenwasserstoff-Kette der Heptan-Moleküle sind gegenüber den Wasserstoffbrückenbindungen zwischen Methanol-Molekülen so gering, dass die Wasserstoffbrücken nicht gespalten werden.
Ethanol	Es entsteht eine Lösung. *Begründung:* Die polare OH-Gruppe der Ethanol-Moleküle bildet mit Wasser-Molekülen Wasserstoffbrückenbindungen aus.	Es entsteht eine Lösung. *Begründung:* Der Ethyl-Rest der Ethanol-Moleküle bildet mit der Kohlenwasserstoff-Kette der Heptan-Moleküle Van-der-Waals-Bindungen aus.
Butan-1-ol	Einige Tropfen Butan-1-ol lösen sich in Wasser. Danach bildet sich über dem Wasser eine Butanol-Phase aus. *Begründung:* Die geringe Wasserlöslichkeit beruht auf Wasserstoffbrückenbindungen zwischen Butanol-Moleküle und Wasser-Molekülen. Der unpolare Alkyl-Rest ist so groß, dass die OH-Gruppe dessen Einfluss nicht ausgleichen kann.	Es entsteht eine Lösung. *Begründung*: Der große Alkyl-Rest der Butanol-Moleküle bilden mit den unpolaren Heptan-Molekülen Van-der-Waals-Bindungen aus.
Hexadecan-1-ol	Es bildet sich über dem Wasser eine Hexadecan-1-ol-Phase aus. Hexadecan-1-ol ist unlöslich in Wasser. *Begründung:* Aufgrund des großen Alkyl-Restes der Hexadecanol-Moleküle sind die Wechselwirkungen mit den polaren Wasser-Molekülen so gering, dass die Wasserstoffbrücken zwischen den Wasser-Molekülen nicht aufbrechen.	Es entsteht eine Lösung. *Begründung:* Der große Alkyl-Rest der Hexadecanol-Moleküle bilden mit den unpolaren Heptan-Molekülen Van-der-Waals-Bindungen aus.
Ethanol/Butan-1-ol	Es entsteht eine Lösung. Butanol-1-ol und Ethanol sind sehr gut mischbar: Die OH-Gruppen beider Moleküle können Wasserstoffbrückenbindungen bilden. Die Alkyl-Reste bilden Van-der-Waals-Bindungen aus.	

V191.1

a) Das Destillat ist farblos und zeigt den charakteristischen Geruch von Ethanol. Es brennt mit blauer, rußender Flamme und ist sehr leicht entzündlich. Rotwein ist rot und hat einen fruchtig-herben Geruch, leicht nach Alkohol. Er lässt sich nicht entzünden.

b) Im Erlenmeyerkolben wird der Rotwein erhitzt. Der Bestandteil des Rotweingemisches mit der niedrigsten Siedetemperatur (der Alkohol) verdampft zuerst und wird über das Glasrohr in das Reagenzglas geleitet. Durch das nasse Papiertaschentuch kühlt der Dampf ab und kondensiert, sodass sich im Reagenzglas dieser Stoff als Flüssigkeit ansammeln kann. Die Flüssigkeit wird durch das Kühlwasser abgekühlt.

V191.2

a) Nach dem Einspritzen nimmt das Gasvolumen im Kolbenprober langsam zu. Bei etwa 38 ml bleibt das Volumen konstant. Nach dem Druckausgleich mithilfe des Manometers kann man ein Volumen von knapp 40 ml ablesen.

b) m (Ethanol) = 0,077 g; V (Ethanol-Dampf) = 40 ml

$$m\text{ (Ethanol)} = \frac{V\text{ (Ethanol-Dampf)}}{V_m\text{ (Ethanol)}}$$
$$= \frac{40\text{ ml}}{24000\ \frac{\text{ml}}{\text{mol}}} = 0{,}00167\text{ mol}$$
$$M\text{ (Ethanol)} = \frac{m\text{ (Ethanol)}}{n\text{ (Ethanol)}}$$
$$= \frac{0{,}077\text{ g}}{0{,}00167\text{ mol}} = 46{,}1\ \frac{\text{g}}{\text{mol}}$$

Die molare Masse von Ethanol beträgt ca. 46 $\frac{\text{g}}{\text{mol}}$

c) Mit dem kleinen Volumen ist das vollständige Verdampfen des Ethanols gewährleistet.

d)
$$n\text{(Ethanol)} = \frac{m\text{(Ethanol)}}{M\text{(Ethanol)}} = \frac{0{,}1\text{ g}}{46\ \frac{\text{g}}{\text{mol}}} = 0{,}002\text{ mol}$$
$$V\text{(Ethanol)} = n\text{(Ethanol)} \cdot V_m$$
$$= 0{,}002\text{ mol} \cdot 24\ \frac{\text{l}}{\text{mol}} = 48\text{ ml}$$

A193.1

Folgen einer Methanolvergiftung sind u.a. Übelkeit, Erbrechen, Kopfschmerzen, Sehbeeinträchtigungen und Schwindel. Bei ausgeprägteren Fällen kann es zu krampfartigen Zuckungen sowie Bewusstseinsbeeinträchtigungen, Lähmung des Kreislauf- und Atemzentrums oder gar zum Tod kommen. Bei einer chronischen Methanolvergiftung, bei der man kleineren, aber länger andauernden Dosen ausgesetzt ist, kommt es zur Schädigung von Seh- und Hörnerv, zur Reizung der Schleimhäute, Appetitlosigkeit und Bauchschmerzen.

A193.2

Methanol und Ethanol konkurrieren um das Enzym ADH in der Leber. Die Abbauprodukte des Methanols sind das giftige Methanal und die Ameisensäure. Sind nun mehr Ethanol-Moleküle als Methanol-Moleküle vorhanden, so baut die ADH erst das Ethanol ab. Methanol kann dann sehr langsam über den Stoffwechsel durch den Körper ausgeschieden werden.

A193.3

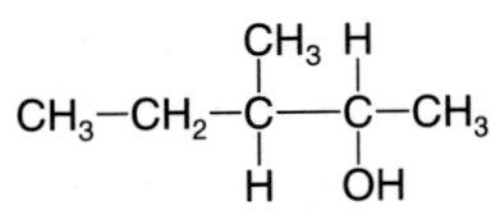

3-Methylpentan-2-ol

Benennung: Der Stammname ist -pentan. An den Stammnamen wird die Endung -ol angehängt. Das C-Atom mit der Hydroxy-Gruppe erhält eine möglichst kleine Zahl: -2-ol. Die Methyl-Gruppe wird mit der Nummer des C-Atoms, das diese Methyl-Gruppe trägt, dem Stammnamen vorangestellt: 3-Methylpentan-2-ol.

A193.4

Pentan-3-ol, 3,3-Dimethylbutan-2-ol, Cyclohexanol.

A193.5

Molekülmodelle von 2-Methylhexan-2-ol oder 3-Methylhexan-3-ol.

A193.6

primäre Pentanole:

$CH_3-CH_2-CH_2-CH_2-\mathbf{CH_2}-OH$

Pentan-1-ol

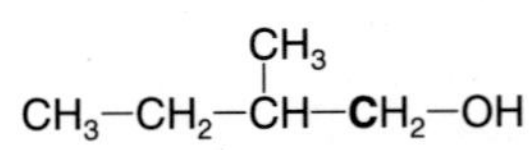

2-Methylbutan-1-ol

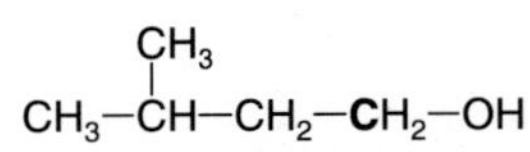

3-Methylbutan-1-ol

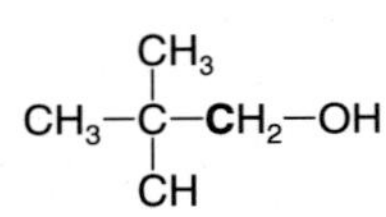

2,2-Dimethylpropan-1-ol

sekundäre Pentanole:

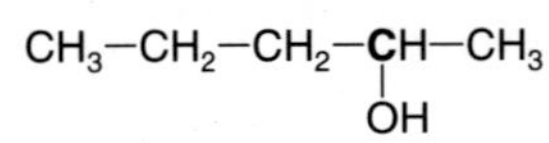

Pentan-2-ol

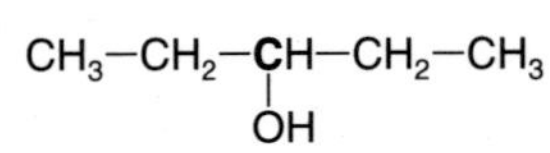

Pentan-3-ol

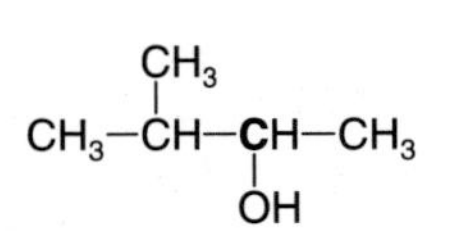

3-Methylbutan-2-ol

tertiäres Pentanol:

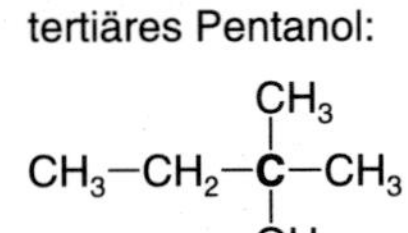

2-Methylbutan-2-ol

A193.7

Aufeinanderfolgende Glieder einer Kette, die sich nur durch eine bestimmte Atomgruppe (z. B. CH_2) voneinander unterscheiden, bezeichnet man als homologe Reihe.
Es handelt sich bei den Verbindungen um aufeinander folgende Glieder einer Homologen Reihe, da sie sich durch eine CH_2-Gruppe voneinander unterscheiden.

A193.8

Name	Molekülformel	Strukturformel	Verwendung
Methanol	CH_3OH	CH_3OH	Brennstoff
Ethanol	C_2H_5OH	CH_3CH_2OH	Genussmittel
Propanol	C_3H_7OH	$CH_3(CH_2)_2OH$	Desinfektionsmittel
Butanol	C_4H_9OH	$CH_3(CH_2)_3OH$	Lösemittel für Lacke
Pentanol	$C_5H_{11}OH$	$CH_3(CH_2)_4OH$	Desinfektionsmittel

Auch andere Verwendungsmöglichkeiten sind denkbar.

A193.9

Innerhalb der homologen Reihe steigt die Siedetemperatur der Alkane an, weil die Moleküle durch die hinzukommenden CH_2-Gruppen immer schwerer werden und damit die Van-der-Waals-Wechselwirkungen größer werden.

A193.10

a)
$CH_3\text{-}CH_2\text{-}CH_2\text{-}CH_2\text{-}CH_2\text{-}CH_2\text{-}CH_2\text{-}CH_2\text{-}CH_2\text{-}CH_2\text{-}OH$
Hexadecan-1-ol

Es handelt sich um einen primären Alkohol, da das C-Atom, welches die OH-Gruppe trägt, mit nur einem weiteren C-Atom verbunden ist.

b) Tenside sind oberflächenaktive Substanzen und bewirken, dass sich zwei Stoffe, die eigentlich nicht miteinander mischbar sind, vermischen (z. B. Wasser und Öl). Durch diese Eigenschaft finden sie Anwendung in Reinigungs- und Lösungsmittel. In der Lebensmitteltechnologie werden Tenside als Emulgatoren bezeichnet.

A194.1

Im Diagramm sind die Siedetemperaturen von Alkanen und Alkanolen in Abhängigkeit von der Molekülmasse dargestellt. Für Alkane und Alkanole gilt, dass mit steigender Molekülmasse aufgrund der stärker werdenden Van-der-Waals-Wechselwirkungen die Siedetemperatur zunimmt. Alkanole haben im Vergleich zu Alkanen vergleichbarer Molekülmasse eine höhere Siedetemperatur, da in Alkanolen zusätzlich H-Brücken ausgebildet werden können.

A194.2

hydrophil: Eigenschaft eines Stoffes wasserliebend, also in Wasser löslich zu sein. Beispiele: Ethanol, Essigsäure.
hydrophob: Eigenschaft eines Stoffes wasserfeindlich, also nicht mischbar mit Wasser zu sein. Beispiel: Heptan.
lipophil: Eigenschaft eines Stoffes fettliebend, also in unpolaren Lösemitteln löslich zu sein. Beispiele: Fett, Heptan.
lipophob: Eigenschaft eines Stoffes fettfeindlich, also in unpolaren Lösemitteln nicht löslich zu sein. Beispiele: Wasser, Glycerin.

A194.3

Materialien: Becherglas (250 ml), Tropfpipetten, Reagenzgläser mit Stopfen;
Methylenblaulösung, Proben: Ethanol (2), Propan-1-ol (2, 5, 7, B3), Butan-1-ol (2, 5, 7, B3); Pentan-1-ol (2, B3), Hexan-1-ol (7, B3).

Durchführung:
1. Färbe etwa 100 ml Wasser im Becherglas mit einigen Tropfen Methylenblaulösung an.
2. Fülle 5 Reagenzgläser zur Hälfte mit dem angefärbten Wasser und markiere den Wasserstand.
3. Fülle die Reagenzgläser mit 3 ml der Proben (jedes Reagenzglas enthält nur eine Probe).
4. Verschließe die Reagenzgläser mit einem Stopfen und schüttle vorsichtig.
5. Warte zwei Minuten und markiere dann eventuelle Phasengrenzen.

A194.4

a) *Ethanol*: starke Wasserstoffbrücken und sehr schwache Van-der-Waals-Wechselwirkungen.

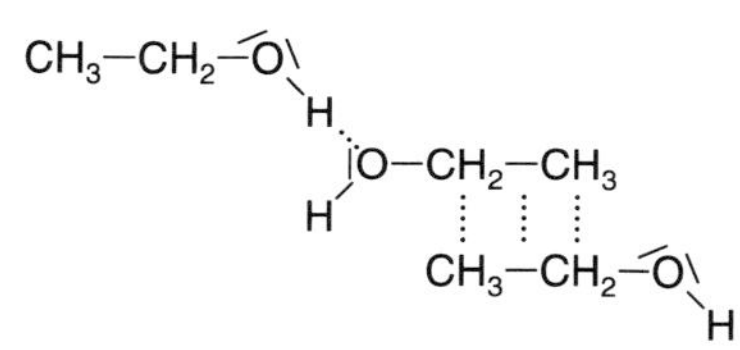

Propan: sehr schwache Van-der-Waals-Wechselwirkungen.

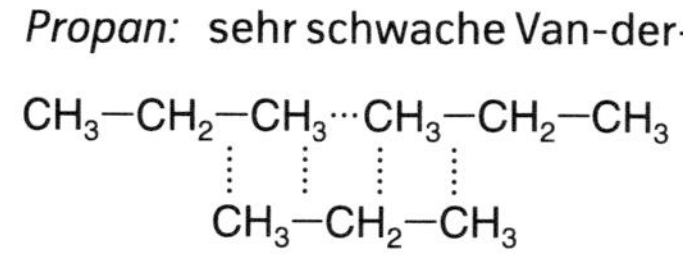

b)

	Methan	Methanol	
Siedetemp.	–161 °C	65 °C	Differenz 228 °C

Methan-Moleküle sind klein und unpolar. Deshalb liegen zwischen den Molekülen nur sehr schwache Van-der-Waals-Bindungen vor. Methan siedet bereits bei –161 °C.
Im Methanol bilden die Methanol-Moleküle stabile Wasserstoffbrückenbindungen aus. Die Siedetemperatur ist mit 65 °C relativ hoch. Die Differenz der Siedetemperaturen ist wegen der sehr schwachen Van-der-Waals-Bindungen einerseits und der stabilen Wasserstoffbrücken andererseits sehr groß (228 °C).

	Decan	Decan-1-ol	
Siede-temperatur	174 °C	228 °C	Differenz 56 °C

Decan-Moleküle sind unpolar, aber sehr groß. Die Van-der-Waals-Bindungen zwischen den Molekülen sind wegen der großen Oberfläche der Moleküle stark. Decan siedet erst bei 174 °C. Im Decan-1-ol liegen zusätzlich Wasserstoffbrücken vor, dies führt zu einer noch höheren Siedetemperatur. Die Differenz der Siedetemperatur zwischen Decan und Decan-1-ol beträgt aber nur 56 Grad, weil die Van-der-Waals-Bindungen bereits so stark sind.

A195.1

Exemplarische Lösung.
Ethanol: Alkanol-Molekül mit zwei C-Atomen. Die Hydroxy-Gruppe bewirkt die Polarität des Moleküls und ermöglicht Wasserstoffbrückenbindungen zwischen Ethanol-Molekülen und anderen polaren Molekülen wie beispielsweise Wasser-Molekülen. Dadurch ergeben sich hohe Schmelz- und Siedetemperaturen, sowie die ausgeprägte Hydrophilie des Stoffes. Trotzdem ermöglicht der kurze unpolare Alkyl-Rest durch die Ausbildung von Van-der-Waals-Bindungen die Löslichkeit in vielen organischen Lösemitteln.

tert-Butanol: Der Alkyl-Rest hat eine kompakte, kugelförmige Struktur. Die Moleküle haben daher eine kleinere Oberfläche als die anderen isomeren Butanole. Dies verringert den hydrophoben Einfluss des Alkyl-Restes. Die Hydroxy-Gruppe bewirkt die relativ hohe Schmelztemperatur und die sehr gute Wasserlöslichkeit. Aufgrund der kleineren Oberfläche der Moleküle ist die Siedetemperatur niedriger als die der isomeren Butanole.

A195.2

Stammname: *-propan*. An den Stammnamen wird die Endung *-ol* angehängt. Das C-Atom mit der Hydroxy-Gruppe erhält eine möglichst kleine Zahl: *-2-ol*. Die Methyl-Gruppe wird mit der Nummer des C-Atoms, das diese Methyl-Gruppe trägt, dem Stammnamen vorangestellt: *2-Methylpropan-2-ol.*

A195.3

Anordnung entsprechend der Übersicht in Chemie heute NRW 8/9, S. 195.

A195.4

Butan-1-ol, Butan-2-ol und *2-Methylpropan-1-ol* haben ähnlich geringe Löslichkeiten in Wasser. Die Alkyl-Reste ergeben bereits relativ stabile Van-der-Waals-Wechselwirkungen, andererseits bilden sich noch Wasserstoffbrücken zu Wasser-Molekülen aus.
Im *tert-Butanol*-Molekül hat der Alkyl-Rest eine kugelförmige Struktur. Die Moleküle haben daher eine kleinere Oberfläche als die Moleküle der anderen isomeren Butanole. Dies verringert den hydrophoben Einfluss des Alkyl-Restes. Die Hydroxy-Gruppe bewirkt die sehr gute Wasserlöslichkeit.

A195.5

Methanol: sehr kleiner Alkyl-Rest, polare OH-Gruppe bewirkt hydrophile Stoffeigenschaft. Praktisch unlöslich in Heptan.
tert-Butanol: Der Alkyl-Rest hat eine kugelförmige Struktur. Die Moleküle haben daher eine kleinere Oberfläche als die anderen isomeren Butanole. Dies verringert den hydrophoben Einfluss des Alkyl-Restes, *tert*-Butanol ist fast unlöslich in Heptan.
Propan-2-ol und Butan-1-ol: Über die Alkyl-Reste können Van-der-Waals-Wechselwirkungen zu Heptan-Molekülen ausgebildet werden. Propan-2-ol und Butan-1-ol sind mit Heptan mischbar.

A195.6

Auch in Kristallen sind die Teilchen in Bewegung, sie schwingen an ihren Gitterplätzen. Zwischen Hexadecanol-Molekülen liegen Van-der-Waals-Wechselwirkungen und Wasserstoffbrücken vor. Mit steigender Temperatur schwingen die Moleküle stärker, die Schwingungsenergie nimmt zu. Bei der Schmelztemperatur ist die Schwingungsenergie so groß, dass die Anziehungskräfte der Moleküle überwunden werden. In der Schmelze sind die Moleküle frei beweglich.

A195.7

Methanol/Wasser: Methanol und Wasser bilden eine Lösung. Im Methanol liegen zwischen den Hydroxy-Gruppen Wasserstoffbrückenbindungen vor. Die kleinen unpolaren Methyl-Gruppen bewirken zusätzlich schwache Van-der-Waals-Bindungen. Im Wasser liegen zwischen den Wasser-Molekülen ebenfalls Wasserstoffbrückenbindungen vor. Mischt man nun Methanol mit Wasser, so werden Wasserstoffbrücken im Methanol und Wasserstoffbrückenbindungen im Wasser durch Wasserstoffbrückenbindungen zwischen Methanol-Molekülen und Wasser-Molekülen ersetzt. Gleichzeitig werden die schwachen Van-der-Waals-Bindungen zwischen Methanol-Molekülen gespalten.
Propan-1-ol/Heptan: Bildung einer Lösung. Im Propan-1-ol liegen zwischen den unpolaren Propyl-Gruppen Van-der-Waals-Bindungen vor. Die OH-Gruppen gehen zusätzlich Wasserstoffbrücken ein. Im Heptan liegen ebenfalls Van-der-Waals-Bindungen vor. Mischt man nun Propan-1-ol mit Heptan, so werden Van-der-Waals-Bindungen im Propan-1-ol und Van-der-Waals-Bindungen im Heptan durch Van-der-Waals-Bindungen zwischen Propan-1-ol-Molekülen und Heptan-Molekülen ersetzt. Gleichzeitig werden die Wasserstoffbrücken im Propan-1-ol gespalten.

A196.1

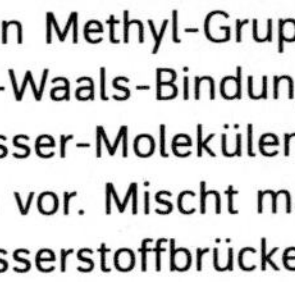
Ethan-1,2-diol (Glykol)

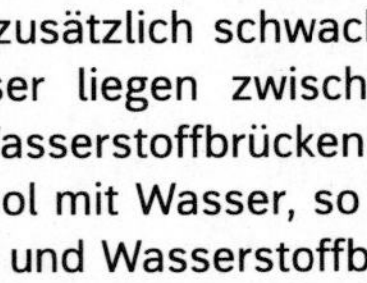
Propan-2-ol (Isopropanol)

Glykol ist ein zweiwertiger Alkohol, da er zwei OH-Gruppen besitzt. Propan-2-ol ist ein sekundärer Alkohol, da das C-Atom, an dem die OH-Gruppe sitzt, mit zwei weiteren C-Atomen verbunden ist.
Ein zweiwertiger Alkohol weist zwei Alkoholgruppen auf, bei einem sekundären Alkohol ist die Hydroxy-Gruppe an ein sekundäres Kohlenstoffatom gebunden.

A196.2

Siedetemperaturen: Ethanol 78 °C, Glykol 197 °C, Glycerin 290 °C. Die Siedetemperaturen steigen in der Reihenfolge Ethanol, Glykol, Glycerin mit der Anzahl der Hydroxy-Gruppen stark an. Je mehr Hydroxy-Gruppen im Molekül sind, umso mehr stabile Wasserstoffbrücken können ausgebildet werden.

A196.3

Glycerin ist ein dreiwertiger Alkohol, Glykol ein zweiwertiger Alkohol. Mit Zunahme der Anzahl der OH-Gruppen erhöht sich die Viskosität (Zähflüssigkeit). Daher läuft Glycerin langsamer durch die Bürette als Glykol.

A196.4

In Kosmetika besitzt das hygroskopische Glycerin verschiedene Funktionen: Es sorgt unter anderem dafür, dass die Produkte (Salben, Gele, Pasten etc.) nicht austrocknen. Außerdem erhöht Glycerin die Elastizität der Haut, macht sie weich und schützt sie vor Austrocknung.

A196.5

Unter Wertigkeit eines Alkohols versteht man die Anzahl der OH-Gruppen im Molekül. Glykol ist ein zweiwertiger Alkohol, da es zwei OH-Gruppen besitzt. Glycerin ist ein dreiwertiger Alkohol, da es drei OH-Gruppen besitzt.

A196.6

Flüssige, mehrwertige Alkohole sind mit Wasser in jedem Verhältnis mischbar; feste Alkohole sind sehr gut wasserlöslich. Die Flüssigkeiten sind zähflüssig und hygroskopisch und die Schmelz- und Siedetemperaturen liegen wesentlich höher als bei einwertigen Alkoholen.

A196.7

a)

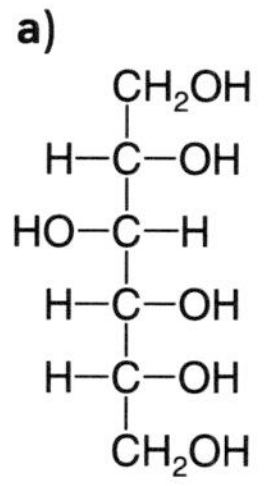

b) Im Kristall liegen zahlreiche Wasserstoffbrücken vor, deshalb hat Sorbit eine hohe Schmelztemperatur (110 °C). Die gute Löslichkeit in Wasser beruht auf der Ausbildung von Wasserstoffbrücken zu Wasser-Molekülen. Süßer Geschmack aufgrund der vielen Hydroxy-Gruppen. Aus demselben Grund ist Sorbit hygroskopisch.

A196.8

$$C_3H_8O_3 + 3\ HNO_3 \xrightarrow{H_2SO_4} C_3H_5O_3(NO_2)_3 + 3\ H_2O$$

V197.1

a), b), c)
Propan-1-ol
Reaktion mit Kupferoxid: Kupferoxid wird zu blankem Kupfer reduziert. Der primäre Alkohol wird zum Aldehyd oxidiert.

$$C_3H_7OH\,(g) + CuO\,(s) \rightarrow C_2H_5CHO\,(g) + Cu\,(s) + H_2O\,(l)$$

Schiff-Reagenz: Die Rotfärbung weist auf die Aldehyd-Gruppe hin.

Bromthymolblaulösung: keine Reaktion.

Propan-2-ol
Reaktion mit Kupferoxid: Kupferoxid wird zu blankem Kupfer reduziert. Der sekundäre Alkohol wird zum Keton oxidiert.

$$C_3H_7OH\,(g) + CuO\,(s) \rightarrow CH_3COCH_3\,(g) + Cu\,(s) + H_2O\,(l)$$

Schiff-Reagenz: keine Reaktion.

Bromthymolblaulösung: keine Reaktion.

tert-Butanol
Reaktion mit Kupferoxid: Keine Reaktion, tertiäre Alkohole können nicht weiter oxidiert werden.

Schiff-Reagenz: keine Reaktion.
Bromthymolblaulösung: keine Reaktion.

Propanal
Reaktion mit Kupferoxid: Keine Reaktion, Aldehyde können mit Kupferoxid nicht oxidiert werden.
Schiff-Reagenz: Die Rotfärbung weist auf die Aldehyd-Gruppe hin.
Bromthymolblaulösung: keine Reaktion.

Propanon (Aceton): Keine Reaktion, Ketone können nicht weiter oxidiert werden.
Schiff-Reagenz: keine Reaktion.
Bromthymolblaulösung: keine Reaktion.

V197.2

a)

Stoff	Farbe
Propan-1-ol	sofortige Grünfärbung, schlägt schnell in braun um
Propan-2-ol	sofortige Grünfärbung
tert. Butanol	violett

Hinweis: Beim längeren Stehen an der Luft färbt sich auch die Lösung bei Propan-2-ol braun. Daher sollte man den Versuch rechtzeitig beenden und die Schalen gegebenenfalls abdecken.

b) Mangan kommt in Manganaten und anderen Manganverbindungen in unterschiedlichen Oxidationsstufen vor, die jeweils eine andere Farbe bewirken. In der Oxidationsstufe +VII sind die Verbindungen violett, in der Oxidationsstufe +VI sind die Verbindungen grün, in der Oxidationsstufe +V sind die Manganverbindungen blau, in der Oxidationsstufe +IV braun und in der Oxidationsstufe +II rosafarben.

Bei der Reaktion mit Propan-1-ol sind demnach zunächst eine Manganverbindung der Oxidationsstufe +VI (Manganat) und dann der Oxidationsstufe +IV (Braunstein) entstanden. Bei der Reaktion mit Propan-2-ol ist demnach eine Manganverbindung der Oxidationsstufe +VI (Manganat) entstanden. Bei der Reaktion mit *tert*- Butanol reagiert das Kaliumpermangant nicht und hat die Oxidationsstufe +VII.

c) Propan-1-ol ist ein primärer Alkohol. Dieser wird durch das Kaliumpermanganat über den Aldehyd (Propanal) bis zur Carbonsäure (Propansäure) oxidiert. Dabei wird das Kaliumpermanganat bis zur Oxidationsstufe +IV (Braunstein) reduziert. Propan-2-ol ist ein sekundärer Alkohol, der durch das Kaliumpermanganat zum Keton (Propanon) oxidiert werden kann. Dabei wird das Kaliumpermanganat reduziert, aber nicht bis zum Braunstein, sondern nur bis zum Manganat. *Tert*-Butanol ist ein tertiärer Alkohol, der nicht weiter oxidiert werden kann. Daher wird das Kaliumpermanganat ebenfalls nicht oxidiert.

d) Pentan-3-ol ist ein sekundärer Alkohol. Dieser kann mit Kaliumpermanganat zum entsprechenden Keton oxidiert werden. Die Kaliumpermanganatlösung müsste sich demnach grün verfärben.

V197.3

a) individuelle Lösung
Beispiel: Über die Oxidation mit Kupferoxid kann herausgefunden werden, welche Probe das *tert*-Butanol enthält. Über die Auslaufgeschwindigkeit aus einer Tropfpipette kann zwischen Propan-1-ol und Pentan-1-ol unterschieden werden.

b) *Tert*-Butanol lässt sich nicht oxidieren. Bei den beiden primären Alkoholen wird die Kupferwendel blank. Propan-1-ol tropft schneller aus der Pipette als Pentan-1-ol.

c) individuelle Lösung, abhängig von der vorgegebenen Nummerierung
Tert-Butanol reagiert als tertiärer Alkohol nicht mit Kupferoxid. Propan-1-ol reagiert wie das Pentan-1-ol mit Kupferoxid, läuft aber schneller aus der Tropfpipette.

d) individuelle Lösung

A199.1

a) Maische mit verdünntem Wein wird über Buchholzspäne gesprüht. Auf dem Buchenholz befinden sind Essigsäurebakterien, die das in der Lösung enthaltene Ethanol mit hilfe von Luftsauerstoff zu Essigsäure oxidieren. Die durchgelaufene Flüssigkeit wird zum Teil erneut auf die Buchholzspäne gepumpt, um die Reaktion vollständig ablaufen zu lassen. Der entstandene Rohessig wird gelagert, filtriert und abgefüllt.

b) Die Zufuhr von Luft ist essentiell, da der enthaltene Sauerstoff für die Oxidation von Ethanol zu Essigsäure notwendig ist.

A199.2

Folgenden Experimente sind möglich, um die verdünnte Essigsäure zu identifizieren:

1) Eine Probe der Lösung mit Universalindikator versetzen. Die Essigsäurelösung färbt die Indikatorlösung rot.
2) Die Essigsäurelösung neutralisiert eine alkalische Lösung. Die Reaktion kann wieder über einen pH-Indikator verfolgt werden.
3) Die Essigsäurelösung leitet den elektrischen Strom besser als die Ethanollösung.
4) Die Essigsäurelösung reagiert mit unedlen Metallen wie beispielsweise Aluminium unter Gasentwicklung (Wasserstoff).
5) Die Essigsäurelösung reagiert mit Calciumcarbonat unter CO_2-Entwicklung.

Zusätzlich kann die Essigsäurelösung an dem charakteristischen, stechenden Essigsäuregeruch identifiziert werden.

A199.3

Haushaltsessig enthält 5% Essigsäure und Essigessenz enthält 25% Essigsäure. Um 100 ml Haushaltsessig zu ersetzen benötigt somit man 20 ml Essigessenz.

A199.4

$$CH_3COOH(aq) + Na^+(aq) + OH^-(aq) \rightarrow Na^+(aq) + CH_3COO^-(aq) + H_2O(l)$$

100 ml einer 5 molaren Essigsäurelösung enthalten 0,5 mol Säure. Für die Neutralisation werden 0,5 mol Natriumhydroxyd benötigt. Bei einer molaren Masse von 40 g/mol werden somit 20 g Natriumhydroxyd für die Neutralisation gebraucht.

A199.5

Die folgenden E-Nummern werden verwendet: E280 (Propionsäure), E281 (Natriumpropionat), E283 (Kaliumpropionat) und E282 (Calciumpropionat).

A199.6

Verdünnte Salzsäure riecht nicht nach Chlorwasserstoff, denn alle Chlorwasserstoff-Moleküle haben mit Wasser reagiert. Es liegen Hydronium-Ionen ($H_3O^+(aq)$) – bzw. hydratisierte Wasserstoff-Ionen ($H^+(aq)$) und Chlorid-Ionen vor (vollständige Protolyse). Freie Chlorwasserstoff-Moleküle, die aus der Flüssigkeit austreten könnten, gibt es nur in konzentrierter Salzsäure.
Essig ist eine verdünnte Lösung von Essigsäure. Der Geruch weist darauf hin, dass Essigsäure-Moleküle die Lösung verlassen können. Dies liegt daran, dass Essigsäure nicht vollständig mit Wasser reagiert (unvollständige Protolyse), es liegt ein chemisches Gleichgewicht vor.

A199.7

a) Die Reaktionen treten erst ein, wenn Wasser als Protonenakzeptor zur Verfügung steht und sich hydratisierte Wasserstoff-Ionen ($H^+(aq)$) bzw. Hydronium-Ionen ($H_3O^+(aq)$) und Säurerest-Ionen bilden können.
Die Heftigkeit der Reaktion nimmt von Methansäure über Essigsäure zur Propansäure ab, weil die Säurestärke in der genannten Reihenfolge abnimmt. Alle drei Säuren sind schwache Säuren, die nur in geringerem Umfang protoly-

sieren. Das Protolysegleichgewicht liegt auf der Seite der freien Säuren.

b) $2\ H^+(aq) + 2\ HCOO^-(aq) + Mg(s) \longrightarrow$
$Mg^{2+}(aq) + 2\ HCOO^-(aq) + H_2(g)$; exotherm

A199.8

a) *Beobachtung:* Der Kalkbelag löst sich langsam auf. Dabei ist eine Gasentwicklung zu beobachten.

b) $2\ H^+(aq) + 2\ CH_3COO^-(aq) + CaCO_3 \longrightarrow$
$Ca^{2+}(aq) + 2\ CH_3COO^-(aq) + CO_2(g) + H_2O(l)$

c) Ein bestimmtes Volumen (z. B. 100 ml) Essigsäure ($c = 1\ \frac{mol}{l}$) wird zugegeben. Es muss gewartet werden, bis der Kalkbelag vollständig gelöst ist. Dann wird kurz erhitzt, um restliches Kohlenstoffdioxid auszutreiben. Danach wird ein bestimmtes Volumen (z. B. 20 ml) der Lösung mit Natronlauge ($c = 1\ \frac{mol}{l}$) titriert. Das Ergebnis der Titration wird auf das eingesetzte Gesamtvolumen der Essigsäure umgerechnet.

Beispielrechnung:
$V_0(\text{Essigsäure}) = 100\ ml$
$c_0(\text{Essigsäure}) = \frac{1\ mol}{l}$

Titration:
$V(\text{Essigsäure}) = 20\ ml$
$c(\text{Natronlauge}) = \frac{1\ mol}{l}$
$V(\text{Natronlauge}) = 14\ ml$

$$c(\text{Essigsäure}) = \frac{c(\text{Natronlauge})}{V(\text{Essigsäure})} \cdot V(\text{Natronlauge})$$

$$c(\text{Essigsäure}) = \frac{1\ \frac{mol}{l}}{20\ ml} \cdot 14\ ml = 0{,}7\ \frac{mol}{l}$$

Ausgangsstoffmenge an Essigsäure:
$n_0(\text{Essigsäure}) = c_0(\text{Essigsäure}) \cdot V_0(\text{Essigsäure})$
$n_0(\text{Essigsäure}) = 1\ \frac{mol}{l} \cdot 0{,}1\ l = 0{,}1\ mol$

Stoffmenge Essigsäure nach der Reaktion:
$n(\text{Essigsäure}) = c(\text{Essigsäure}) \cdot V_0(\text{Essigsäure})$
$= 0{,}7\ \frac{mol}{l} \cdot 0{,}1\ l = 0{,}07\ mol$

Verbrauch an Essigsäure:
$n_0(\text{Essigsäure}) - n(\text{Essigsäure}) = 0{,}03\ mol$

Stoffmengenverhältnis:
$$\frac{n(CaCO_3)}{n(CH_3COOH)} = 2 : 1$$

Stoffmenge und Masse an Kalk:
$n(CaCO_3) = n(CH_3COOH) : 2 = 0{,}015\ mol$
$m(CaCO_3) = M(CaCO_3) \cdot n(CaCO_3)$
$= 100\ \frac{g}{mol} \cdot 0{,}015\ mol = 1{,}5\ g$

A200.1

Die Löslichkeit von Carbonsäuren wird von der Größen des Alkyl-Rests im Verhältnis zur Carboxy-Gruppe bestimmt. Die Carboxy-Gruppe ist entscheidend für die Löslichkeit in Wasser und in anderen polaren Lösemitteln. Je größer der Alkyl-Rest ist, desto besser löst sich eine Carbonsäure in einem unpolaren Lösemittel.

A200.2

Methansäure: Lösemittel, deren Moleküle einen großen Anteil an polaren Gruppen enthalten, lösen Methansäure. Zwischen den Molekülen der Methansäure und den Molekülen dieser Lösemittel können sich Wasserstoffbrücken ausbilden. Solche Lösemittel sind Wasser, Methanol, Ethanol.

Decansäure: Lösemittel, deren Moleküle einen großen Anteil an unpolaren Gruppen enthalten, lösen Decansäure. Zwischen den Molekülen der Decansäure und den Molekülen dieser Lösemittel wirken Van-der-Waals-Wechselwirkungen. Solche Lösemittel sind Hexan, Heptan, Decanol.

A200.3

a)

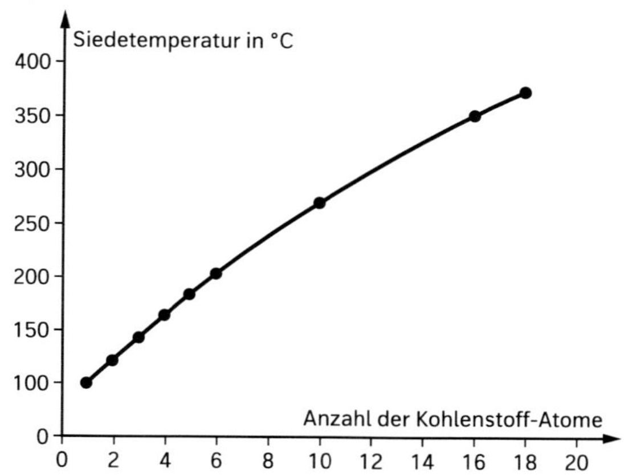

b) Zwei Carbonsäure-Moleküle bilden über Wasserstoffbrücken Doppelmoleküle. Zwischen diesen Doppelmolekülen wirken Van-der-Waals-Wechselwirkungen. Je länger die Alkyl-Gruppen von Carbonsäure-Molekülen sind, desto stärken sind die Van-der-Waalswechselwirkungen zwischen den Alkyl-Gruppen. Daher steigt die Siedetemperatur der Carbonsäuren mit wachsender Länge des Alkyl-Rests.

A200.4

Hexadecan ist ein Alkan. Zwischen den Alkan-Molekülen wirken nur Van-der-Waals-Wechselwirkungen. Zwischen den Molekülen von Hexadecansäure wirken zusätzlich Wasserstoffbrücken. Daher ist der Siedepunkt von Hexadecansäure höher als von Hexadecan.

A200.5

Der Universalindikator ändert seine Farbe kaum, denn Stearinsäure löst sich schlecht in Wasser. Außerdem ist Stearinsäure eine schwache Säure: Nur wenige Moleküle geben ihr H^+-Ion ab.

A200.6

Für die Löslichkeit von Essigsäure in Heptan ist es notwendig, dass sich Doppelmoleküle ausbilden können, um die polare Carboxy-Gruppe zu maskieren. Natriumacetat liegt als stabiles Salz vor und kann keine Doppelmoleküle ausbilden. Daher ist Natriumacetat nicht in Heptan sondern nur in Wasser löslich.

A201.1

$HOOC{-}COOH(s) \longrightarrow HCOOH(g) + CO_2(g)$
$HCOOH(g) \longrightarrow CO(g) + H_2O(g)$

A201.2

Über die Carboxy-Gruppe (–COOH), Hydroxy-Gruppe (–OH) und Amino-Gruppe (–NH_2) bilden die Moleküle zwischenmolekulare Wasserstoffbrücken aus, sodass die Verbindungen bei Raumtemperatur fest sind. Die gute Wasserlöslichkeit beruht auf der Ausbildung von Wasserstoffbrücken zu Wasser-Molekülen. Hinzu kommt, dass die Verbindungen mit Wasser Säure-Base-Reaktionen eingehen können.

A201.3

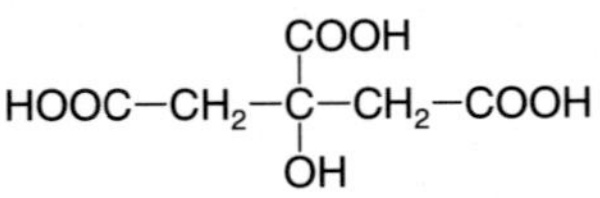

Citronensäure: 2-Hydroxypropan-1,2,3-tricarbonsäure
Stammname: *-propan*. Die Carboxy-Gruppen werden als funktionelle Gruppen angehängt: *-carbonsäure.* Bei drei Carboxy-Gruppen wird das Zahlwort *tri* mit den Positionsangaben für jede Carboxy-Gruppe hinzugefügt: *-1,2,3-tricarbonsäure*. Die OH-Gruppe am C-2-Atom wird mit *2-Hydroxy* vorangestellt.

A201.4

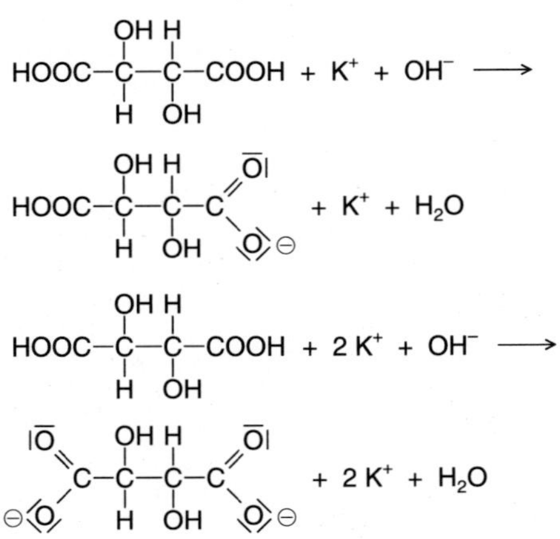

A201.5

a) c(Oxalsäure) = 0,6 $\frac{mol}{l}$
V(Oxalsäurelösung) = 10 ml
c(Natronlauge) = 1 $\frac{mol}{l}$

Stoffmengenverhältnis:
n(Oxalsäure) : n(Natronlauge) = 1 : 2

Neutralisationsgleichung:
2 · c(Oxalsäure) · V(Oxalsäure-Lösung) = c(Natronlauge) · V(Natronlauge)

$$V(\text{Natronlauge}) = \frac{2 \cdot c(\text{Oxalsäure})}{c(\text{Natronlauge})} \cdot V(\text{Oxalsäure-Lösung})$$

$$= \frac{2 \cdot 0{,}6\,\frac{mol}{l} \cdot 0{,}01\,l}{1\,\frac{mol}{l}} = 0{,}012\,l = 12\,ml$$

b) $(COOH)_2(aq) + 2\,Na^+(aq) + 2\,OH^-(aq) \longrightarrow (COO)_2^{2-}(aq) + 2\,Na^+(aq) + 2\,H_2O(l)$
Zur Neutralisation von einem Mol Oxalsäure werden 2 Mol Natriumhydroxid benötigt.

A201.6

a) $NaHCO_3(aq) + C_3H_4(OH)(COOH)_3(aq) \longrightarrow Na^+(aq) + C_3H_4(OH)(COOH)_2COO^-(aq) + CO_2(g) + H_2O(l)$
Hinweis: Es können auch mehrere Carboxy-Gruppen reagieren.

b) Der Zusatz von Wasser ist notwendig, um Citronensäure und Natriumhydrogencarbonat zu lösen und somit die Reaktion zwischen den beiden Reaktionspartnern erst zu ermöglichen. Das Citronensäure-Molekül gibt dabei ein Proton an ein Wasser-Molekül ab. Das entstandene Hydronium-Ion überträgt dann das Proton auf das Hydrogencarbonat-Ion, das gebildete Kohlensäure-Molekül zerfällt in ein Kohlenstoffdioxid- und ein Wasser-Molekül.

A201.7

Innerhalb eines Aminosäure-Moleküls wirkt die Carboxy-Gruppe gegenüber der eigenen Amino-Gruppe als Protonendonator:

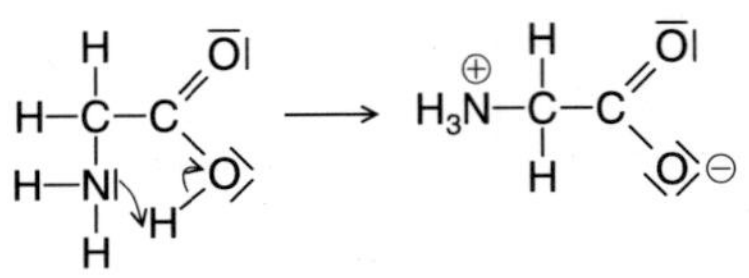

A202.1

$C_4H_9COOH + HOC_5H_{11} \xrightarrow{H_2SO_4} C_4H_9COOC_5H_{11}$

A202.2

Die Flecken verdunsten in der Reihenfolge Ethansäureethylester – Ethanol – Ethansäure. Für die Verdunstungsrate ist primär die Siedetemperatur eines Stoffes entscheidend. Je niedriger die Siedetemperatur, desto schneller verdunstet ein Stoff. Die Siedetemperaturen steigen in der angegebenen Reihenfolge an.

A202.3

Schnüffelstoffe werden sehr schnell über die Lunge in den Körper aufgenommen. Der leichtflüchtige Essigsäureethylester hat beispielsweise eine narkotisierende Wirkung und kann bei Aufnahme zu Nervenschäden führen. Schon 1 ml Essigsäureethylester pro Kubikmeter Luft führt bei dauerhafter Exposition zu chronischen Erkrankungen. Man kann leicht von Schnüffelstoffen abhängig werden und bei deren Überdosierung kann es zu Organschäden, Bewusstlosigkeit und sogar Atemlähmungen mit Todesfolge kommen.

A202.4

Als Lösemittel eignen sich Heptan und Ethansäureethylester. Butansäurepentylester besteht aus großen, praktisch unpolaren Molekülen und ist deshalb lipophil. Als Lösemittel kommen deshalb lipophile Stoffe infrage, deren Moleküle ebenfalls unpolar sind. In Wasser ist Butansäurepentylester unlöslich, in Methanol wenig löslich.

A202.5

Die folgenden neun Ester können hergestellt werden: Essigsäuremethylester, Essigsäureethylester, Essigsäure-1-propylester, Propansäuremethylester, Propansäureethylester, Propansäure-1-propylester, Butansäuremethylester, Butansäureethylester und Butansäure-1-propylester.

V203.1

a)
Methansäurethylester – Geruch nach Rum
$HCOOH + C_2H_5OH \rightarrow HCOOC_2H_5 + H_2O$

Ethansäureethylester – Geruch nach Alleskleber
$CH_3COOH + C_2H_5OH \rightarrow CH_3COOC_2H_5 + H_2O$

Ethansäurebutylester – Geruch nach Apfel
$CH_3COOH + C_4H_9OH \rightarrow CH_3COOC_4H_9 + H_2O$

Ethansäurepentylester – Geruch nach Banane
$CH_3COOH + C_5H_{11}OH \rightarrow CH_3COOC_5H_{11} + H_2O$

Propansäureethylester – Geruch nach Rum
$C_2H_5COOH + C_2H_5OH \rightarrow C_2H_5COOC_2H_5 + H_2O$

Pentansäureethylester – Geruch nach Banane
$C_4H_9COOH + C_2H_5OH \rightarrow C_4H_9COOC_2H_5 + H_2O$

b) Nach fünf Minuten sind neben Resten der Ausgangsprodukte (Carbonsäure bzw. Alkohol) und dem unverbrauchten Katalysator Schwefelsäure auch Wasser und der jeweilige Ester (Ameisensäureethylester, Essigsäureethylester, Essigsäure-1-butlyester und Essigsäure-1-pentylester) in dem Reagenzglas.

c) Durch die verdünnte Natronlauge wird der Katalysator Schwefelsäure und die nicht umgesetzte Carbonsäure neutralisiert. Hier ist vor allem die Neutralisation der Carbonsäure wichtig, da Ameisensäure und Essigsäure stark riechen und den Geruch des Esters überdecken können.

V203.2

a), b) *Versuchsplanung und Durchführung*
Materialien: Heizpilz mit Rundkolben (250 ml), Thermometer, Kühler, Siedesteinchen, Messzylinder (50 ml), Tropfpipette, Becherglas (100 ml), Erlenmeyerkolben (50 ml), Stopfen, Filzschreiber.

Durchführung:
1. Baue eine Destillationsapparatur auf.
2. Fülle in den Rundkolben 50 ml Eisessig und 50 ml Ethanol und gib 3 ml Schwefelsäure hinzu.
3. Erhitze das Gemisch und fange die Flüssigkeit auf, die bei etwa 80 °C übergeht.
4. Brich die Destillation ab, sobald die Temperatur über 85 °C steigt.
5. Fülle in ein Reagenzglas 3 ml Heptan und 3 ml Wasser, das mit Methylenblaulösung gefärbt ist. Markiere die Phasengrenze und den Füllstand.
6. Entnimm aus der Vorlage 3 ml Flüssigkeit, tropfe sie in das Reagenzglas und markiere den Füllstand. Setze einen Stopfen auf und schüttle vorsichtig durch.
7. Markiere nach 5 Minuten erneut den Füllstand.

c) Das Destillationsprodukt ist eine farblose Flüssigkeit, die stark nach dem Lösemittel von Klebstoffen riecht.
Beim Mischen von Wasser und Heptan kommt es zu einer Phasentrennung. Heptan schwimmt auf dem Wasser. Gibt man das Produkt in das Reagenzglas, wird die Produktphase bereits vor dem Schütteln etwas kleiner. Nach dem Schütteln bildet sich eine Emulsion, die sich wieder entmischt.
Die Heptanphase hat deutlich an Volumen zugenommen. Die wässrige Phase ist nur geringfügig größer geworden.

d)

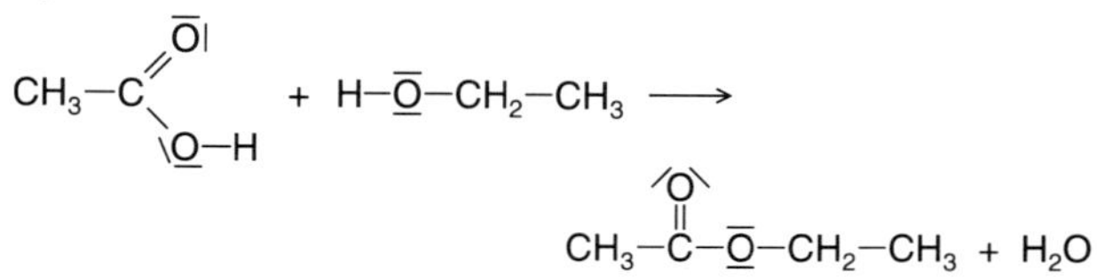

V203.3

a) Der pH-Wert liegt unter 3.

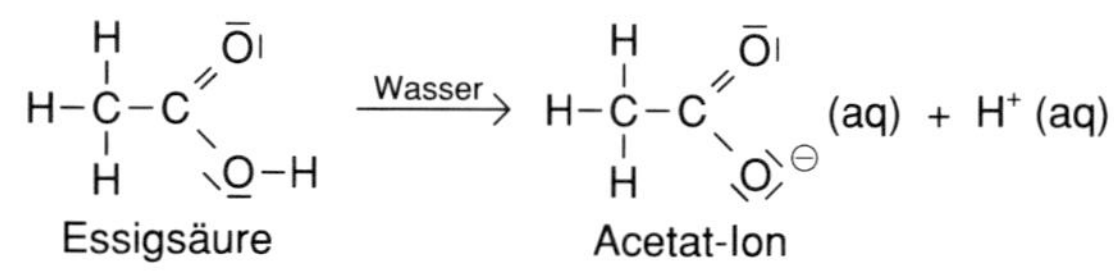

b)

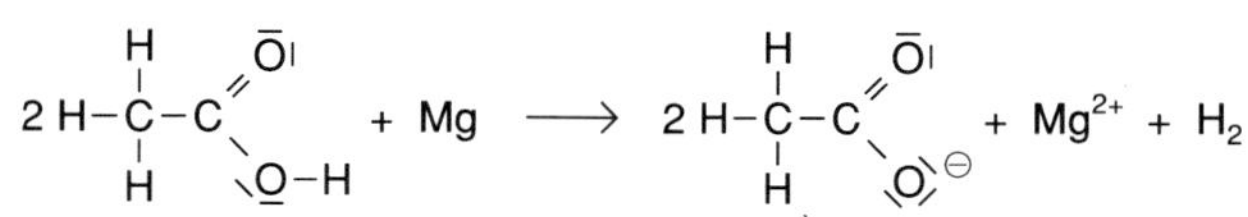

c) $CH_3COOH(aq) + Na^+(aq) + OH^-(aq) \rightarrow$
$CH_3COO^-(aq) + Na^+(aq) + H_2O(l)$

A204.1

Bei der Reaktion zwischen Ethandiol und Terephthalsäure findet erst eine Kondensation zwischen einer Carboxy-Gruppe der Terephthalsäure und einer Hydroxy-Gruppe des Ethandiols statt, wobei ein Molekül Wasser freigesetzt wird. Die verbleibenden Hydroxyl-Gruppen und Carboxyl-Gruppen reagieren mit weiteren Terephthalsäure- beziehungsweise Ethandiol-Molekülen, wobei zuerst kurze und dann lange Molekülketten gebildet werden.

A204.2

Bei einer Polykondensation reagieren Monomer-Molekül unter Abspaltung von Wasser-Molekülen oder anderen kleinen Molekülen zu einer Polymerkette. Eine solche Reaktion kann beispielsweise zwischen Dicarbonsäuren und Diolen bei der Bildung von Polyestern ablaufen.

A204.3

Monomere: Kleine Moleküle mit mindestens zwei funktionellen Gruppen, die mit anderen Monomeren zu einem größeren Molekül verknüpft werden können. Die Monomere in Abb. 1 sind Ethandiol und Adipinsäure.

Makromoleküle/Polymere: Große Moleküle aus sich wiederholenden gleichen oder unterschiedlichen Bausteinen.

A204.4

individuelle Lösung
Beispiele: neue PET-Flaschen, Kleidung (Pullover), Teppiche

A204.5

Polymilchsäure kann über eine Polykondensation aus Milchsäure hergestellt werden. Technisch und in hoher Qualität wird Polymilchsäure aus Lactid (zyklisches Milchsäure-Dimer) über eine katalytische Ringöffnung hergestellt. Hier werden oft Zinn-Katalysatoren eingesetzt.
Polymilchsäure findet beispielsweise Verwendung als Blumenfolie, für Kosmetiktiegel, Luftpolsterfolie, Teebeutel, Mulchfolie, Cateringartikel, Verbundwerkstoffe und in der Medizintechnik.

A205.1

a) *Lösungsbeispiele:*
Fineliner: PP Polypropen
Radiergummi: PVC-P Polyvinylchlorid pasticized
Tipp-Ex: PET Polyethylenterephthalat
Folienstift: PP Polypropen
Multimarker: PP Polypropen

Vor- und Nachteile: Die verwendeten Kunststoffe sind im Vergleich zu anderen Materialien leicht. Die Kunststoffe sind nicht besonders kratzfest. Viele Kunststoffe sind brennbar. Die nicht fachgerechte Beseitigung von Kunststoffabfällen wird mit dem steigenden Kunststoffverbrauch zu einem Problem. Kunststoffe werden aus Erdöl gewonnen.

b) Alternativ zu Kunststoffen können Holz, Kautschuk, Metalle und Keramik verwendet werden. Mappen aus dem nachwachsenden Rohstoff Papier sind denen aus Kunststoff vorzuziehen.

A205.2

Kunststoffe decken ein breites Anwendungsspektrum ab und sind auf die jeweilige Anwendung optimiert. Biokunststoffe können noch nicht alle Bereiche abdecken, wenn es beispielsweise um besonders temperaturbeständige Kunststoffe (Teflon) oder chemikalienbeständige Kunststoffe (PE) geht.

A207.1

Alkan-Moleküle weisen nur Einfachbindungen auf. In Alken-Molekülen treten auch C=C-Doppelbindungen auf.

A207.2

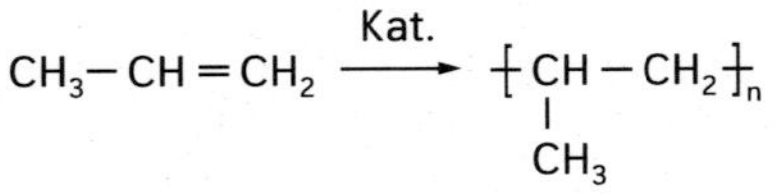

A207.3

Es entstehen zwei unterschiedliche Polymere: Poly-1-buten trägt an jedem zweiten Kohlenstoff-Atom der Kette eine Ethylgruppe und Poly-2-buten trägt an jedem Kohlenstoffatom der Kette eine Methylgruppe.

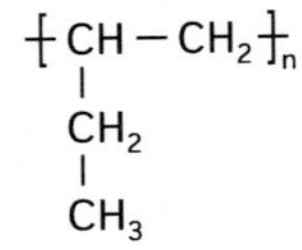

Poly-1-buten

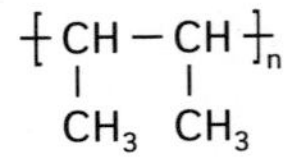

Poly-2-buten

A207.4

a) – c)

Alken	Summenformel
Ethen	CH_2CH_2
Propen	CH_2CHCH_3
But-1-en	$CH_2CHCH_2CH_3$
Pent-1-en	$CH_2CH(CH_2)_2CH_3$
Hex-1-en	$CH_2CH(CH_2)_3CH_3$
Hept-1-en	$CH_2CH(CH_2)_4CH_3$
Oct-1-en	$CH_2CH(CH_2)_5CH_3$
Non-1-en	$CH_2CH(CH_2)_6CH_3$

b) und **c)** Die Molekülmodelle sind individuell zu bewerten.
Hinweis: In Chemie heute NRW 8/9, Abb. 1 auf S. 206 finden sich die Strukturformeln von But-1-en und *trans*-But-2-en. Folgende weitere Isomere sind möglich:

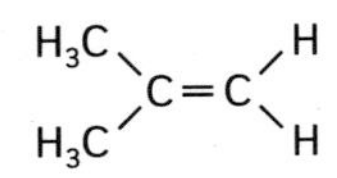

2-Methyl-prop-1-en

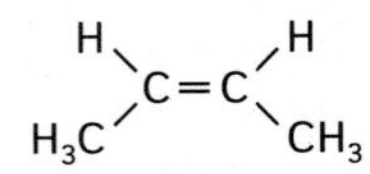

cis-2-But-en

A207.5

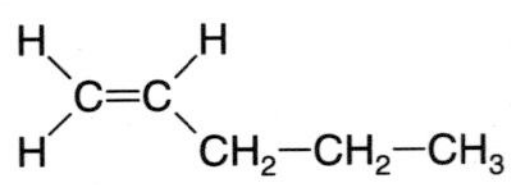

Pent-1-en

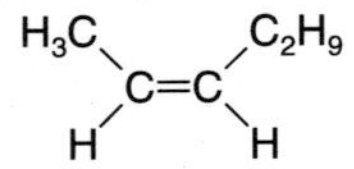

cis-Pent-2-en

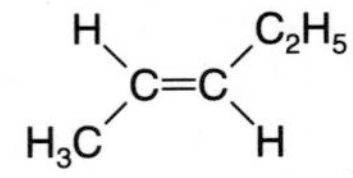

trans-Pent-2-en

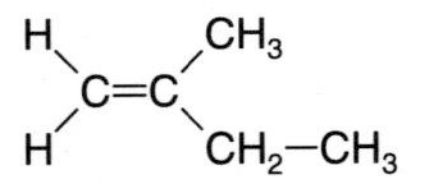

2-Methylbut-1-en

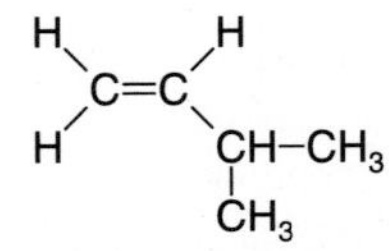

3-Methylbut-1-en

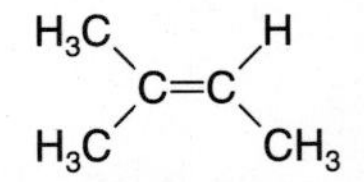

2-Methylbut-2-en

A207.6

a) Jedes C-Atom im Ethen-Molekül geht insgesamt vier Elektronenpaarbindungen ein. Zwei Einfachbindungen jeweils zu einem Wasserstoff-Atom und eine Doppelbindung zum benachbarten Kohlenstoff-Atom. Somit können jedem Kohlenstoff-Atom formal 8 Elektronen zugeordnet. Die Oktettregel ist erfüllt.

b) Die Kohlenstoff-Atome im Ethen-Molekül besitzen keine freien Elektronenpaare. Die beiden Einfachbindungen und die Doppelbindung nehmen den größtmöglichen Winkel zueinander ein, da sich die negativ geladenen Bindungselektronen abstoßen. Der größtmögliche Winkel zwischen den drei Bindungen ist 120°. Daher ist das Molekül planar gebaut.

A207.7

a) Partner A: Polystyrol

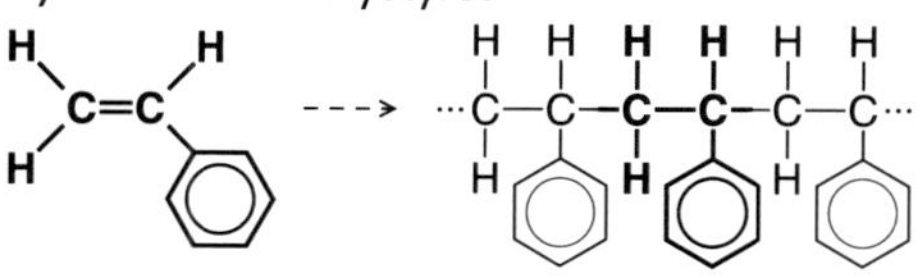

Partner B: PTFE

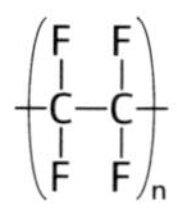

Partner C: PMMA

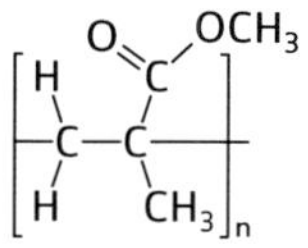

b) Polystyrol ist ein transparenter, geschäumt weißer, amorpher oder teilkristalliner Thermoplast. Amorphes Polystyrol ist ein weit verbreiteter Kunststoff, der in vielen Bereichen des täglichen Lebens zum Einsatz kommt.
Dichte: $\frac{1{,}04\ g}{cm^3}$, Schmelztemperatur: 240 °C

PTFE (Polytetrafluorethen) ist ein unverzweigtes, linear aufgebautes, teilkristallines Polymer. Umgangssprachlich wird dieser Kunststoff oft mit dem Handelsnamen Teflon® der Firma DuPont bezeichnet.
Dichte: $\frac{2{,}2\ g}{cm^3}$, Schmelztemperatur: 326,8 °C

PMMA (Polymethylmethacrylat) ist ein synthetischer, transparenter, thermoplastischer Kunststoff und wird auch als Acrylglas bezeichnet.
Dichte: $\frac{1{,}19\ g}{cm^3}$, Schmelztemperatur: 105 °C

A207.8

Polystyrolgranulat wird mit einem leichtflüchtigen Alkan, meist Pentan, vermischt. Das Gemisch wird mit Wasserdampf erhitzt, sodass das Pentan verdampft. Dabei vergrößert sich das Volumen des Granulats auf das 40- bis 80-fache. Nach diesem Vorschäumen muss das Polystyrol mehrere Stunden bei Raumtemperatur gelagert werden, damit das Pentan aus dem Schaum entweichen und durch Luft ersetzt werden kann. Zur Herstellung eines Werkstücks aus Styropor® wird das Zwischenprodukt in eine gewünschte Form gefüllt und mit Wasserdampf auf etwa 130 °C erhitzt. Dabei dehnt sich das Polystyrol nochmals aus, sodass es die Form vollständig ausfüllt.

A207.9

a) Bei PVC handelt es sich um einen sehr beständigen Kunststoff. Eine relativ einfache Methode, um PVC und anderen Kunststoffmüll zu entsorgen, ist die Verbrennung, wobei die Wärmeenergie häufig für die Stromerzeugung genutzt wird (thermische Verwertung). Wird PVC verbrannt, bildet sich Chlorwasserstoffgas, das mit Wasser oder Luftfeuchtigkeit ätzend wirkende Salzsäure bildet. In Müllverbrennungsanlagen wird diese mit Kalk in den Ablüftungsanlagen neutralisiert. Bei diesen Temperaturen entstehen durch die verbrannten Kunststoffe hochgiftige Dioxine.

b) Dioxine entstehen bei fast allen Verbrennungsprozessen chlorierter Kohlenwasserstoffe als unerwünschtes Nebenprodukt. Die einmal in die Umwelt gelangten Gifte bauen sich nur sehr langsam ab und reichern sich in Mensch und Tier an. 90 bis 95 Prozent der Dioxinbelastung kommen über die Nahrung in den Körper – vor allem durch den Verzehr von Fleisch und Milchprodukten. Als Langzeitwirkungen von Dioxin wurden etwa Störungen des Immunsystems, des Nervensystems, der Atemwege, der Schilddrüse und des Verdauungstraktes festgestellt. Auch schwer entzündliche Erkrankungen der Haut und Schädigungen der Leber sind möglich. In Tierversuchen wurden krebserregende Wirkungen nachgewiesen.

A208.1

Thermoplaste beginnen sich beim Erhitzen zu verformen, während Duroplaste ihre Form behalten. Elastomere verändern ihre Form, wenn Druck auf sie ausgeübt wird. Danach nehmen sie wieder ihre ursprüngliche Form ein; sie sind elastisch. Thermoplaste bestehen aus langkettigen Makromolekülen zwischen denen nur schwache zwischenmolekulare Kräfte wirken. Wird ein solcher Kunststoff erwärmt, so werden die Wechselwirkungen aufgehoben, die Moleküle können aneinander entlanggleiten und der Gegenstand verformt sich. Beim Abkühlen erhärtet der Kunststoff zu einer neuen Form.
Die Makromoleküle der Elastomere bilden weitmaschig vernetzte „Knäuel". Bei Druck und Zug können sich die Elastomere verformen und später ihre ursprüngliche Form wieder einnehmen.
Duroplaste sind aus Makromolekülen aufgebaut, die engmaschig miteinander über kovalente Bindungen vernetzt sind, sodass die Moleküle beim Erhitzen nicht aneinander vorbeigleiten können. Bei starkem Erwärmen werden die kovalenten Bindungen aufgebrochen und der Duroplast zersetzt sich.

A208.2

a) Lösungsbeispiele: Getränke-Flasche aus PET (Thermoplast: schmilzt beim Erwärmen), Frischhaltefolie (Thermoplast), Mehrfachsteckdose (Duroplast: hitzebeständig; verbrennt unter Zersetzung), Gummiband oder Spülschwamm (Elastomer: dehnbar, geht in ursprünglichen Zustand nach Krafteinwirkung zurück)

b) Lösungsansatz:
Elastomere: Muster dehnen und beobachten, ob die Ursprungsform wieder eingenommen wird.
Thermoplaste: Erwärmen eines Musters an der Brennerflamme und beobachten, ob der Kunststoff schmilzt.
Duroplaste: Erwärmen eines Musters an der Brennerflamme und beobachten, dass der Kunststoff nicht schmilzt.

c) individuelle Lösung

A208.3

Nur sortenrein haben die Kunststoffe die gewünschten Eigenschaften. Werden sie im Abfall gemischt, gehen diese Eigenschaften verloren. Zudem kann man Elastomere und Duroplaste nicht einschmelzen. Daher müssen sie zuvor aussortiert werden. Aber auch Thermoplaste, die aus unterschiedlichen Molekülen bestehen und verschiedene Zusätze enthalten, können nicht einfach gemischt werden, ohne dass sie danach andere Eigenschaften besitzen.

V209.1

a) Polyethylen und Polypropylen haben eine niedrigere Dichte als Wasser und schwimmen deshalb auf. Polystyrol schwebt in Wasser, weil die Dichten praktisch gleich groß sind. Die anderen Kunststoffe sinken auf den Boden, weil ihre Dichte größer als 1 $\frac{g}{cm^3}$ ist.

Die ermittelten Dichtewerte sind individuell zu bewerten.

b), c)

Dichte in $\frac{g}{cm^3}$	Kunststoff	Dichte in $\frac{g}{cm^3}$	Kunststoff
0,85–0,92	PP	1,14–1,17	PAN
0,88–0,93	PE-LD	1,16–1,20	PMMA
0,94–0,98	PE-HD	1,19–1,35	PVC
1,01–1,05	PA	1,33–1,35	PET
1,05–1,08	PS	2,1–2,3	PTFE

Das Verfahren ist zufriedenstellend, es erfordert jedoch eine genaue Einwaage und experimentelle Sorgfalt. Eine Einschätzung, welche Kunststoffe in den Verpackungsproben vorliegen, ist jedoch nur grob vorzunehmen. Proben von PP und PE können nach diesem Verfahren nur als Gesamtfraktion ermittelt werden.

d) Das Schwimm-Sink-Verfahren wird beim Kunststoff-Recycling angewendet. Die Dichte der Trennflüssigkeiten (Wasser und Salzlösungen) wird dabei so gewählt, dass man möglichst sortenreine Kunststoffe erhält.

V209.2

a) Nach kurzer Zeit fängt die Citronensäure an zu schäumen und ein stechender Geruch ist wahrnehmbar. Anschließend bildet sich der Schaum zurück und das Gemisch nimmt eine goldgelbe Farbe mit honigartiger Konsistenz an.

b) Das entstehende Produkt ist zähflüssig.

c)

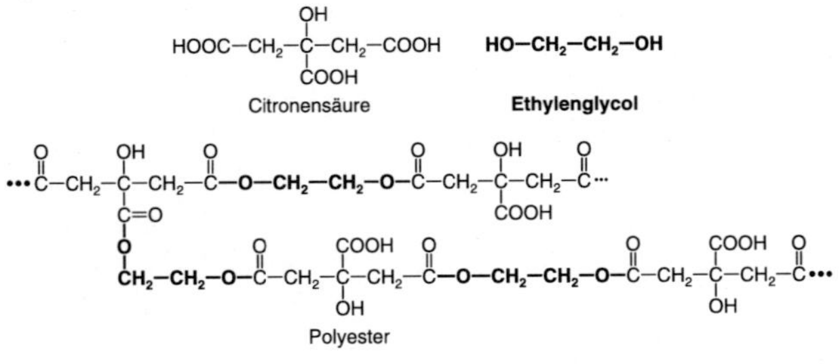

d) Es handelt sich um eine Polykondensation unter Bildung eines dreidimensional vernetzten Polyesters (Polycitrat).

V209.3

Das Volumen im Becherglas steigt stark an. Aus der klaren und farblosen Lösung ist ein weißer kristallartiger Feststoff geworden.

A211.B1

a – c) individuelle Lösung

A211.B2

a) Eine Emulsion ist ein heterogenes Gemisch aus zwei miteinander nicht mischbaren Flüssigkeiten, z. B. Fett und Wasser.

b) Anethol ist eine unpolare Verbindung und damit eher löslich in Fett. Mit Wasser-Molekülen können die Anethol-Moleküle keine H-Brücken ausbilden, deren Effekt so stark ist, dass sich Anethol in Wasser lösen kann. Im Ethanol-Molekül reicht der unpolare Anteil aus, damit sich Anethol darin lösen kann (die Lösung ist klar).

A211.B3

a) Die Destillation dient zur Trennung von Flüssigkeiten, die sich in ihren Siedepunkten unterscheiden. Das Flüssigkeitsgemisch wird im Destillationskolben bis zum Sieden erhitzt. Die Flüssigkeit mit der niedrigeren Siedetemperatur verdampft zuerst. Die Siedetemperatur wird durch ein Thermometer angezeigt. Im Kühler kondensieren die Komponenten nacheinander und bildet das Destillat. Es läuft langsam durch den Kühler und lässt sich als so genannte Vorlage auffangen.

b) Butan-1-ol: 82,3°C; Propan-2-ol: 117,7°C; Ethandiol: 198°C

Butan-1-ol und Propan-2-ol sind einwertige Alkohole. Ethandiol ist ein zweiwertiger Alkohol. Mehrwertige Alkohole haben höhere Siedetemperaturen als einwertige Alkohole, da sie aufgrund der OH-Gruppen mehrere H-Brücken eingehen können, was die Siedetemperaturen erhöhen. Die Siedetemperatur nimmt mit steigender Anzahl der C-Atome zu, da die Van-der-Waals-Kräfte größer werden. Daher hat Butan-1-ol eine höhere Siedetemperatur als Propan-2-ol. Zudem sieden sekundäre Alkohole bei niedrigeren Temperaturen als die entsprechenden primären Alkohlen.

A211.B4

a) $w(\text{Alkohol})$ in ‰ = $m(\text{Alkohol})$ in $\frac{g}{r \cdot m(\text{Körper})}$ in kg mit r = 0,7 für Männer und r = 0,6 für Frauen

Pro Stunde bauen Männer im Schnitt 0,15‰ Alkohol ab, Frauen dagegen nur 0,10‰.

In 0,33 l Bier sind 12,5 g Alkohol enthalten. Daraus folgt, dass in 1 l Blier 37,88 g Alkohol enthalten sind. Für einen Mann mit 90 kg Körpergewicht ergibt sich damit ein Promillegehalt von 0,6‰. Nach einer Stunde hat er demnach nur noch einen Promillegehalt von 0,45‰ und liegt damit unter der 0,5-Promille-Grenze. Für einen Mann mit 60 kg Körpergewicht ergibt sich ein Promillegehalt von 0,9‰. Erst nach drei Stunden hat er demnach nur noch einen Promillegehalt von 0,45‰ und liegt damit unter der 0,5-Promille-Grenze. Die Behauptung des Mannes stimmt demnach.

b) Bereits ab 0,3 ‰ ist die Verkehrssicherheit beeinträchtigt. Es zeigen sich verminderte Sehleistung, geringere Konzentrationsfähigkeit, verlängerte Reaktionszeit und eine beeinträchtigte Einschätzung der Entfernung. Außerdem ist die oben angegebene Rechnung nur ein Näherungswert. Der individuelle Stoffwechsel kann, unabhängig vom Körpergewicht, Alkohol schneller oder langsamer abbauen, als nach der Rechnung erwartet. Der Mann sollte daher klug sein und lieber kein Risiko eingehen.

A212.B5

Das Mundwasser nimmt man nur in geringen Mengen zu sich. Die dabei aufgenommene Menge an Alkohol reicht nicht aus, um die Fahrerlaubnis zu verlieren. Sollte der Schnelltest dennoch positiv sein, so würde ein Bluttest ergeben, dass keine für den Verlust der Fahrerlaubnis ausschlaggebende Mengen an Alkohol aufgenommen worden sind.

A212.B6

Ethanol hemmt das Enzym Vasopressin, welches normalerweise dafür sorgt, dass die Wasserausscheidung der Niere nicht erfolgt (es hemmt also die Wasserausscheidung der Niere unter normalen Bedingungen). Trinkt man nun Alkohol, so stellt es diese Hemmung ein, was gleichzeitig bedeutet, dass die Wasserausscheidung der Nieren verstärkt stattfinden. Die Folge ist, dass man öfter zur Toilette muss und einen erhöhten Harndrang spürt.

A212.B7

Ethanol führt zur Erweiterung der Blutgefäße, sodass vermehrt Blut durchströmt und zu einem subjektiven Wärmeempfinden führt. Auch die äußeren Blutgefäße (z. B. der Extremitäten) werden stärker durchblutet. Hier wird das Blut aber verstärkt als im Körperkern abgekühlt; es kommt insgesamt zur Unterkühlung des Körpers. Da man subjektiv aber ein Wärmegefühl hat, wird man dementsprechend auch reagieren z. B. mehr trinken oder gar Kleidung ablegen, was zu einer weiteren Unterkühlung führt.

212.B8

$CaCO_3 + HCO_2H \rightarrow Ca(HCO_2)_2 + H_2O + CO_2$

212.B9

a) Gesättigte Kochsalzlösung hat eine hohe Dichte und bildet die untere Phase. Es entsteht ein nicht mit Wasser mischbarer Propionsäure-1-propylester, der leichter ist und die Oberphase bildet.

b) $C_2H_5{-}CO_2H + C_2H_5{-}CH_2{-}OH \xrightarrow{H_2SO_4} C_2H_5{-}COO{-}CH_2{-}C_2H_5 + H_2O$

212.B10

a) Es wurde Ameisensäure-1-propylester gebildet und langsam aus der Reaktionsmischung destilliert. Die Ameisensäure wirkt hier als Reaktionspartner und saurer Katalysator zugleich. Die Reaktion wird auch durch die hohe Temperatur begünstigt.
$HCO_2H + C_2H_5{-}CH_2{-}OH \rightarrow HCOO{-}CH_2{-}C_2H_5 + H_2O$

b) Der entstandene Ester hat keine polaren Gruppen wie beispielsweise Hydroxy-Gruppen (wie in 1-Propanol) oder Carboxylgruppen (wie in der Ameisensäure) und hat daher einen geringeren Siedepunkt. Die polaren Gruppen bilden Wasserstoffbrückenbindungen aus und erhöhen somit den Siedepunkt.

212.B11

individuelle Lösung
Beispiel Veresterung: Chemie heute NRW 8/9, S. 202, Abb. 1
Beispiel Polykondensation: Chemie heute NRW 8/9, S. 204, Abb. 1
Beispiel Polymerisation: Chemie heute NRW 8/9, S. 207, Abb. 3

212.B12

a) PET wird über eine Polykondensation hergestellt.

b) Die Struktur von Polyethylenterephthalat finden Sie in Chemie heute NRW 8/9, S. 204, Abb. 1.

c) PET besitzt sehr gute chemische und physikalische Eigenschaften, sodass es zu Fasern, Folien und Formteilen wie beispielsweise Flaschen verarbeitet werden kann. Aufgrund seiner Schmelzbarkeit können Recyclingteile in neue Formen gebracht werden.

212.B13

a) $\left[CH_2{-}CHCl \right]_n$

b) Bei der Verbrennung von PE entstehen CO_2 und H_2O; bei der Verbrennung von PVC entstehen CO_2, H_2O und Chlorwasserstoff (HCl). Es können noch weitere Verbrennungsgase entstehen, in der Vorüberlegung gehen wir vom nicht verunreinigten Kunststoff aus.

c) $n \left[CH_2{-}CH_2 \right] + 3n\ O_2 \longrightarrow 2n\ CO_2 + 2n\ H_2O$

$n \left[CH_2{-}CHCl \right] + 5n/2\ O_2 \longrightarrow 2n\ CO_2 + n\ H_2O + n\ HCl$

212.14

a)

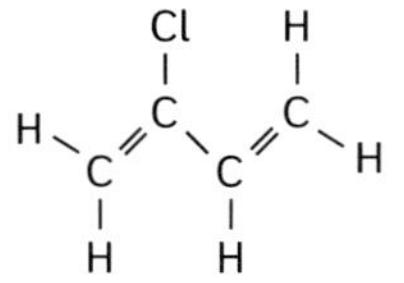

b)

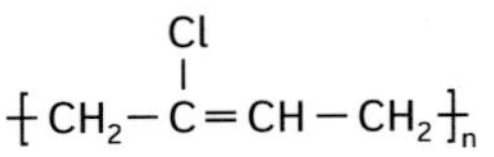

c) Die wärmeisolierende Wirkung von Neoprenanzügen liegt vor allem an den Lufteinschlüssen im aufgeschäumten Kunststoff. Die Luftbläschen leiten die Wärme schlecht und verhindern das Auskühlen. Der Taucher selbst wird jedoch nass, da sich der Anzug durch die Öffnungen für Kopf, Hände und Füße einmal von innen mit wenig Wasser füllt. Das Wasser kann nicht durch die Neoprenschicht hindurch fließen und wird schnell auf Hauttemperatur aufgewärmt.

212.B15

a) Kunststoffe werden in der Regel aus Erdöl hergestellt. Somit dezimiert die Produktion von Kunststoffen die Erdölvorräte. Der tägliche Umgang mit Kuststoffen im Alltag ist meist unproblematisch. Gefahren entstehen allerdings, wenn Kunststoffgegenstände in Brand geraten. Kunststoffe wie PVC, die Chlor enthalten, können beim Verbrennen giftiges Dioxin freisetzen. Chlorfreie Kunststoffe brennen in der Regel gut und können somit Brände fördern. Kunststoffe werden von Bakterien gar nicht oder nur sehr langsam abgebaut. Achtlos weggeworfener Kunststoffmüll wird so zur Umweltbelastung. Kunststoffe können nur sortenrein wiederverwendet werden. Die Trennung der Kunststoffsorten ist aufwendig.

b) individuelle Lösung
Beispiele: Als Verpackungsmaterialien kann man Kunststoffe zum Teil durch Papier oder Glas ersetzen. Um Erdölresourcen zu schonen, kann man Kunststoffe aus nachwachsenden Rohstoffen herstellen. Auch bioabbaubare Kunststoffe wären eine Alternative.

A213.C1

a)

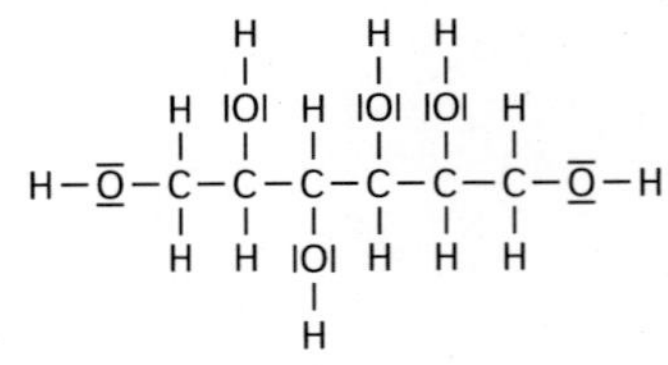

Sorbitol

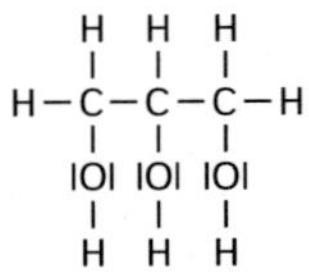

Glycerin

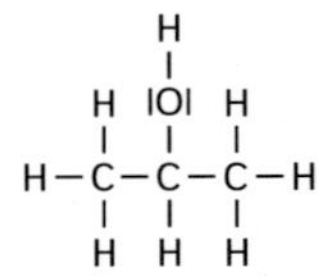

Isopropylalkohol/ Propan-2-ol

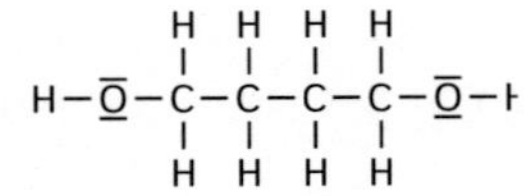

Butan-1,4-diol

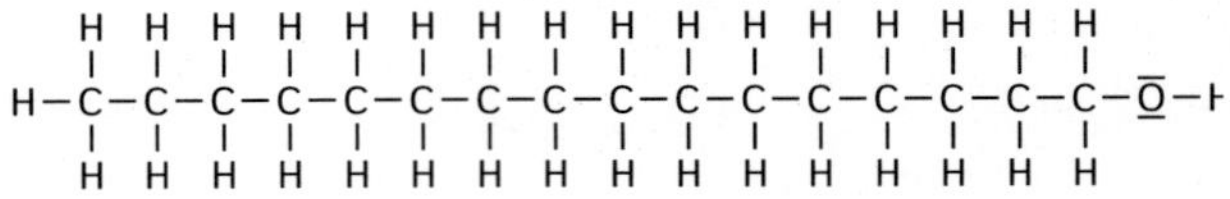

Hexadecan-1-ol

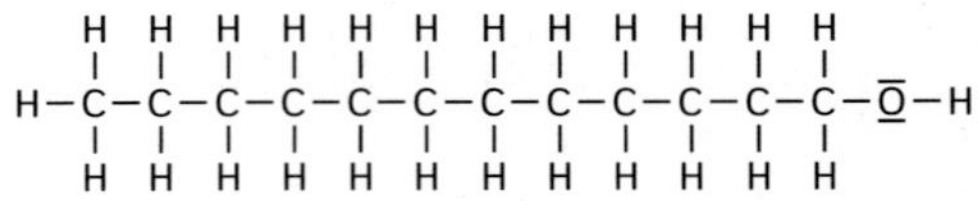

Dodecanol

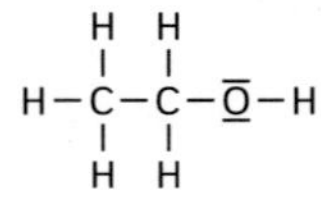

Ethanol

b) einwertige Alkohole: Isopropylakohol/Propan-2-ol; Dodecanol; Hexadecan-1-ol, Ethanol
zweiwertige Alkohole: Butan-1,4-diol
dreiwertige Alkohole: Glycerin
sechswertiger Alkohol: Sorbitol

c) Glycerin ist hygroskopisch und hält daher Salben feucht. Ein weiterer Effekt ist, dass Glycerin von der Wunde eventuell abgegebenes Wasser binden kann.
Isopropylalkohol hat reinigende und desinfizierende Wirkung und kann deshalb in Wundschutzcremes verwendet werden.

d) Dexpanthenol zeigt desinfizierende Wirkung und ist gleichzeitig hautschonend. Ethanol brennt auf der Haut, Panthenol dagegen nicht.

e) Aus fachlicher Sicht ist die Aussage korrekt. Aber da Sorbit ebenfalls süß schmeckt, kann dies gerade bei Kindern als Zucker aufgefasst werden. Kinder gewöhnen sich sehr schnell und früh an den süßen Geschmack. Dies möchte man aber eigentlich vermeiden, wenn man „zuckerfreie" Lebensmittel kauft.

f) Möglichkeit 1: Destillation
Ethanol und Bisabolol unterscheiden sich stark in ihren Siedetemperaturen. Ethanol siedet schon bei 78 °C, Bisabolol bei deutlich höherer Temperatur. Daher lassen sich die beiden Alkohole gut durch Destillation voneinander trennen.

Möglichkeit 2: Ausschütteln in Wasser
Bisabolol ist in Wasser unlöslich, Ethanol ist in Wasser gut löslich. Daher könnte man das Zahnungsgel mit Wasser im Scheidetrichter vermischen, schütteln und das unlösliche Bisabolol heraustrennen.

C213.2

a) Das Molekül der 3-Hydroxybuttersäure besitzt eine Hydroxy-Gruppe und eine Carboxy-Gruppe. Die Hydroxy-Gruppe eines Moleküls reagiert mit der Carboxy-Gruppe eines anderen Molekül. Unter Abspaltung eines Wasser-Molekül entsteht so eine Ester-Gruppe. Da die Hydroxybuttersäure-Moleküle zwei funktionelle Gruppen besitzen entsteht durch eine Polykondesation eine Polymerkette.

b)

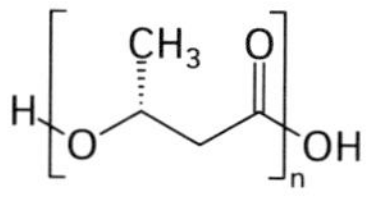

Zur Verknüpfung dieser Polymerstruktur führte die Polykondensationsreaktion.

c)
[Polyhydroxybuttersäure]$_n$ + n H_2O →
n 3-Hydroxybuttersäure

2 $C_4O_3H_8$ + 9 O_2 → 8 CO_2 + 8 H_2O

d) Biologisch abbaubare Kunststoffe können durch Bakterien zu Kohlenstoffdioxid und Wasser zersetzt werden, können aber auch während des Aufbaus in einer Zwischenstufe als Glucose vorliegen. Glucose ist in dieser Stufe auch Energiespeicher. Diese Eigenschaften treffen auch bei der Polyhydroxybuttersäure zu.

e) *Pfeil 1: Stoffwechsel.* Aus Kohlenstoffdioxid und Wasser wird über Glucose 3-Hydroxybuttersäure gebildet.
Pfeil 2: Energiespeicherung. Aus den Monomeren bildet sich das Polymer, es wird Energie gespeichert.
Pfeil 3: Energieabbau. Polyhydroxybuttersäure wird unter Energiefreisetzung zu 3-Hydroxybuttersäure abgebaut.
Pfeil 4: Vollständiger Energieabbau. Energiefreisetzung unter Bildung von Kohlenstoffdioxid und Wasser.

1 | 4

T IPP-Karte

Seite 13, A 3b

Unter *Umgruppierung* versteht man die Neuanordnung von Atomen bei einer chemischen Reaktion.

2 | 4

T IPP-Karte

Seite 13, A 3b

Eine solche Zeichnung findest du im Chemiebuch auf S. 14 in Abb. 1.

3 | 4

T IPP-Karte

Seite 13, A 3b

Man zeichnet zunächst die Anordnung der Atome in den Ausgangsstoffen, also in Magnesium und in Sauerstoff (Partner A) beziehungsweise in Wasser (Partner B).

Für die Reaktionsprodukte stellt man die Anordnung der Atome in Magnesiumoxid (Partner A) beziehungsweise in Magnesiumhydroxid und in Wasserstoff (Partner B) dar.

4 | 4

C HECK-Karte

Seite 13, A 3b

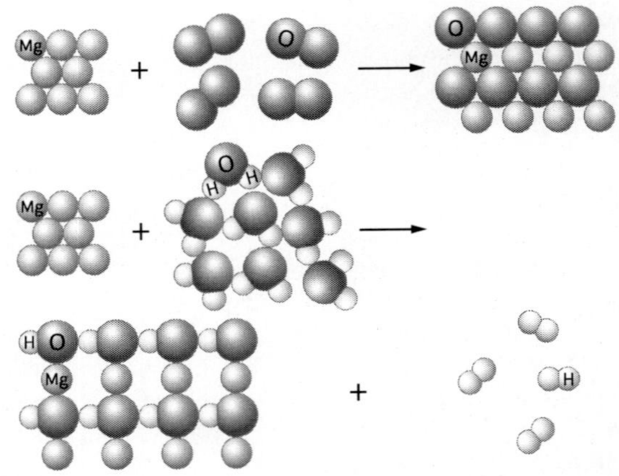

1 | 4

T IPP-Karte

Seite 15, A 5b

Aus der Reaktion von Magnesiumoxid mit Chlorgas kann man Magnesiumchlorid, $MgCl_2$, gewinnen. Für die Berechnung sind die Massenverhältnisse von Magnesiumoxid und Magnesiumchlorid wichtig.

2 | 4

T IPP-Karte

Seite 15, A 5b

Lies dir im Chemiebuch auf S. 14 den Abschnitt **Vom Massenverhältnis zur Verhältnisformel** durch.

TIPP-Karte

3 | 4

Seite 15, A5b

Aus den Atommassen von Magnesium und Sauerstoff erhält man das Massenverhältnis der Elemente in Magnesiumoxid (MgO). Daraus lässt sich errechnen, wieviel Gramm Magnesium in 20 g Magnesiumoxid enthalten sind.
Über das Massenverhältnis in Magnesiumchlorid ($MgCl_2$) ergibt sich dann, wieviel Magnesiumchlorid man aus der gefunden Masse an Magnesium erhält.

TIPP-Karte

1 | 4

Seite 17, A4

Die Stoffmenge *n* wird in mol angegeben. $6 \cdot 10^{23}$ (600 Trilliarden) Teilchen sind ein Mol Teilchen.

Die molare Masse *M* ist die Masse von einem Mol Teilchen, also von 600 Trilliarden Stück.

CHECK-Karte

4a | 4

Seite 15, A5b

$\frac{m(\text{Mg-Atom})}{m(\text{O-Atom})} = \frac{24{,}3}{16} \approx \frac{3}{2}$

$m(\text{Magnesium}) + m(\text{Sauerstoff}) = 20\ \text{g}$

$\frac{m(\text{Magnesium})}{m(\text{Sauerstoff})} = \frac{3}{2}$

$m(\text{Sauerstoff}) = \frac{2}{3}\, m(\text{Magnesium})$

$m(\text{Magnesium}) + \frac{2}{3}\, m(\text{Magnesium}) = 20\ \text{g}$

$\frac{5}{3}\, m(\text{Magnesium}) = 20\ \text{g}$

TIPP-Karte

2 | 4

Seite 17, A4

Lies dir im Chemiebuch auf S. 16 und S. 17 die Abschnitte **Das Mol und die Stoffmenge *n*** und **Die molare Masse *M*** durch.

CHECK-Karte

4b | 4

Seite 15, A5b

$m(\text{Magnesium}) = 20\ \text{g} \cdot \frac{3}{5} = 12\ \text{g}$

$\frac{m(\text{Mg-Atom})}{m(\text{Cl-Atom})} = \frac{24{,}3}{71} \approx \frac{24}{71} = \frac{12}{32{,}5}$

$m(\text{Magnesium}) = 12\ \text{g}$

$m(\text{Magnesiumchlorid}) = 12\ \text{g} + 35{,}5\ \text{g} = 47{,}5\ \text{g}$

TIPP-Karte

3 | 4

Seite 17, A4

Die Mehrzahl der Aufgaben zu dem Komplex *Stoffmenge, Avogadro-Konstante, Masse* und *molare Masse* lässt sich mithilfe der beiden folgende Gleichungen oder ihrer entsprechenden Umstellung lösen:

$N = \frac{6 \cdot 10^{23} \cdot n}{\text{mol}}$

$m = n \cdot M$

Aus einer Formel erhält man die molare Masse *M*, indem man die Atommassen (multipliziert mit der in der Formel tiefgestellten Zahl) addiert und dann die Einheit u durch die Einheit $\frac{\text{g}}{\text{mol}}$ ersetzt.

4a | 4

C HECK-Karte

Seite 17, A4

Partner A:

$m(\text{Schwefel}) = 8\ \text{g}$
$n = \frac{m}{M}$
$n(\text{Schwefel}) = \frac{8\ \text{g}}{32\ \frac{\text{g}}{\text{mol}}} = 0{,}25\ \text{mol}$

Partner B:

$n(\text{Zink}) = 2\ \text{mol}$
$m = n \cdot M$
$m(\text{Zink}) = 2\ \text{mol} \cdot 65{,}4\ \frac{\text{g}}{\text{mol}} = 130{,}8\ \text{g}$

2 | 3

T IPP-Karte

Seite 19, A4b

Zunächst erstellt man eine Liste der chemischen Formeln der jeweiligen Verbindungen; dann ermittelt man die molaren Massen *M* der Verbindungen. Um die molaren Massen zu ermitteln; benötigt man das Periodensystem im Anhang des Buches oder die Angaben in Abb. 1 auf S. 18.

4b | 4

C HECK-Karte

Seite 17, A4

Partner C:

$M(Cu_2S) = (2 \cdot 63{,}5 + 32)\ \frac{\text{g}}{\text{mol}} = 159\ \frac{\text{g}}{\text{mol}}$
$m = n \cdot M$
$m(\text{Kupfersulfid}) = 0{,}25\ \text{mol} \cdot 159\ \frac{\text{g}}{\text{mol}} = 39{,}9\ \text{g}$

3a | 3

C HECK-Karte

Seite 19, A4b

Partner A:

$M(BeCl_2) = 80\ \frac{\text{g}}{\text{mol}}$
$M(MgCl_2) = 95{,}3\ \frac{\text{g}}{\text{mol}}$
$M(CaCl_2) = 111{,}1\ \frac{\text{g}}{\text{mol}}$
$M(SrCl_2) = 158{,}6\ \frac{\text{g}}{\text{mol}}$
$M(BaCl_2) = 208{,}3\ \frac{\text{g}}{\text{mol}}$

Partner B:

$M(BeO) = 25\ \frac{\text{g}}{\text{mol}}$
$M(MgO) = 40{,}3\ \frac{\text{g}}{\text{mol}}$
$M(CaO) = 56{,}1\ \frac{\text{g}}{\text{mol}}$
$M(SrO) = 103{,}6\ \frac{\text{g}}{\text{mol}}$
$M(BaO) = 153{,}3\ \frac{\text{g}}{\text{mol}}$

1 | 3

T IPP-Karte

Seite 19, A4b

Schaue dir dazu im Chemiebuch auf S. 18 Abb. 1 an.
Informationen zur molaren Masse *M* findest du auf S. 17.

3b | 3

C HECK-Karte

Seite 19, A4b

Partner C:

$M(Be(OH)_2) = 43\ \frac{\text{g}}{\text{mol}}$
$M(Mg(OH)_2) = 58{,}3\ \frac{\text{g}}{\text{mol}}$
$M(Ca(OH)_2) = 74{,}1\ \frac{\text{g}}{\text{mol}}$
$M(Sr(OH)_2) = 121{,}6\ \frac{\text{g}}{\text{mol}}$
$M(Ba(OH)_2) = 171{,}3\ \frac{\text{g}}{\text{mol}}$

TIPP-Karte

1 | 3

Seite 23, A4b

Schaue dir dazu im Chemiebuch auf S. 22 Abb. 1 an.
Informationen zur molaren Masse *M* findest du auf S. 17.

TIPP-Karte

1 | 4

Seite 25, A2

Die Dichte ϱ ist Masse *m* pro Volumen *V*.

$\varrho = \frac{m}{V}$

TIPP-Karte

2 | 3

Seite 23, A4b

Zunächst erstellt man eine Liste der chemischen Formeln der jeweiligen Verbindungen; dann ermittelt man die molaren Massen *M* der Verbindungen. Um die molaren Massen zu ermitteln benötigt, man das Periodensystem im Anhang des Buches oder die Angaben in Abb. 1 auf S. 22.

TIPP-Karte

2 | 4

Seite 25, A2

$1\ cm^3 = 1\ ml$

$1000\ ml = 1\ l$

CHECK-Karte

3 | 3

Seite 23, A4b

$M\ (LiCl) = 42{,}4\ \frac{g}{mol}$

$M\ (NaCl) = 58{,}5\ \frac{g}{mol}$

$M\ (KCl) = 74{,}6\ \frac{g}{mol}$

$M\ (RbCl) = 121\ \frac{g}{mol}$

$M\ (CsCl) = 168{,}4\ \frac{g}{mol}$

TIPP-Karte

3 | 4

Seite 25, A2

Vergleiche die Aggregatzustände der Halogene.

4 | 4

CHECK-Karte

Seite 25, A 2

Fluor hat eine Dichte von 0,00158 $\frac{g}{ml}$ und Chlor eine Dichte von 0,00295 $\frac{g}{ml}$. Bei beiden Elementen handelt es sich um Gase, die deutlich geringere Dichten als die Flüssigkeit Brom oder der Feststoffe Iod aufweisen.

1b | 1

CHECK-Karte

Seite 26, V 2c

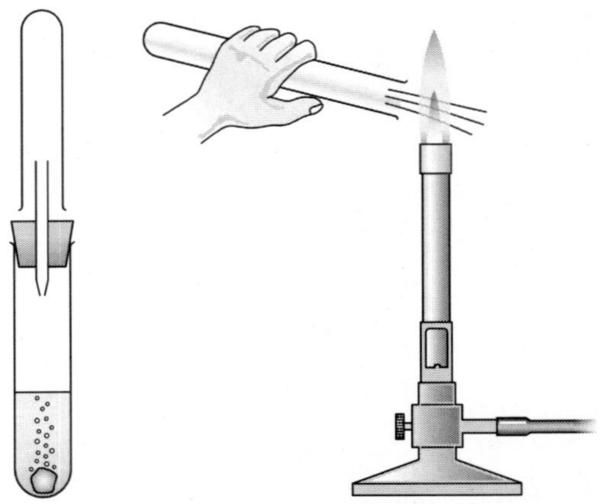

1 | 1

CHECK-Karte

Seite 26, V 1b

Die verschiedenen Salze werden durch die unterschiedliche Flammenfärbung identifiziert. Dazu nimmt man mit dem Magnesiastäbchen wenig Substanz der ersten Salzprobe auf und hält das Stäbchen in die rauschende Brennerflamme. Auf einem Blatt Papier werden die Nummer der Probe und die Farbe der Flamme notiert. Danach wird das Magnesiastäbchen, wie unter **Hinweis** beschrieben, ausgeglüht. Anschließend wird die nächste Probe untersucht. Der Versuch kann mithilfe der Abb. 2 auf S. 19 und 23 im Chemiebuch ausgewertet werden.

1 | 3

TIPP-Karte

Seite 28, A 1b

Bei Problemen mit dem Begriff *Verhältnisformel* sollte man sich zunächst nochmals den Abschnitt **Reaktionen des Calciums** im Chemiebuch auf S. 18 anschauen.

1a | 1

CHECK-Karte

Seite 26, V 2c

Das Metall wird in einem Reagenzglas in wenig Wasser gegeben. Auf das Reagenzglas wird ein durchbohrter Gummistopfen mit einem dünnen Glasrohr gesetzt. Darüber hält man ein leeres Reagenzglas. Da Wasserstoff leichter als Luft ist, steigt er noch oben und wird in dem Reagenzglas aufgefangen. Danach verschließt man das Reagenzglas mit dem aufgefangenen Gas mit dem Daumen. Nahe der Brennerflamme öffnet man das Reagenzglas und hält es an die Flamme. Handelt es sich bei dem Gas, wie vermutet, um Wasserstoff findet eine Knallgasreaktion statt.

2 | 3

TIPP-Karte

Seite 28, A 1b

Zunächst benötigt man die Elementsymbole der Elemente, die in Kaliumiodid enthalten sind. Außerdem braucht man zur Herleitung der kleinen tiefgestellten Zahlen in der Formel das Atomanzahlverhältnis von Kalium und Iod in der Verbindung Kaliumiodid. Hier kann man das Atomanzahlverhältnis von den anderen Alkalimetallhalogeniden übertragen, deren Verhältnisformeln bekannt sind.

CHECK-Karte

3 | 3

Seite 28, A 1b

Die Verhältnisformel lautet KI.

TIPP-Karte

3 | 4

Seite 31, A 3

Folgende Formeln werden benötigt:

$n = \frac{m}{M}$;

$n = \frac{V}{V_m}$

Die molare Masse von Wasser $M(H_2O)$ beträgt $18 \frac{g}{mol}$.

TIPP-Karte

1 | 4

Seite 31, A 3

Wasser hat eine Dichte von $1 \frac{g}{ml}$. Daraus folgt, dass 36 ml Wasser 36 g wiegen.

CHECK-Karte

4 | 4

Seite 31, A 3

V(Wasser) = 36 ml ⇒ m (Wasser) = 36 g, da die Dichte von Wasser $1 \frac{g}{ml}$ beträgt.

$n = \frac{m}{M}$; $M(H_2O) = \frac{18\ g}{mol}$

$n = \frac{36\ g}{18 \frac{g}{mol}} = 2\ mol$

$n = \frac{V}{V_m} \Rightarrow V = n \cdot V_m$

V(Wasserdampf) = $2\ mol \cdot 30{,}5 \frac{l}{mol} = 61\ l$

TIPP-Karte

2 | 4

Seite 31, A 3

Rechne zunächst aus, wieviel Mol 36 g Wasser entsprechen.

TIPP-Karte

1 | 3

Seite 31, A 5c

Führe zur Dichte von Luft eine Recherche im Internet durch.

2 | 3

T IPP-Karte

Seite 31, A5c

Hier berechnet man die Dichte der Luft als Gasgemisch aus 20 % Sauerstoff und 80 % Stickstoff und vergleicht man der tatsächlichen Dichte von Luft.

1 | 4

T IPP-Karte

Seite 31, A6a

Berechne zunächst die molare Masse *M* von Schwefeldioxid.

3a | 3

C HECK-Karte

Seite 31, A5c

Luft hat bei 20 °C die Dichte 1,20 $\frac{g}{l}$. Luft ist ein Gasgemisch aus etwa $\frac{1}{5}$ Sauerstoff und $\frac{4}{5}$ Stickstoff. Wenn das Gesetz von Avogadro auch bei Gasgemischen gültig sein soll, müsste bei 20 °C in 24 l Luft etwa $\frac{1}{5}$ mol Sauerstoff und $\frac{4}{5}$ mol Stickstoff enthalten sein. Damit berechnet man die Dichte zu:

$$\varrho(Luft) = \frac{m(\frac{1}{5}\,\text{mol}\,O_2 + \frac{4}{5}\,\text{mol}\,N_2)}{V}$$

$$= \frac{6{,}4\,\text{g} + 22{,}4\,\text{g}}{24\,\text{l}} = 1{,}2\,\frac{\text{g}}{\text{l}}$$

2 | 4

T IPP-Karte

Seite 31, A6a

Lies dir auf S. 30 im Chemiebuch den Abschnitt Vom molaren Volumen zur Molekülformel durch.

3b | 3

C HECK-Karte

Seite 31, A5c

Dies stimmt mit der recherchierten Angabe überein. Dieses Beispiel erhärtet die Annahme, dass das Gesetz von Avogadro auch für Gasgemische gilt.

3 | 4

T IPP-Karte

Seite 31, A6a

Man berechnet über die Beziehung $M = \varrho \cdot V_m$ die molare Masse von Schwefeldioxid und überlegt dann, welcher Molekülformel eines Schwefeloxids die molare Masse entspricht. Schau dir dazu die molaren Massen von Sauerstoff und Schwefel im Periodensystem der Elemente im Anhang des Chemiebuches an.

4 | 4

CHECK-Karte

Seite 31, A 6a

$$M(\text{Schwefeloxid}) = \varrho \cdot V_m = 2{,}67\ \frac{g}{l} \cdot 24\ \frac{l}{mol} = 64\ \frac{g}{mol}$$

Da ein Mol Schwefel-Atome die Masse 32 g hat, entfallen die restlichen 32 g auf 2 mol O-Atome. Die Molekülformel lautet also SO_2.

3 | 3

CHECK-Karte

Seite 39, A 4

Nach Dalton sind Atome starre Kugeln. Nach seiner Vorstellung können Atome können nicht erzeugt, vernichtet oder umgewandelt werden.
Nach Thompson besteht ein Atom aus einer positiven Grundmasse, in der sich Elektronen bewegen. Dass Atome Elektronen enthalten, zeigen beispielsweise Versuche zur Reibungselektrizität. Siehe Chemiebuch S. 39, Abb. 3.

1 | 3

TIPP-Karte

Seite 39, A 4

Das Dalton-Modell konnte zum Beispiel die Massenverhältnisse bei chemischen Reaktionen erklären. Überlege, welche Massengesetze bei chemischen Reaktionen gelten und wie Dalton diese erklärt hat.

1 | 4

TIPP-Karte

Seite 43, A 6a

Zur Berechnung der durchschnittlichen Atommasse muss die Masse der jeweiligen Isotope und deren Anteile berücksichtigt werden.

2 | 3

TIPP-Karte

Seite 39, A 4

Lies im Chemiebuch noch einmal den Abschnitt Thomsonsches Atommodell auf S. 38 durch. Beachte auch Abb. 2.

2 | 4

TIPP-Karte

Seite 43, A 6a

Lies dir im Chemiebuch auf S. 43 den Abschnitt **Isotope** noch einmal durch und versuche aus dem Beispiel mit den Chlor-Isotopen eine Gleichung herzuleiten.

3 | 4

TIPP-Karte

Seite 43, A 6a

Die durchschnittliche Atommasse m_D eines Isotopengemischs lässt sich mit folgender Gleichung berechnen:

$m_D = m(\text{Isotop I}) \cdot \text{Anteil}(\text{Isotop I}) +$
$m(\text{Isotop II} \cdot \text{Anteil}(\text{Isotop II}) \ldots$

Die Anteile der einzelnen Isotope ergeben sich aus dem Anteil in % geteilt durch 100.

1a | 1

CHECK-Karte

Seite 59, V 3b

Eine isotonische Kochsalzlösung enthält 0,9 % Kochsalz; in 100 g Lösung sind also 9 g Kochsalz enthalten. Für die Messung genügen drei Lösungen, etwa mit 0,5 % 2,5 % und 5 % Salzgehalt. Man bestimmt nun die Leitfähigkeit dieser Lösungen. Für die Leitfähigkeitsuntersuchung benötigt man eine Spannungsquelle, Kabel, ein Stromstärkemessgerät sowie Graphitelektroden, die in die jeweilige Lösung eintauchen. Bei der Messung gibt es neben dem Salzgehalt andere Größen, die die Leitfähigkeit beeinflussen. Das sind die angelegte elektrische Spannung und die Eintauchtiefe der Elektroden; diese Größen müssen bei allen Messungen gleich bleiben.

4a | 4

CHECK-Karte

Seite 43, A 6a

A: Wasserstoff
$m_D = 1\,u \cdot 0{,}9998 + 2\,u \cdot 0{,}0002$
$= 0{,}9998\,u + 0{,}0004\,u = 1{,}0002\,u$

B: Stickstoff
$m_D = 14\,u \cdot 0{,}9963 + 15\,u \cdot 0{,}0037$
$= 13{,}9482\,u + 0{,}0555\,u = 14{,}0037\,u$

C: Sauerstoff
$m_D = 16\,u \cdot 0{,}998 + 18\,u \cdot 0{,}002$
$= 15{,}968\,u + 0{,}036\,u = 16{,}004\,u$

1b | 1

CHECK-Karte

Seite 59, V 3b

Danach erstellt man ein Diagramm. Auf der y-Achse trägt man die Leitfähigkeit auf, auf der x-Achse den Salzgehalt. Nun legt man durch die drei Punkte eine Gerade, die zu allen drei Punkten möglichst den gleichen Abstand hat.

4b | 4

CHECK-Karte

Seite 43, A 6a

D: Magnesium
$m_D = 24\,u \cdot 0{,}787 + 25\,u \cdot 0{,}101 + 26\,u \cdot 0{,}112$
$= 18{,}888\,u + 2{,}525\,u + 2{,}912\,u = 24{,}325\,u$

E: Silicium
$m_D = 28\,u \cdot 0{,}922 + 29\,u \cdot 0{,}047 + 30\,u \cdot 0{,}031$
$= 25{,}816\,u + 1{,}363\,u + 0{,}92\,u = 28{,}109\,u$

F: Schwefel
$m_D = 32\,u \cdot 0{,}95 + 33\,u \cdot 0{,}008 + 34\,u \cdot 0{,}042$
$= 30{,}4\,u + 0{,}264\,u + 1{,}428\,u = 32{,}092\,u$

1 | 1

CHECK-Karte

Seite 63, V 3b

Es wird eine Elektrolysezelle aufgebaut. Als Anode dient das Kupferkabel aus einem alten Elektrogerät, als Kathode ein Draht aus reinem Kupfer. Beide werden in eine Lösung aus Kupfersulfat getaucht und eine Gleichspannung angelegt.

Hinweis: Die Apparatur muss sehr lange laufen, um ein sichtbares Ergebnis zu bekommen.

1 | 3

T IPP-Karte

Seite 65, A 2

Beim Verdunsten von Wasser aus einer Lösung laufen die umgekehrten Vorgänge ab wie beim Lösen eines Kristalls in Wasser.

1 | 4

T IPP-Karte

Seite 65, A 6a

Die Schmelztemperatur gibt an, bei welcher Temperatur ein Feststoff von festen in den flüssigen Aggregatzustand übergeht. Sie hängt von den Anziehungskräften zwischen den Teilchen im Feststoff ab.

Eine Hypothese ist eine begründete Vermutung.

2 | 3

T IPP-Karte

Seite 65, A 2

Beim Lösen werden die Ionen im Salzkristall durch die Wasser-Moleküle auseinandergedrängt.

2 | 4

T IPP-Karte

Seite 65, A 6a

Lies im Chemiebuch auf S. 65 im Abschnitt **Eigenschaften** den dritten Spiegelpunkt.

3 | 3

C HECK-Karte

Seite 65, A 2

Abbildungen zum Lösen von Salz in Wasser findest du im Chemiebuch auf S. 116, Abb. 1. Beim Kristallisieren laufen die Vorgänge in unterschiedlicher Reihenfolge ab.

3 | 4

T IPP-Karte

Seite 65, A 6a

Die anziehenden Kräfte zwischen den unterschiedlich geladenen Anionen und Kationen hängen vom Abstand der Ladungen sowie von der Größe der Ionen ab:

- Vergrößert sich der Abstand, verringert sich die Anziehung.
- Vergrößert sich die Ladung, vergrößert sich auch die Anziehung.

4 |4

CHECK-Karte

Seite 65, A 6a

Partner A: Je größer der Anionenradius ist, desto kleiner ist die Anziehung zwischen den Natrium-Ionen und den Anionen. Es muss weniger Energie zur Auflösung der Bindung zugeführt werden. Die Schmelztemperaturen sinken in der Reihenfolge NaF bis NaI.

Partner B: Magnesium-Ionen und Oxid-Ionen tragen eine doppelte, Aluminium-Ionen eine dreifache Ionenladung. Die Anziehung der Ionen ist größer als bei Ionen mit einfacher Ladung. Es muss mehr Energie aufgebracht werden, um die Bindung aufzulösen. Die Oxide haben deshalb höhere Schmelztemperaturen als das Natriumchlorid.

3 |4

TIPP-Karte

Seite 66, A 1

Ermittle zunächst die jeweilige Ionenladung der beteiligten Ionensorten aus dem Periodensystem.
Beispiel Natriumbromid: Natrium-Ion, Ionenladung +1; Bromid-Ion, Ionenladung −1.

Dann stellte die Verhältnisformel auf, indem du dafür sorgst, dass die Summe der Ladungen Null wird.

1 |4

TIPP-Karte

Seite 66, A 1

Die Verhältnisformel gibt das Anzahlverhältnis der Ionen in der jeweiligen Verbindung an. In der korrekten Verhältnisformel muss die Summe aller Ionenladungen Null ergeben.

4 |4

CHECK-Karte

Seite 66, A 1

Partner A: NaBr, $CaCl_2$, Li_2O

Partner B: RbCl, K_2S, Ca_3N_2

2 |4

TIPP-Karte

Seite 66, A 1

Lies die im Chemiebuch auf S. 66 den Abschnitt **Ionenladung der Hauptgruppenelemente** durch.

1 |4

TIPP-Karte

Seite 85, A 4d

Rosten ist eine Folge von Reaktionen zwischen Eisen, Sauerstoff und Wasser. Es handelt sich dabei um eine Redoxreaktion, also um eine Reaktion, bei der Elektronen von einem Partner auf einen anderen übertragen werden.

T IPP-Karte

2 | 4

Seite 85, A4d

Lies im Chemiebuch auf S. 84 den Abschnitt **Redoxreaktionen** durch. Schaue dir auch Abb. 2 auf S. 85 noch einmal genau an.

T IPP-Karte

1 | 4

Seite 87, A2a

Schreibt euch zunächst die Formeln auf, die für die Stoffmengenberechnung bekannt sind.

Stellt die Reaktionsgleichung für die Reaktion von Aluminium und Sauerstoff auf.

Die Luft besteht zu etwa 20 % aus Sauerstoff.

T IPP-Karte

3 | 4

Seite 85, A4d

Die Abbildung auf S. 80 rechts unten zeigt:
Eisen-Atome werden zu Fe^{2+}-Ionen oxidiert. Wasser-Moleküle reagieren mit Sauerstoff-Molekülen unter Elektronenaufnahme zu Hydroxid-Ionen (OH^-).

T IPP-Karte

2 | 4

Seite 87, A2a

Orientiere dich beim Aufstellen der Reaktionsgleichung an dem Beispiel auf S. 87 im Chemiebuch.

Berechne zunächst die Stoffmenge *n* (Al) des Aluminiums.

Bestimme mithilfe der Reaktionsgleichung die Stoffmenge an Sauerstoff *n* (O).

C HECK-Karte

4 | 4

Seite 85, A4d

Oxidation: $2\ Fe \dashrightarrow 2\ Fe^{2+} + 4\ e^-$
Reduktion: $O_2 + 2\ H_2O + 4\ e^- \dashrightarrow 4\ OH^-$

Redox: $2\ Fe + O_2 + 2\ H_2O \rightarrow 2\ Fe(OH)_2$

T IPP-Karte

3 | 4

Seite 87, A2a

Die Reaktionsgleichung lautet:
$4\ Al(s) + 3\ O_2(g) \rightarrow 2\ Al_2O_3(s)$

Es reagieren immer 4 Aluminium-Atome mit 6 Sauerstoff-Atomen.

In 24 l reinem Sauerstoff befinden sich 1 mol Sauerstoff-Moleküle, also 2 mol Sauerstoff-Atome.

4 | 4

CHECK-Karte

Seite 87, A 2a

$n(\text{Al}) = \frac{m(\text{Al})}{M(\text{Al})} = 0{,}25 \text{ mol}$

$n(\text{O}) = \frac{6}{4} \cdot 0{,}25 \text{ mol} = 0{,}375 \text{ mol}$

$m(\text{O}) = 0{,}375 \text{ mol} \cdot 16 \frac{\text{g}}{\text{mol}} = 6 \text{ g}$

1c | 1

CHECK-Karte

Seite 88, A 1b

Das Zinkblech reagiert nur mit der Eisensulfatlösung. Nach dem Test ist die Lösung identifiziert und wird nicht weiter getestet.

Das Magnesiumband reagiert nur mit der Zinksulfatlösung. Nach dem Test ist die Lösung identifiziert und wird nicht weiter getestet.

Die Kaliumchlorid- und die Magnesiumchloridlösung lassen sich auf diese Weise nicht unterscheiden. Diese Lösungen müsste Lewin neu ansetzen.

1a | 1

CHECK-Karte

Seite 88, A 1b

Die Metalle reagieren mit den Salzlösungen nur, wenn die Kationen in der Salzlösung von unedleren Metallen stammen. Dieses Wissen kann man nutzen, um die Salzlösungen voneinander zu unterscheiden. Man hält dazu die Metalle nacheinander in die verschiedenen Salzlösungen und schaut, ob eine Reaktion zu beobachten ist. Bei der Durchführung des Versuchs ist unbedingt der Hinweis in der Versuchsvorschrift zu beachten.

1 | 1

CHECK-Karte

Seite 89, V 4d

Eisennagel, Eisenblech und Eisenpulver werden mit unterschiedlichen Lacken oder mit Öl beschichtet und danach in eine Salzlösung eines edleren Metalls gegeben (etwa Kupfer).

Hierbei wird die Qualität der einzelnen Schutzmaßnahmen für die unterschiedlichen Materialien sichtbar.

1b | 1

CHECK-Karte

Seite 88, A 1b

Man beginnt mit dem Kupferblech. Ausschließlich die Silbernitratlösung wird mit dem Kupfer reagieren. Nur diese Lösung enthält Ionen eines Metalls das edler als Kupfer ist. Die Silbernitratlösung ist somit identifiziert und braucht nicht weiter geprüft zu werden.

Als nächstes wird das Eisenblech in die noch zu prüfenden Lösungen gehalten. Es reagiert nur mit der Kupfersulfatlösung. Auch diese Lösung ist nun identifiziert und braucht nicht weiter geprüft zu werden

1 | 4

TIPP-Karte

Seite 91, A 2b

Stelle dar:

1) Teilgleichungen für Reduktion und für Oxidation mit Elektronenübergängen
2) Gesamtreaktionsgleichung einschließlich Angabe der Aggregatzustände

T IPP-Karte

2 | 4

Seite 91, A2b

Schlage im Chemiebuch auf folgenden Seiten noch einmal nach:

Rosten: S. 82
Elektronenaufnahme/-abgabe: S. 84
Aufstellen von Reaktionsgleichungen: S. 87

C HECK-Karte

4b | 4

Seite 91, A2b

Zink:

e^--Abgabe/Donator: $Zn \rightarrow Zn^{2+} + 2\,e^-$ $|\cdot 2$
e^--Aufnahme/Akzeptor: $O_2 + 4\,e^- \rightarrow 2\,O^{2-}$

Redox: $2\,Zn\,(s) + O_2\,(g) \rightarrow 2\,ZnO\,(s)$

T IPP-Karte

3 | 4

Seite 91, A2b

Zink reagiert zu Zinkoxid. Zink-Ionen sind zweifach positiv geladen. Sauerstoff-Ionen sind zweifach negativ geladen.

Rosten ist eine zweistufige Reaktion. Zum einen die Reaktion von Eisen, Wasser und Sauerstoff zu $Fe(OH)_2$. Zum anderen werden bei einer zweiten Reaktion von $Fe(OH)_2$ mit Sauerstoff zu FeO(OH) die Eisen-Ionen weiter oxidiert. Hydroxid-Ionen und Sauerstoffatome reagieren zu Wasser und Sauerstoff-Ionen.

T IPP-Karte

1 | 3

Seite 93, A3d

Zinn ist edler als Eisen. Wie verhält es sich mit dem Zink?

C HECK-Karte

4a | 4

Seite 91, A2b

Eisen:

Schritt 1:
e^--Abgabe/Donator: $2\,H_2O + O_2 + 4\,e^- \rightarrow 4\,OH^-$
e^--Aufnahme/Akzeptor: $Fe \rightarrow Fe^{2+} + 2\,e^-$ $|\cdot 2$

Redox: $2\,Fe + 2\,H_2O + O_2 \rightarrow 2\,Fe(OH)_2$

Schritt 2:
e^--Abgabe/Donator: $Fe^{2+} \rightarrow Fe^{3+} + e^-$ $|\cdot 4$
e^--Aufnahme/Akzeptor: $4\,OH^- + O_2 + 4\,e^- \rightarrow 4O^{2-} + 2H_2O$

Redox: $4\,Fe(OH)_2\,(s) + O_2\,(g) \rightarrow FeOOH\,(s) + 2H_2O\,(l)$

T IPP-Karte

2 | 3

Seite 93, A3d

Wie edel sind verschiedene Metalle? Lies dazu im Chemiebuch auf S. 86 nach.

Lies darüber hinaus noch einmal auf S. 92 und S. 93 den Abschnitt **Schutzschichten aus Metallen.**

3 | 3

CHECK-Karte

Seite 93, A 3d

Fruchtsäuren etwa aus Fruchtkonserven würden bei Zinkoberflächen Säurekorrosion verursachen, auch bei passivierten Zinkoxidoberflächen.

Sollte in einer beschädigten Dose Zink als Opferanode wirken, so kann es passieren, dass die verträgliche Menge an Zink-Ionen pro Tag beim Genuss des Doseninhalts überschritten wird. Ab 200 mg können Übelkeit, etc. auftreten, ab 2 g erste Vergiftungserscheinungen.

3 | 4

TIPP-Karte

Seite 105, A 4d

Auf S. 121 sind die Bindungstypen einander direkt gegenübergestellt. Vertiefend erhaltet ihr Informationen in folgenden Kapiteln: Ionenbindung S. 68, 69, Metallbindung S. 81; Elektronenpaarbindung S. 104, 105.

1 | 4

TIPP-Karte

Seite 105, A 4d

Überlegt, was die wesentlichen Eigenschaften einer Ionenbindung, einer Metallbindung und einer Elektronenpaarbindung sind und notiert diese.

4 | 4

CHECK-Karte

Seite 105, A 4d

Ionenbindung: Bindungstyp in Salzen; Zusammenhalt der Ionen durch elektrische Kräfte. Die positiv geladenen Kationen und die negativ geladenen Anionen ziehen sich gegenseitig an.
Metallbindung: Bindungstyp in Metallen; Zusammenhalt der positiven Atomrümpfe durch das umgebende Elektronengas.
Elektronenpaarbindung: Bindungstyp in Molekülen; der Zusammenhalt der Atome wird durch gemeinsame Elektronenpaare bewirkt. Beide Atome erreichen die energetisch günstige Edelgaskonfiguration durch die voll besetzen Außenschalen.

2 | 4

TIPP-Karte

Seite 105, A 4d

Lest Euch im Chemiebuch die entsprechenden Zusammenfassungen durch: Ionenbindung S. 74; Metallbindung S. 96, Elektronenpaarbindung S. 122. Stellt nun die Eigenschaften gegenüber.

1 | 4

TIPP-Karte

Seite 107, A 4

Schaut nach, wie viele Außenelektronen die Elemente Kohlenstoff (C), Sauerstoff (O) und Wasserstoff (H) haben. Nutzt dazu Abb. 2 auf S. 107 im Chemiebuch.

TIPP-Karte

2 | 4

Seite 107, A4

Geht beim Erstellen der Strukturformeln nach dem Schema auf S. 106 rechts unten vor.

CHECK-Karte

4a | 4

Seite 107, A4

Ethen

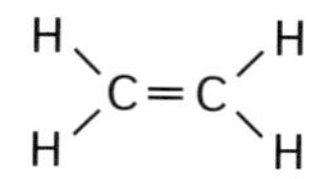

Ethin

$H-C\equiv C-H$

TIPP-Karte

3a | 4

Seite 107, A4

Ethen

Ethin

H C C H

CHECK-Karte

4b | 4

Seite 107, A4

Formaldehyd

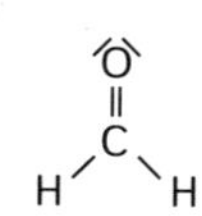

Hexan

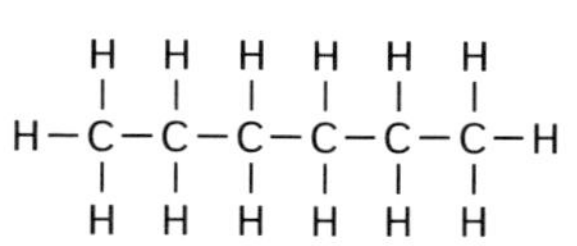

TIPP-Karte

3b | 4

Seite 107, A4

Formaldehyd

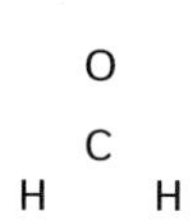

Hexan

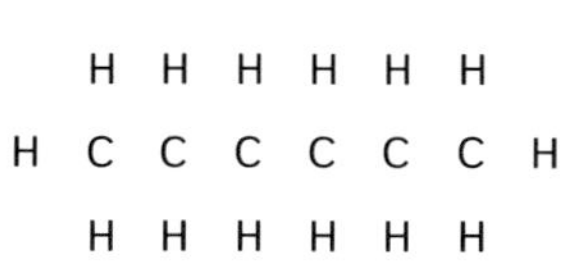

TIPP-Karte

1 | 4

Seite 109, A2e

Vergleicht den Aufbau eines Methan-Moleküls, eines Ammoniak-Moleküls und eines Wasser-Moleküls. Nutzt das Elektronenpaarabstoßungsmodell zur Erklärung des räumlichen Baus der Moleküle.

2 |4

TIPP-Karte

Seite 109, A 2e

Informationen zum Elektronenpaarabstoßungsmodell und zum Tetraeder findet ihr im Chemiebuch auf S. 108 und 109.

3 |4

TIPP-Karte

Seite 109, A 2e

Das zentrale Atom beim Ammoniak ist das N-Atom, beim Wasser das O-Atom. Beide Atome sind jeweils von vier Elektronenpaaren umgeben. Dabei hat das N-Atom drei bindende und ein nichtbindendes Elektronenpaar, das O-Atom hat zwei bindende und zwei nichtbindende Elektronenpaare.

4 |4

CHECK-Karte

Seite 109, A 2e

Ein nichtbindendes Elektronenpaar nimmt einen etwas größeren Raum ein als ein bindendes Elektronenpaar. Es drängt dadurch die bindenden Elektronenpaare etwas weiter zusammen, so dass sich im NH_3-Molekül der Bindungswinkel zwischen den beiden Wasserstoff-Atomen und dem zentralen Atom verkleinert. Im H_2O-Molekül ist der Effekt noch stärker, da am zentralen O-Atom zwei nichtbindende Elektronenpaare sind.

1 |3

TIPP-Karte

Seite 113, A 3a

Schaut euch genau an, welche Informationen in der Abbildung dargestellt werden. Überlegt, welche Informationen bei der Beschreibung von Diagrammen gegeben werden sollen.

2 |3

TIPP-Karte

Seite 113, A 3a

Geht getrennt auf die Halogene und die Edelgase ein. Beschreibt die Entwicklung der Siedetemperatur mit steigender molarer Masse.

3 |3

CHECK-Karte

Seite 113, A 3a

Im Diagramm ist die Siedetemperatur in °C gegen die molare Masse in $\frac{g}{mol}$ aufgetragen. Sowohl bei den Edelgasen als auch bei den Halogenen nimmt die Siedetemperatur bei steigender molarer Masse zu.
Bis auf Fluor liegen die Siedetemperaturen der Halogene bei vergleichbarer Masse oberhalb der Siedetemperatur der Edelgase.

1 | 3

TIPP-Karte

Seite 117, A2

Die geschilderte Beobachtung kann mithilfe des Teilchenmodells erklärt werden. Überlege, aus welchen Teilchen Kochsalz und Wasser aufgebaut sind und nimm diese Erkenntnis als Ausgangspunkt für deine Erklärungen.

1 | 4

TIPP-Karte

Seite 119, A2c

Fleckenwasser ist aus verschiedenen Lösemitteln zusammengesetzt. Wichtig sind Alkane wie im Waschbenzin und Alkohole wie im Brennspiritus. Diese Lösemittel entfernen Fett-, Farb- und Teerflecken aus dem verschmutzten Gewebe. Es bilden sich zwischen den Molekülen der Lösemittel und denen der Flecken zwischenmolekulare Wechselwirkungen aus. Diese sind von der Struktur der Moleküle abhängig.
Überlege, welche Art zwischenmolekularer Wechselwirkungen auftreten kann.

2 | 3

TIPP-Karte

Seite 117, A2

Lies den Abschnitt **Lösen von Ionenverbindungen** und **Hydratisierung von Ionen** in diesem Kapitel und nutze die Informationen für deine Erklärung. Beziehe auch Abb. 1 mit ein.

2 | 4

TIPP-Karte

Seite 119, A2c

Informiere dich im Chemiebuch auf den S. 118, 119 über das **Lösen von Fetten und fettähnlichen Stoffen** und über den **Alleskönner Alkohol.**

3 | 3

CHECK-Karte

Seite 117, A2

Kochsalz ist Natriumchlorid und besteht aus Natrium-Kationen und Chlorid-Anionen. Beim Lösungsvorgang wird das Ionengitter zerstört, die Ionen umgeben sich mit einer Hydrathülle aus Wasser-Molekülen. Das Volumen, das der Salzkristall einnimmt, ist größer als das Volumen, welches die gelösten und hydratisierten Ionen einnehmen, deswegen verringert sich das Gesamtvolumen der Lösung.

3 | 4

TIPP-Karte

Seite 119, A2c

Wähle für die verschiedenen Lösemittel jeweils einen dir bekannten Vertreter aus. Für die Alkane bieten sich Hexan-Moleküle, für die Alkohole Ethanol-Moleküle an. Fett und Teer sind Gemische aus verschiedenen unpolaren Molekülen. Es gibt viele verschiedene Farbstoffe. Einige bestehen aus unpolaren, einige aus polaren oder schwach polaren Molekülen. Die zwischenmolekularen Wechselwirkungen sind für die lipophilen und hydrophilen Eigenschaften der Lösemittel verantwortlich.

4 | 4

CHECK-Karte

Seite 119, A2c

Fleckenwasser enthält lipophile Lösemittel, die aus unpolaren Molekülen wie Hexan bestehen. Zwischen diesen und den unpolaren Fett-, Farbstoff- und Teer-Molekülen bilden sich Van-der-Waals-Kräfte aus. In Fleckenwasser werden zudem Alkohole als Lösemittel eingesetzt. Diese haben wie Ethanol-Moleküle eine stark polare Hydroxy-Gruppe und einen unpolaren Anteil, den Alkyl-Rest. Als Alleskönner können sie mit den unpolaren Flecken-Molekülen Van-der-Waals-Kräfte, mit den polaren Farbstoff-Molekülen Wasserstoffbrücken ausbilden.

2 | 4

TIPP-Karte

Seite 134, V2

Das saure oder basische Verhalten eines Stoffes kann man in wässriger Lösung mithilfe eines geeigneten Indikators nachweisen.

1 | 1

CHECK-Karte

Seite 120, V3

Auf gleichgroßen Stoffproben (ca. 5 x 5 cm) wird ein gleich großer Fleck aus Lippenstift aufgetragen. In fünf Bechergläsern werden jeweils 20 ml des Lösungsmittels (Nagellackentferner, Brennspiritus, Shampoo, Spülmittel, Reinigungsbenzin) vorgelegt. Die Stoffproben werden in die Bechergläser gegeben und vorsichtig mit dem jeweiligen Lösungsmittel durchtränkt. Shampoo und Spülmittel können zudem vorsichtig mit den Fingern einmassiert werden. Die Stoffproben werden nach gleicher Einwirkzeit entnommen und anschließend mit klarem Wasser ausgespült. Die Proben werden miteinander verglichen.

3 | 4

TIPP-Karte

Seite 134, V2

Zur Überprüfung der sauren oder basichen Reaktion des Stoffes in Wasser könnt ihr Bromthymolblau-, Phenophthalein- oder Universalindikatorlösung als Indikator verwenden. Die zu untersuchenden Stoffe sollten gelöst vorliegen.

1 | 4

TIPP-Karte

Seite 134, V2

Überlegt euch, welche Stoffeigenschaft getestet werden soll und welche Möglichkeiten ihr im Unterricht kennengelernt habt, diese zu überprüfen.

4 | 4

CHECK-Karte

Seite 134, V2

In je 1 ml dest. Wasser wird eine kleine Stoffportion der angegebenen Haushaltschemikalien gelöst. Anschließend werden diese mit wenigen Tropfen des immer gleichen Indikators versetzt. Im Zweifel kann das Verhalten vertieft untersucht werden, indem ein anderer Indikator für den Nachweis verwendet wird.
Eine vertiefte Untersuchung ist besonders im Falle von Kochsalz notwendig.

1 | 3

TIPP-Karte

Seite 134, V3

Überlegt euch, welche Stoffeigenschaft die angegebenen Lösungen aufweisen und wie sie mit den anderen Lösungen wechselwirken werden.

3b | 3

CHECK-Karte

Seite 134, V3

Die Konzentration der Natronlauge wird mithilfe des Indikators und der Salzsäure ermittelt: 5 Tropfen Salzsäure und 1 Tropfen Indikator werden tropfenweise mit Natronlauge versetzt, bei der schwach konzentrierten Natronlauge tritt erst nach 5 Tropfen Zugabe eine Färbung auf.

2 | 3

TIPP-Karte

Seite 134, V3

Eine Lösung ist sauer, zwei Lösungen sind basisch und eine Lösung dient als Säure-Base-Indikator.

1 | 3

TIPP-Karte

Seite 138, A3

Die Teilchen eines Säure-Base-Paares unterscheiden sich nur durch ein Proton. Die Säure ist das Teilchen, dass das Proton abgeben kann, die Base das Teilchen, dass das Proton aufnehmen kann. Säuren sind immer weniger stark negativ geladen, als die zugehörige Base.

3a | 3

CHECK-Karte

Seite 134, V3

Je 5 Tropfen der Proben B – D wird tropfenweise mit 6 Tropfen der Probe A versetzt. Wenn sich eine violette Färbung ergibt, ist eine Kombination mit Phenolphthalein gefunden. Tritt diese Färbung nochmals auf, handelt es sich bei Lösung A um Phenolphthalein. Tritt die Färbung nur einmal auf, ist die untersuchte Probe B – D der Indikator. Die noch unbekannten Lösungen werden mit Phenolphthalein identifiziert.

2 | 3

TIPP-Karte

Seite 138, A3

Ordne den aufgeführten Teilchen den jeweiligen Namen zu. Zur Hilfe kannst du die Informationen aus diesem Kapitel verwenden oder aber auch nach dem Namen der Formel im Internet suchen. Die Namen helfen zum Teil dabei, zu entscheiden, ob es sich um eine Säure oder Base handelt.

3a | 3

CHECK-Karte

Seite 138, A3

Säure / Base
Salpetersäure HNO_3 / Nitrat-Ion NO_3^-
Ammonium-Ion NH_4^+ / Ammoniak NH_3
Iodwasserstoff HI / Iodid-Ion I^-
Kohlensäure H_2CO_3 / Hydrogencarbonat-Ion HCO_3^-
Hydrogencarbonat-Ion HCO_3^- / Carbonat-Ion CO_3^{2-}
Hydronium-Ion H_3O^+ / Wasser H_2O
Wasser H_2O / Hydroxid-Ion OH^-

2 | 4

TIPP-Karte

Seite 141, A3

Suche für die Ausgangsstoffe und Produkte die entsprechenden Formeln heraus. Achte auch auf die Aggregatzustände und überlege dir, als welche Ionen die Stoffe ggf. in Wasser gelöst vorliegen. Bei allen Reaktionen werden die Protonen der Säure auf die Hydroxid-Ionen der Lauge übertragen. Es bildet sich ein Salz und Wasser.

3b | 3

CHECK-Karte

Seite 138, A3

Säure / Base
Schwefelsäure H_2SO_4 / Hydrogensulfat-Ion HSO_4^-
Phosporsäure $H_3PO_4^-$ / Dihydrogenphosphat-Ion $H_2PO_4^-$
Dihydrogenphosphat-Ion $H_2PO_4^-$ / Hydrogenphosphat-Ion HPO_4^{2-}

3a | 4

TIPP-Karte

Seite 141, A3

Salzsäure: HCl (aq) oder H^+ (aq) und Cl^- (aq);
Kalilauge: KOH (aq) oder K^+ (aq) und OH^- (aq)

Schwefelsäure: H_2SO_4 (aq)
oder H^+ (aq) und SO_4^{2-} (aq);
Natronlauge: NaOH (aq)
oder Na^+ (aq) und OH^- (aq)

Kohlensäure: H_2CO_3 (aq)
oder H^+ (aq) und CO_3^{2-} (aq);
Kalkwasser: $Ca(OH)_2$ (aq)
oder Ca^{2+} (aq) und OH^- (aq)

1 | 4

TIPP-Karte

Seite 141, A3

Formuliere zunächst das Reaktionsschema und mache dir auf diese Weise klar, welche Produkte bei den Reaktionen entstehen.

3b | 4

TIPP-Karte

Seite 141, A3

Phosphorsäure: H_3PO_4 (aq)
oder oder H^+ (aq) und PO_4^{3-} (aq);
Natronlauge: NaOH (aq)
oder Na^+ (aq) und OH^- (aq)

Salpetersäure: HNO_3 (aq)
oder H^+ (aq) und NO_3^- (aq);
Bariumhydroxidlösung $Ba(OH)_2$ (aq)
oder Ba^{2+} (aq) und OH^- (aq)

CHECK-Karte

4 | 4

Seite 141, A3

$HCl(aq) + KOH(aq) \rightarrow H_2O(l) + KCl(aq)$; exotherm

$H_2SO_4(aq) + 2\ NaOH(aq) \rightarrow 2\ H_2O(l) + Na_2SO_4(aq)$; exotherm

$H_2CO_3(aq) + Ca(OH)_2(aq) \rightarrow 2\ H_2O(l) + CaCO_3(s)$; exotherm

$H_3PO_4(aq) + 3\ NaOH(aq) \rightarrow 3\ H_2O(l) + Na_3PO_4(aq)$; exotherm

$2\ HNO_3(aq) + Ba(OH)_2(aq) \rightarrow 2\ H_2O(l) + Ba(NO_3)_2(s)$; exotherm

TIPP-Karte

3 | 4

Seite 145, A2

Reaktionsgleichung:

$H_3O^+(aq) + Cl^-(aq) + Na^+(aq) + OH^-(aq) \rightarrow$
$2\ H_2O(l) + Na^+(aq) + Cl^-(aq)$

TIPP-Karte

1 | 4

Seite 145, A2

Überprüfe mithilfe der Informationen aus dem Kapitel, welches Rechenbeispiel sich auf die Aufgabe hin anwenden lässt. Verfahre dann in den vorgegebenen Schritten des Rechenbeispiels.

CHECK-Karte

4a | 4

Seite 145, A2

Berechnung von $c(NaOH(aq))$:
Am Äquivalenzpunkt gilt:
$n(H_3O^+(aq)) = n(OH^-(aq))$;

mit $n = c \cdot V$ ergibt sich:
$c(H_3O^+(aq)) \cdot V(HCl(aq)) =$
$c(OH^-(aq)) \cdot V(NaOH(aq))$

Salzsäure ist eine einprotonige *Säure. Es gilt:*
$c(H_3O^+(aq)) = c(HCl(aq))$

TIPP-Karte

2 | 4

Seite 145, A2

gegeben: $V(HCl(aq)) = 15{,}0\ ml$;
$c(HCl(aq)) = 0{,}01\ \frac{mol}{l}$;
$V(NaOH(aq)) = 10\ ml$

gesucht: $c(NaOH(aq))$

CHECK-Karte

4b | 4

Seite 145, A2

$c(HCl(aq)) \cdot V(HCl(aq)) =$
$c(OH^-(aq)) \cdot V(NaOH(aq))$

$c(OH^-(aq)) = c(HCl(aq)) \cdot \frac{V(HCl(aq))}{V(NaOH(aq))}$

$c(OH^-(aq)) = 0{,}01\ \frac{mol}{l} \cdot \frac{0{,}015\ l}{0{,}01\ l} = 0.015\ \frac{mol}{l}$

Die Konzentration der Natriumhydroxidlösung beträgt $0{,}015\ \frac{mol}{l}$.

1a | 1

CHECK-Karte

Seite 147, V3

Mit dem Rhabarbersaft wird eine Titration durchgeführt. Ein genau abgemessenes Volumen, beispielsweise 100 ml wird mit wenigen tropfen Phenolphthaleinlö*sung* versetzt. Daraufhin wird Natronlauge ($c = 1\ \frac{mol}{l}$) bis zum Farbumschlag hinzugegeben. Die verbrauchte Stoffmenge an Natronlauge wird mit der Beziehung $n(\text{NaOH}) = c(\text{NaOH}) \cdot V(\text{NaOH})$ berechnet.

1b | 1

CHECK-Karte

Seite 147, V3

Aus der Neutralisationsgleichung geht hervor, dass Oxalsäure und Natronlauge in einem Stoffmengenverhältnis von 1 : 2 reagieren, deshalb ist die enthaltene Stoffmenge an Oxalsäure nur halb so groß wie die Stoffmenge der Natronlauge. Die Stoffmenge an Oxalsäure in einem Liter Rhabarbersaft ist 10-mal so groß wie in der Probe. Die Masse der Oxalsäure in einem Liter berechnet sich nach der Formel:
$m(\text{Oxalsäure}) = n(\text{Oxalsäure}) \cdot M(\text{Oxalsäure})$.

1 | 4

TIPP-Karte

Seite 157, A4

Erdöl- und Erdgas-Förderstellen findest du im Erdkunde-Atlas auf Karten zum Thema „Deutschland – Wirtschaft“ (zum Beispiel im Diercke-Weltatlas von 2015 auf Seite 30) oder im Internet.
Die Karten des Diercke-Atlas gibt es auch unter www.diercke.de.
Alternativ kannst du zum Beispiel in Wikipedia nach „Erdölförderung in Deutschland“ suchen.

2 | 4

TIPP-Karte

Seite 157, A4

Zur Entstehung von Erdöl findest du Informationen im ersten Absatz auf S. 156.

3 | 4

TIPP-Karte

Seite 157, A4

Erdöl ist im Laufe von vielen Millionen Jahren aus den Überresten von Meereslebewesen entstanden. Daher muss die Landschaft dort, wo heute Erdöl gefunden wird, vor langer Zeit anders ausgesehen haben.

4 | 4

CHECK-Karte

Seite 157, A4

Erdöl und Erdgas werden in Deutschland fast ausschließlich im Norddeutschen Tiefland und vor der Norddeutschen Küste gefunden. Da das Öl und Gas vor vielen Millionen Jahren aus Überresten von Meereslebewesen entstanden ist, müssen dort zu dieser Zeit Meere gewesen sein. Das Meer erstreckte sich also bis in die Norddeutsche Tiefebene hinein.
Anhand der Förderstellen kann der ungefähre Verlauf der früheren Küstenlinie erkannt werden.

1 |4

T IPP-Karte

Seite 157, A6

Finde heraus, was die Bezeichnungen *Octan* und *Hexadecan* bedeuten. In beiden Begriffen sind Zahlwörter enthalten.
Zeichne Strukturformeln der zugehörigen Moleküle.
Erkläre, wie die Siedetemperaturen der Stoffe mit der Form und Größe der Moleküle zusammenhängen.

4 |4

C HECK-Karte

Seite 157, A6

Octan (genauer: Isooctan bzw. 2,2,4-Trimethylpentan) hat die Formel C_8H_{18} und siedet bei einer Temperatur von 99 °C. Hexadecan mit der Formel $C_{16}H_{34}$ siedet bei 287 °C. Zwischen den längeren Hexadecan-Molekülen wirken stärkere Anziehungskräfte als zwischen den kürzeren Octan-Molekülen. Dadurch kommen die unterschiedlichen Siedetemperaturen zustande.

2 |4

T IPP-Karte

Seite 157, A6

Hinweise zur Benennung von Kohlenwasserstoffen (Alkanen) und zu deren Siedetemperaturen findest du in den Absätzen **Homologe Reihe der Alkane** und **Benennung von Alkanen** auf S. 158 und S. 159.

1 |4

T IPP-Karte

Seite 165, A6

Der Heizwert gibt an, wie viel Energie bei der Verbrennung von einem Liter oder einem Kilogramm Kraftstoff freigesetzt wird.
Recherchiere die Heizwerte von Benzin und von Ethanol.
Berechne dann, wie viel Energie bei der Verbrennung von 8 Litern Benzin freigesetzt wird.
Berechne anschließend, wie viel Ethanol verbrannt werden müsste, um die gleiche Energiemenge freizusetzen.

3 |4

T IPP-Karte

Seite 157, A6

Die Bezeichnung Octan kommt von dem Zahlwort für die Zahl 8, Hexadecan von dem für die Zahl 16. Octan besteht deshalb aus Kohlenwasserstoff-Molekülen mit acht Kohlenstoff-Atomen, Hexadecan aus solchen mit 16 Kohlenstoff-Atomen.
Grundsätzlich gilt: Je länger die Kohlenwasserstoff-Kette eines Moleküls ist, desto höher ist die Siedetemperatur des Stoffes.

2 |4

T IPP-Karte

Seite 165, A6

Heizwerte findest du zum Beispiel bei Wikipedia unter dem Stichwort „Heizwert". Sieh in der Tabelle für flüssige Brennstoffe nach.
Dort findest du Angaben zu Heizwerten in MJ pro kg und zur Dichte der Kraftstoffe in kg pro Liter.
Durch Multiplikation des Heizwertes mit der Dichte erhältst du Heizwerte in der Einheit MJ pro Liter ($\frac{MJ}{l}$).

3 | 4

TIPP-Karte

Seite 165, A 6

Tabelle mit gerundeten Werten:

Stoff	Heizwert in $\frac{MJ}{kg}$	Dichte in $\frac{kg}{l}$	Heizwert in $\frac{MJ}{l}$
Benzin	41	0,75	31
Ethanol	27	0,79	21

Berechne mit diesen Werten, wie viel Energie bei der Verbrennung von 8 Litern Benzin freigesetzt wird und wie viel Ethanol man für die gleiche Energiemenge verbrennen müsste.

2 | 4

TIPP-Karte

Seite 167, A 3a

Ihr habt schon ermittelt, wie viele Benzintropfen in 2 ml Benzin passen. Da in einem Liter 500-mal 2 ml enthalten sind, passen in einen Liter 500-mal so viele Tropfen wie in 2 ml.

Berechne jetzt die Anzahl der Benzintropfen in einem Liter Benzin.

4 | 4

CHECK-Karte

Seite 165, A 6

Bei der Verbrennung von 8 Litern Benzin wird folgende Energiemenge freigesetzt:
$E = 31\,\frac{MJ}{l} \cdot 8\,l = 248\,MJ$

Um die gleiche Energiemenge freizusetzen, müsste man folgendes Volumen an Ethanol verbrennen:
$V = \frac{248\,MJ}{21\,\frac{MJ}{l}} \approx 12\,l$

Wenn das Auto auf 100 km 8 Liter Benzin verbraucht, würde es für die gleiche Strecke rund 12 Liter Ethanol brauchen.

3 | 4

TIPP-Karte

Seite 167, A 3a

Jetzt kannst du den Umrechnungsfaktor von eurem Experiment zur Verbrennung von einem Liter Benzin bestimmen. Dividiere dazu die Tropfenmenge von einem Liter Benzin durch die Tropfenmenge, die für eine optimale Verbrennung im Experiment benötigt wurde.

Multipliziere anschließend diesen Umrechnungsfaktor mit dem Volumen des Standzylinders, das im Experiment bestimmt wurde.

1 | 4

TIPP-Karte

Seite 167, A 3a

Es wurden folgende Werte im Experiment ermittelt:
- die Anzahl der Benzintropfen, die für eine optimale Verbrennung benötigt werden,
- das Volumen eines Benzintropfens,
- das Luftvolumen im Standzylinder.

Es soll jetzt berechnet werden, wie viel Luft für einen ganzen Liter Benzin benötigt würde.

4 | 4

CHECK-Karte

Seite 167, A 3a

Beispielrechnung für den Fall, dass
- die optimale Verbrennung mit drei Tropfen Benzin erfolgte (Durchführung 1),
- 2 ml Benzin 130 Tropfen enthielten (Durchführung 2),
- der Standzylinder 470 ml Luft enthielt (Durchführung 3).

- Anzahl der Tropfen in 1 l = 130 · 500 = 65 000
- Umrechnungsfaktor = $\frac{65\,000}{3}$ = 21 667
- Luftvolumen für 1 Liter Benzin = 21 667 470 ml ≈ 10 183 000 ml = 10 183 l ≈ 10 m^3

T IPP-Karte

1 | 3

Seite 169, V2d

Überlegt, aus welchen Metallen die 5-Cent-Münze und die 10-Cent-Münze bestehen.

Überlegt, welche Teile bei der Planung eines Versuchs beachtet werden müssen.

T IPP-Karte

1 | 3

Seite 187, A8

Eines der bei der alkoholischen Gärung entstehenden Produkte sorgt dafür, dass das Volumen des Teigs deutlich zunimmt und der Teig nach dem Backen locker ist. Das zweite entstehende Produkt ist nach dem Backen nicht mehr nachweisbar. Beide Phänomene können mithilfe der Vorgänge bei der Gärung und den Eigenschaften der Produkte erklärt werden.

T IPP-Karte

2 | 3

Seite 169, V2d

Notiert mögliche ablaufende Reaktionen an der Oberfläche der 5-Cent-Münze und der 10-Cent-Münze.

Die an der Kathode und an der Anode ablaufenden Reaktionen bilden die Grundlage für die Entstehung einer Spannung.

T IPP-Karte

2 | 3

Seite 187, A8

Schau dir die chemische Reaktion in Abb. 1 auf S. 186 genau an.

C HECK-Karte

3 | 3

Seite 169, V2d

Eine 5-Cent-Münze besteht an der Oberfläche aus Kupfer. Eine 10-Cent-Münze besteht an der Oberfläche aus einer Legierung, die hauptsächlich Kupfer enthält. Die Zusammensetzung der Münzen ähnelt sich. In dieser Batterie finden keine Reaktionen statt, demnach sollte keine Spannung messbar sein.

C HECK-Karte

3a | 3

Seite 187, A8

a) Der im Teig vorhandene Zucker (z. B. Traubenzucker) wird mithilfe von Hefe nach folgender Reaktionsgleichung vergoren:

$C_6H_{12}O_6(aq) \rightarrow 2\ C_2H_5OH(l) + 2\ CO_2(g)$

Der Hund hat den noch nicht gebackenen, aber vergorenen Teig gefressen. Der Alkohol, der beim Aufgehen des Teiges gebildet wurde, kann im Blut des Hundes nachgewiesen werden.

3b | 3

CHECK-Karte

Seite 187, A8

b) Die Siedetemperatur des Ethanols beträgt 78 °C. Der Backvorgang findet bei wesentlich höheren Temperaturen (~200 °C) statt, so dass das Ethanol nach dem Backen verdampft ist.

3 | 3

CHECK-Karte

Seite 191, V2b

Berechnung der molaren Masse *M* von Ethanol:

m (Ethanol) = 0,077 g; *V* (Ethanol) = 40 ml

$n(\text{Ethanol}) = \frac{V}{V_m} = 40\ \text{ml} : 24\,000\ \frac{\text{ml}}{\text{mol}} = 0{,}00167\ \text{mol}$

$M(\text{Ethanol}) = \frac{m(\text{Ethanol})}{n(\text{Ethanol})} = \frac{0{,}077\ \text{g}}{0{,}00167\ \text{mol}} = 46{,}1\ \frac{\text{g}}{\text{mol}}$

Die molare Masse *M* von Ethanol beträgt $46\ \frac{\text{g}}{\text{mol}}$.

1 | 3

TIPP-Karte

Seite 191, V2b

Für das Berechnen der molaren Masse *M* in $\frac{\text{g}}{\text{mol}}$ brauchst du die Stoffmenge *n* in mol und die Masse *m* in g.

1 | 4

TIPP-Karte

Seite 193, A6

Pentanole besitzen die Molekülformel $C_5H_{11}OH$, es handelt sich um isomere Verbindungen. Alle Moleküle weisen eine OH-Gruppe auf, die an verschiedenen Stellen mit der Kette aus C-Atomen oder den Alkyl-Resten verknüpft sein kann. Finde zunächst die acht Pentanole und kennzeichne primäre, sekundäre bzw. tertiäre Kohlenstoff-Atome. Ordne die Pentanole den primären, sekundären und tertiären Alkanolen zu.

2 | 3

TIPP-Karte

Seite 191, V2b

Die Masse von Ethanol beträgt 0,077 g.

Die Volumenzunahme im Kolbenprober entspricht dem Volumen des Ethanoldampfs. Mithilfe des molaren Volumens lässt sich daraus die Stoffmenge *n* bestimmen.

2 | 4

TIPP-Karte

Seite 193, A6

Auf S. 193 im Chemiebuch sind in Abb. 3 die Isomere des Butanols dargestellt. Orientiere dich an dieser Darstellung und überlege, welche Isomere es vom Pentanol geben könnte.

T IPP-Karte

3 | 4

Seite 193, A 6

Erstelle die Strukturformel eines Pentanols ohne Verzweigung. Die Isomere ergeben sich, wenn die OH-Gruppe an verschiedenen Stellen sitzt.

Erstelle die Strukturformel eines Pentanols mit einer Verzweigung, die Isomere ergeben sich, wenn die OH-Gruppe an verschiedenen Stellen sitzt.

Überlege, ob es noch mehr Verzweigungen geben kann.

T IPP-Karte

1 | 3

Seite 194, A 4

Überlege, welche Arten von zwischenmolekularen Wechselwirkungen du kennst. Entscheide dann, welche zwischenmolekularen Wechselwirken bei Alkanen und Alkanolen eine Rolle spielen.

C HECK-Karte

4a | 4

Seite 193, A 6

a, b)

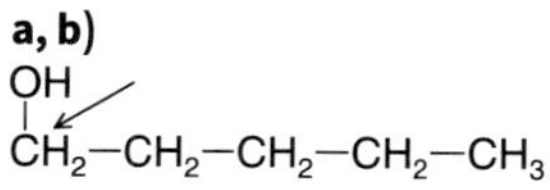

primäres C-Atom
primäres Alkanol

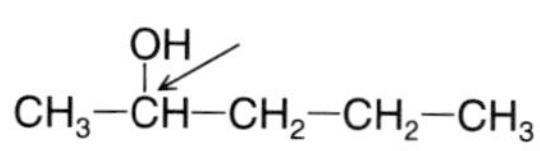

sekundäres C-Atom
sekundäres Alkanol

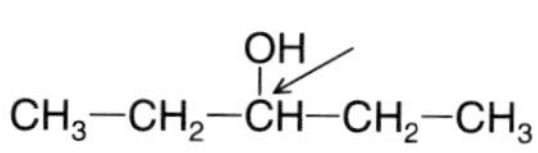

sekundäres C-Atom
sekundäres Alkanol

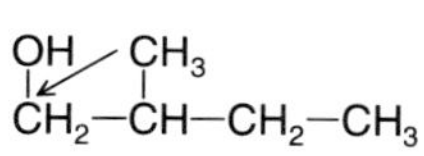

primäres C-Atom
primäres Alkanol

T IPP-Karte

2 | 3

Seite 194, A 4

Das Propan-Molekül ist unpolar. Welche Wechselwirkungen gibt es zwischen unpolaren Molekülen?

Das Ethanol-Molekül besitzt einen polaren und einen unpolaren Molekülteil. Welche Wechselwirkungen gibt es zwischen polaren Molekülen oder Molekülteilen?

Stelle die gleichen Überlegungen zu den Molekülen in b) an. Wie verändern sich die Anteile der unterschiedlichen Molekülteile in den Alkanol-Molekülen?

C HECK-Karte

4b | 4

Seite 193, A 6

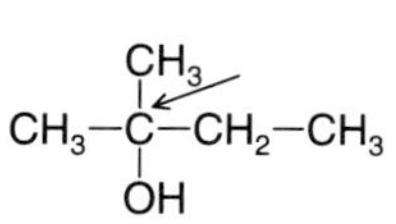

tertiäres C-Atom
tertiäres Alkanol

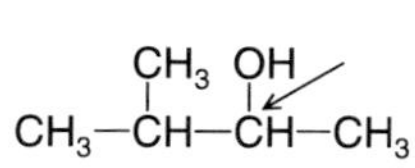

sekundäres C-Atom
sekundäres Alkanol

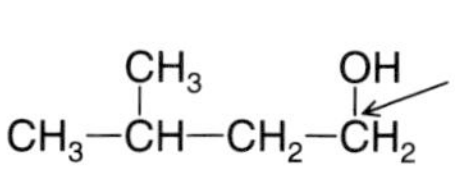

primäres C-Atom
primäres Alkanol

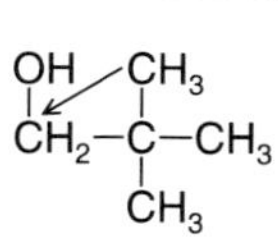

primäres C-Atom
primäres Alkanol

C HECK-Karte

3a | 3

Seite 194, A 4

a)

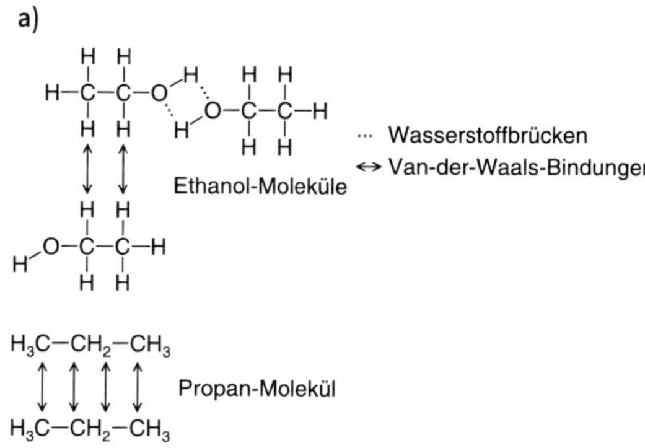

3b | 3

CHECK-Karte

Seite 194, A4

b) **Methan:** Sdt.: –161,5 °C, $16 \frac{g}{mol}$

Methanol: Sdt.: 64,7 °C, $32 \frac{g}{mol}$

Bei **Methan-Molekülen** existiert keine Möglichkeit Wasserstoffbrückenbindungen auszubilden. Die Oberfläche zur Ausbildung von Van-der-Waals-Bindungen ist sehr klein, die Siedetemperatur deshalb sehr niedrig. Bei **Methanol-Molekülen** sind die Van-der-Waals-Bindungen aufgrund der größeren Oberfläche etwas stärker. Insbesondere kommt es aber in Folge der OH-Gruppe zur Ausbildung von starken Wasserstoffbrückenbindungen, die Siedetemperatur liegt viel höher.

2 | 4

TIPP-Karte

Seite 197, V3

Alkohole kann man nach verschiedenen Kriterien einteilen. Wende diese Einteilungskriterien auf die von dir gezeichneten Strukturformeln an. Hilfe findest du im Chemiebuch auf S. 193 und S. 196.

Pentan-1-ol ist zähflüssiger als Propan-1-ol.

3c | 3

CHECK-Karte

Seite 194, A4

Decan: Sdt.: 174,1 °C, $142 \frac{g}{mol}$

Decanol: Sdt.: 232 °C, $158 \frac{g}{mol}$

Zwischen **Decan-Molekülen** können sich keine Wasserstoffbrückenbindungen ausbilden. Die Moleküle sind langgestreckt und besitzen damit eine große wirksame Oberfläche für Van-der-Waals-Bindungen.
Bei **Decanol-Molekülen** ist die Stärke der Van-der-Waals-Bindungen aufgrund der ähnlichen Größe mit Decan-Molekülen vergleichbar. Es können aber noch zusätzlich Wasserstoffbrückenbindungen ausgebildet werden. Dies führt zu einer höheren Siedetemperatur. Die Differenz ist aber nicht so groß wie bei Methan und Methanol.

3 | 4

TIPP-Karte

Seite 197, V3

Die Zähflüssigkeit der Alkohole kann man mit einer Tropfpipette überprüfen.

Alternative: Primäre, sekundäre und tertiäre Alkohole lassen sich durch ihr Oxidationsverhalten (z. B. mit Kupferoxid) voneinander unterscheiden. Wie man dies im Experiment machen kann, kannst du im Schülerbuch S. 197, V1 nachlesen.

1 | 4

TIPP-Karte

Seite 197, V3

Zeichne zunächst von den drei Verbindungen die Strukturformeln.

Vergleiche die Siedetemperaturen der drei Verbindungen miteinander.

4 | 4

CHECK-Karte

Seite 197, V3

Gib die drei Proben jeweils in ein Becherglas und erhitze dann die Kupferwendel mit der Tiegelzange in der Brennerflamme, bis diese mit einer schwarzen Kupferoxidschicht überzogen ist. Tauche die Kupferwendel dann sofort in die Lösungen.
Ergebnis: Tert. Butanol reagiert nicht, bei den anderen Alkoholen wird die Kupferwendel wieder blank.
Um Propan-1ol und Pentan-1-ol voneinander zu unterscheiden, lässt man jeweils gleiche Mengen aus einer Tropfpipette laufen und stoppt die Zeit.
Ergebnis: Prpan-1-ol läuft schneller aus der Tropfpipette als Pentan-1-ol (Erklärung S. 194).